JN044869

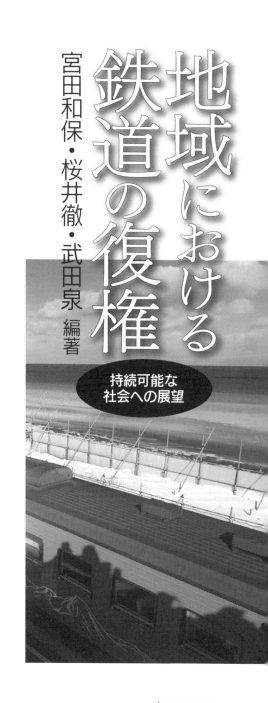

地域における鉄道の復権

宮田和保・桜井徹・武田泉 編著

持続可能な
社会への展望

緑風出版

まえがき

　人々の生活の様式が新型コロナウイルスの感染拡大によって大きく変化している。感染拡大を防ぐために人々の移動が制限され、一方では人々の健康と命が危機に晒され、同時に、経済活動は半ば休止状態に追い込まれている。航空・鉄道・バスなどの交通機関の利用も激減し、大きな影響を受けている。

　本来ならば本書はこうした事象を取り上げてなんらかの検討が求められるのであるが、本書の原稿が、第二波コロナ感染拡大の前に殆どが書き上げられていたので、この点について触れることができなかった。

　ただ、2020年11月にJR各社の中間決算の発表があった。その内容は予想通り極めて厳しいものであった。そこで、JR北海道だけでも取り上げ、簡単でもその内容を報告し、若干のコメントを追加しておく義務があると考える。

　JR北海道の2020年9月中間決算（連結決算）によれば、営業収益は前年同期比40％減の519億円、営業損益は385億円の赤字であった。

　鉄道運輸収入は、ビジネス客や観光客が急減して、55％減の166億円（前年同期371億円）であった。多くの観光客が利用する新千歳空港での乗客数は前年の38％であり、最大の赤字路線である北海道新幹線のそれは前年の34％に激減し、その鉄道運輸収入は75％減の11億円（前年同期47億円）であった。

　収益を支えてきたグループ子会社も不振であり、札幌駅前の商業施設を運営する札幌駅総合開発の営業収益は前年に比べて3割減の68億円であり、最終損益は7億8200万円の赤字（前年同期11億円の黒字）であった。キヨスクの営業収益は半減して44億円で、最終損益は約3億円の赤字（同2億8700億円の黒字）であった。ホテル業を営むJR北海道ホテルズは7割近くの減収となり、最終損益は6億2500万円の赤字（同5億7000万円の黒字）に転落した。

　こうした状況のなかで、修繕費（25億円）、人件費（8億円）、減便・減車（1.6億円）などの抑制によって営業費用99億円を削減したが、激減した収益を補うにはいたっていない。経営安定基金による運用益（127億円）や特別

3

債券（27億円）による利息収入は前年並みであった。その結果、経常利益は、224億円（前年同期6億円黒字）の赤字に転落し、「過去最大となる巨額の赤字」となった。

　政府はこうしたJR北海道の経営難に対して、2021年度から3年計画で合計1302億円（JR四国を含めて2300億円）の財政支援を決め、2012年の通常国会に関連法案を提出する予定である。その内容は、(1) 青函トンネルの修繕費の助成金および老朽化による更新費用の肩代わり、(2) 貨物列車の走行区の設備投資、(3) 省力化・省人化に関する設備投資の資金提供、(4) JR北海道の債務は株式の振り替え（債務の株式化）による増資によって財務基盤の強化、(5) 低金利で減少している経営安定基金の運用益の穴埋め（4.99%での運用利子率）、(6)未使用な廃線跡地の買取による維持管理負担の軽減、(7) 金融機関からの収益拡大に必要な資金借入にともなう利子の肩代わりなど、である。

　ここでは詳細な検討はできないが以下の諸点だけを簡単に指摘しておこう。青函トンネルの修繕・更新投資は、JR北海道の経営基盤を超えたものであり、これをJR北海道に負担させることが無理であることは当初から明らかであった。貨物列車の走行区の設備投資の助成は、アボイダブルコストからみても、政府が責任をもって負担すべきであった。にもかかわらず、「分割・民営化」以降、これをJR北海道に負担されてきたのである。この負担額だけでも、2020年現在において累計1200億円を超えていると推計される（本書第2章第1節参照）。経営安定基金の運用利子率の問題では、「分割・民営化」の10年後（1998年）において運用益の低下がJR北海道の経営を困難にしていることが指摘されたもかかわらず、若干の修正だけでもって放置してきたのである。その結果、本来支払われるべき額は4000億円を超えている（本書第2章第1節）のだから、これでもまだ不十分と言わざるをえない。上記の支援をもって「満額回答」（朝日新聞　2020年12月26日）とは決していえない。

　要するに、札幌を中心にした設備投資とこれに関連した新幹線（青函トンネルを含めて）および貨物路線の走行区の投資などの支援が主な内容といえる。そこからは「単独維持困難な線区である10路線13区間」に対する援助が明確でない。貨物列車が走らない線区の設備投資などが無視されているとすれば、これらの路線は廃線を想定しているのか、と疑わざるをえない。まして、

「廃線跡地の使い道がない土地の買い取り」は、廃線の条件整備と受けとれる。そうであれば、今回の財政支援は、「2031年度以降の国の支援なしで経営が自立する」「完全民営化」への道であり、その内容は、函館〜札幌〜旭川および札幌〜帯広を中心に若干の路線を追加した鉄道網──現在の路線の半分──を念頭においているのではないだろうか。

　「単独維持困難な線区である10路線13区間」を発表して（2016年11月）から、すでに、①石勝線夕張支線（新夕張〜夕張　2019年4月1日廃止）、札沼線（北海道医療大学〜新津川間　2020年5月7日廃止）、日高線（鵡川〜様似　2021年4月1日廃止予定）の廃止が合意された。また、②根室線（富良野〜新得間）および留萌線（深川〜留萌）の廃止・バス転換の意向は継続している。

　さらに、③「赤字8線区」〔宗谷線（名寄〜稚内）、石北線（新旭川〜上川〜網走）、根室線（花咲線　釧路〜根室）、釧網線（東釧路〜網走）、富良野線（富良野〜旭川）、根室線（滝川〜富良野）、室蘭線（沼の端〜岩見沢）、日高線（苫小牧〜鵡川）〕に対して、政府は、JR北海道・政府・北海道および沿線自治体による3分の1ずつの経済負担を求めている。

　北海道・鈴木知事は利用促進などは「引き続き可能なかぎり支援を行う」が、「単なる赤字補填はできない」（「朝日新聞」2020年12月13日）と述べている。また、沿線自治体は財政的余裕がないから、政府から要求されている財政負担は極めて厳しいことは明らかであろう。また、「8線区」の「赤字」は、新型コロナウイルス感染が収束しても、依然として継続するのだから、自治体負担の合意は困難である。

　「赤字8線区」を含めた「さらなる廃線の議論が出てくる可能性がある（政府関係者）」（同上）。つまり、13区間の①および②の路線だけでなく、③の「赤字8線区」も厳しい状況に追い込まれることが予想される。

　だから、「国の支援なしに経営が自立する」「完全民営化」は、現在の路線の半数あまりを廃線に追い込み、北海道と各地域をいっそう衰退させる道となろう。今回のような小出しの政府援助ではなく、スキームの変更を含めた現実的で抜本的な検討は避けることはできないであろう。

序論～鉄道の未来と「持続可能な社会」にむけて

宮田和保

本書の成立過程

　1987年の国鉄「分割・民営化」30年の節目にさいして、全国の研究者7人が国鉄労働組合の委託を受けて「JR30年検証委員会」を発足させた。おりしもJR北海道は、2016年11月18日、全路線の約半分にあたる10路線13区間（1237km）を「単独では維持困難な線区」として公表し、これらの線区についてバス転換または大幅な財政支援を求めて地域と協議をしたい、という意思を表明した。

　これは鉄道の維持を事実上放棄し廃線の方向性をめざすという宣言であり、北海道民にとってはもちろん全国民に大きな衝撃を与える発表であった。そしてこれは、国鉄の「分割・民営化」以降の全国のJRのなかでも北海道がもっとも厳しい矛盾の焦点にあることを浮き彫りにしたといえる。

　このような状況のなかで、「30年検証委員会」と並行して、北海道の研究者が集まり「JR北海道研究会」を発足させ、研究活動とともに北海道の鉄路存続にむけた社会的運動にも取り組んできたところである。こうした過程を通じて、北海道の鉄道をめぐって全国的にも大きな議論と支援の輪が広がってきた。本書は、これらの全国および北海道の研究と運動の成果である。

鉄道の現在の社会的役割とその復権

　近代および現代社会を牽引した鉄道が、自動車・トラックそして飛行機の普及によって、その歴史的な使命を終えたかのように思われがちである。1979年に国内の旅客輸送量における鉄道と自動車とが逆転し、その後では、自動車の輸送量が60％を占めるのにたいして、鉄道の輸送量は28％に落ち込んでいる（2009年）ことから、鉄道の相対的な優位性はなくなり、鉄道の歴史的な使命を終えたかのようである。しかし、鉄道は、新幹線開業以来乗客の死亡事故ゼロに代表されるように、安全性・定時性・高速性でもって運用

されており、都市鉄道の利用数は3大都市圏で5200万人／日と大量輸送において圧倒的に優位性をもっている。

　鉄道の年間旅客輸送人数は、1位のインド9785億人／キロ（2015年）、2位の中国7956億人／キロであり、国土の狭い日本は3位に位置して2440億人／キロである。鉄道を重要視している6位のドイツ802億人／キロを遥かに抜いて高い水準にある。それだけでなく、鉄道が1人を運ぶのに排出するCO_2は乗用車の8分の1、営業自動車のそれの20分の1であり、鉄道は省エネルギーに極めて優れている。統計資料によって一定のズレがあるとはいえ、日本社会は鉄道社会であり、鉄道が現在に果たしている省エネは高く評価されるべきであろう。そして、鉄道は世界的にも見直されてきている。

　本書の執筆者の1人である桜井徹氏によれば、「イギリスでは現在のジョンソン政権で過去に廃止した路線を1000億円の予算規模で復活する計画があり、2月には2路線の復活に着手した。またドイツでは、環境保護の観点から2018年に廃止路線の復活を連邦政府も本格的に乗り出し、公共鉄道協会（日本でいえば民鉄協会）に調査を委託し、同協会は186線3100キロの復活すべき路線を2019年5月に提案した。現在、それを巡って議論されている」（本書第4章第3節参照）。また、欧州のルクセンブルグでは2020年3月1日以降、国内の電車とバスなどの全ての公共交通機関が無料にとなり、渋滞と環境の効果が期待されている（CNNニュース）。

国鉄の「分割・民営化」と地方鉄道とくにJR北海道の衰退

　ところが、日本では、都市鉄道の輸送人員は増大傾向にありながらも、他方では、地方鉄道のそれは停滞ないし衰退の傾向にある。そこで、地方の赤字ローカル線を切り捨てるのが当たり前だ、という風潮もなくはない。国鉄時代には「内部補助」制度があり、大都市で確保した利益を地方・地域鉄道に配分し、鉄道の均等な発展を維持するように努力してきた。こうした制度は、「お金を再分配する」地方交付税交付金および電話・通信などにおけるユニバーサル料金に類似したものであった。ところが、国鉄の「分割・民営化」（1987年）は、地域分割と民営化によって「内部補助」を廃止し、強きものをいっそう強く、弱者をいっそう弱体化させ、「予想以上」（葛西東海JR会長）の「JR格差」を生んだ。一方では「ドル箱」をもつ東海・東日本・西日

本JRにたいして、脆弱なJR北海道・四国があり、その中間にJR九州が位置する。この格差は「地域格差」の現われでもある。先進国においてもっとも過疎・過密が進んだ日本とくに北海道において鉄道の危機はとりわけ深刻である。本書はこの危機を分析し、これを打開すべき基本的な方向性を示すことを課題にしている。

そもそも北海道における鉄道の危機は、一部の政治家（ないし経営者）は別にして、多くの道民にとっては国鉄の「分割・民営化」の当時から「想定外」ではなく「想定内」であった。のちに詳しくみるように、「分割・民営化」にさいしてJR北海道の経営計画は数字のつじつま合わせとしか言いようのないものであった。設備更新投資と人員の削減などで経費を4分の1近くに乱暴に圧縮し、それでも生まれる赤字を年率7.3％の高金利を前提とした経営安定基金の運用益によってまかなうという、手品のような計算であった。その帰結は、この間の事故の続発と慢性的な赤字による経営危機であった。

ここで明らかなことは、そもそもJR発足時点のスキーム（枠組）に無理があったのであり、それが現在のJR北海道の危機をもたらしているということである。その危機の本質を別の言葉であらわすならば、「私的形態の経営と鉄道がもつ社会的・地域的な性格との対立・矛盾が深刻化し、抜差しならぬ程のものになった」といえるであろう。私的形態の経営の論理とは、ここでは公的部門の私的所有化＝市場化ないしは「内部市場」の論理であり、鉄道の社会的・地域的性格とは、JR北海道の危機が「地域の危機」となって現われているように、鉄道が社会的共通資本の主要な一翼を現実に担っているということである。

では、このような無理なスキームがなぜ生まれ、30年にもわたって変化することなく継続されてきたのであろうか。われわれは、その背景には硬直化した新自由主義・市場主義のイデオロギーへの執着があると考えている。国鉄の「分割・民営化」は、中曽根内閣において「203高地」として位置づけられ、日本社会の旋回点であったことは間違いない。それは、日本における新自由主義の思想・政策への転換であり、そこでは労働組合運動との厳しい対決をも伴った。長期にわたって尾を引いたこの対決は、JR会社の経営と労使関係に大きなゆがみをもたらしたと同時に、現在の社会全体にわたる対

立と分断にもつながったのである。

　私たちは、ここで30年前の国鉄体制に戻すことを主張するものではない。むしろ日本にとっての鉄道の未来を国民的議論のなかで模索したいと考えている。しかしJR発足時の対立と分断の傷跡があまりに大きかったことから、政府もそしてJR各社も民営化のスキームの見直しを未来志向で議論することをタブー視してきたといえるであろう。この塩漬けのようなスキームのもとで、真っ先に切り捨てられようとしているのが北海道の鉄路である。

本書の基本的視角

　以上の認識にもとづいて、本書の執筆にあたっては次のような基本視角が設定されている。

　第一は、本書の至るところで新自由主義の政策・思想の批判的な検討が貫かれていることである。それは上に述べたように、現在の鉄道危機の背景には硬直した新自由主義イデオロギーがあり、この批判を抜きにして解決の方向は見えてこないからである。そして、それは鉄道問題にとどまらず、現代日本社会が直面する多くの課題に共通した問題である。

　サッチャー、レーガンとならんで新自由主義の旗手とされた中曽根政権であったが、それ以降の歴代自民党内閣、小泉内閣から安倍内閣にいたるまで新自由主義政策・思想は増幅されることはあっても破棄されることはなく、私たちの生活全般を悪化する方向に変容させてきた。その結果、社会的な格差が拡大するとともに分断と排除が進み、大都市への一極集中と地方地域の過疎化が深刻化し、地球温暖化などの環境問題にたいしても有効な政策を打ち出すことができないでいる。つまり、鉄道問題は日本における新自由主義イデオロギーの象徴的存在であったと同時に、現在世界的に盛りあがりつつある新自由主義批判とその克服への歴史的文脈のなかで理解する必要がある。

　第二の本書の基本視角は、新自由主義政策・思想の批判的な検討を媒介にしながら、新自由主義の世界を乗り越える「社会」論の提起を試みていることである。私たちはその「社会」を「持続可能な社会」概念として表わしている。それは「持続可能な発展」という言葉が多くの場合示すような、「環境」の持続性と「経済成長」の両立を意味するものとは異なっている。一方では、地球温暖化に現われているような人間と自然との物質代謝の攪乱は焦

眉の課題であるが、他方では社会・地域および諸個人自身の生産・再生産が困難になっている社会、これが現代社会である。それゆえ、自然と人間との物質代謝を制御・調整する社会への転換が求められると同時に、社会とそこに住む人間の生産・再生産が可能である社会に転換すること、この二重の側面をふくむ「持続可能な社会」が、それである。二重の側面を統一的に把握しなければならないのは、環境破壊によって人間自身の存続が危機に陥っているというだけでなくて、環境破壊を起こしている社会・人間自身のあり方が同時に危機的であるからである。

　そこで第三に、「持続可能な社会」概念に「人間自身の生産・再生産」を取り入れて考察することが必要になってくる。従来の「生産」概念では、一般に「財の生産」に限定するのが通例であった。しかし「生活の社会的生産」は、「財の生産」だけでなく、「人間自身の生産」を含み、これをモメントにしている。「持続可能な社会」概念のなかに「人間自身の生産・再生産」というタームを位置付けることによって、新自由主義の政策・思想に対抗する「持続可能な社会」の意義を明らかにする。「持続可能な社会」概念が地域社会・公共性・社会保障などを含むのは、「持続可能な社会」概念に「人間自身の生産・再生産」が核として存在するからである。

　このことは、本書の第四の基本視角、地域からの視点をもたらす。もとより鉄道の存続は、北海道の各地で地域ぐるみの運動が起きているように、地域問題と深く結びついている。それぞれの地域は、それぞれの具体的な状況に応じて、多様な課題に対応し創意工夫をもった運動を展開している。そこで重要なことは、鉄路存続の要求が個別地域の孤立した要求ではなく、「人間自身の生産・再生産」の場としての地域をどのように作っていくかという、現代社会の普遍的課題と深く結びついていることを確認することであろう。

　そして第五の視角として、これらの点を具体的に検討するにあたって、理念的にも政策的にも手掛かりを与えてくれるのがヨーロッパの経験であり、そこから教訓を学ぼうとしている。それは後に見るように、ヨーロッパ諸国の鉄道政策が日本の鉄道の将来を考えるうえで重要な示唆を与えてくれるというだけではなく、その背景には地域と社会のあり方についての欧州統合としての共通した理念が反映しているからである。ここでEUの歴史的評価を行うことは本書の範囲を大きく超えてしまうが、EUの政策が一面において

グローバル競争に対応する新自由主義的性格を持つことは確かであるとしても、他方「欧州市民社会」、「共通社会政策」、「地域のヨーロッパ」といった理念をかかげ環境政策においても世界をリードしていることは周知のところである。

持続可能な社会と鉄道の再生

　ここであらためて、読者のあいだで生じるであろう疑問に答えておきたい。「鉄道の再生」を検討するのに、なにゆえに「持続可能な社会」概念にまで広げて議論する必要があるのかという点である。本書における私たちの議論が「大風呂敷」にすぎるという批判は甘んじて受けよう。しかし、この疑問に答えるためには、本書の執筆者の多数をしめるJR北海道研究会の研究過程を簡単に振り返えらなければならない。この研究会を発足させた最初の動機は、北海道の経済・社会に重要な役割を果たしてきた鉄道について「分割・民営化」後の30年をふりかえって研究することであった。しかし、研究会の発足直前に出された「維持困難線区」の発表により、研究会の主要な目的に北海道の鉄道の存続への支援を加えることとなった。

　ところが当時、多くの地域で鉄路存続をめざす住民運動は発足していたが、JRが設定した路線別に分断された地域協議会の制約もあって、それらの運動がオール北海道で連帯する場は存在しなかった。そのためJR北海道研究会は、全道各地の住民運動団体に「北海道の鉄道の再生と地域の発展を目指す全道連絡会」の結成を呼びかけ、数次にわたる全道集会・シンポジウムを開催し、道、道議会、全道自治体首長、商工会議所などとの話し合いや申し入れを行い、さらには様々な道民団体や全国系列を超えた労働組合の協力をえながら全道10万人署名なども行ってきた。

　こうした運動を通じて鉄路の存続の具体的な方策について多くの人々と話し合い、模索をするなかで、私たちは国鉄の「分割・民営化」のさいに作られた現在のJR会社のスキームを前提にしては地方における鉄道の再生は困難であるとの結論に達した。そしてそのスキームを変えるためには、それを固定化している市場主義のイデオロギーを批判し、それを乗り越える理念を示す必要があると考えた。この間、全国の多くの人々や団体などからJR問題についての多様な意見や処方箋が提起され、それぞれに貴重な示唆に富み、

傾聴すべき内容があると考える。それらの提言を個別のアイデアに終わらせることなく、国民的合意の形成に結び付けていくためには、これからの日本が目指すべき地域社会についての理念と鉄道のあり方についての議論をしなければならないと、私たちは考えたのである。

各章の要約

つぎに、各章の内容についてそのポイントを簡潔にのべておこう。

第1章は、まず第1節において、国鉄時代に蓄積された様々な矛盾とそれへの対応策があったが、それが中曽根内閣における新自由主義イデオロギーによる国鉄の「分割・民営化」につながった経過を述べている。そして第2節では、国鉄の「分割・民営化」の背景となった新自由主義の思想的背景と、それが日本にもたらした政策的帰結を述べ、第3節ではこれに対抗する新たな理念として「持続可能な社会」の提起を試みている。

第2章は、現在の日本における鉄道問題の焦点となっているJR北海道について、第1節ではJR発足後30年の経過を振り返りつつ現在の経営危機がどのようにもたらされたのかを分析している。続く第2節は日高線などJR北海道が廃止対象とする地域自治体と住民の運動の実態を報告し、第3節では新自由主義がJR北海道にもたらした大きな歪みを労働問題の視点で分析している。

第3章は、北海道以外のJRが抱えている問題点について、第1節では北海道とともにいわゆる「三島路線」を構成する九州と四国の現状を分析し、第2節では、会社全体では黒字であっても、民間企業の論理のもとで北海道と同様に切り捨てられる危険性をはらむ本州の不採算路線の現状を取りあげている。そして第3節では、北海道でも道南いさりび鉄道などで現実化しているが、今後さらに新幹線の札幌延伸に伴い大きな課題となる、いわゆる並行在来線について、第3セクター化の問題を含めて取り上げている。

第4章は、地域の視点から、まず第1節では北海道の廃線問題の背景にある過疎化についてとりあげ、第2節では鉄道がもつ地域社会における価値と社会資本としてのあり方について、日高線を中心にして具体的に分析し、第3節ではヨーロッパにおける鉄道改革と地域鉄道の位置づけについて紹介している。

第5章は、今後の鉄道の再生に向けての具体策とその考え方について、第1節ではJR6社の再編についての試案が示され、第2節では北海道の鉄道についての再生プランにかかわる諸議論の整理と基本的な考え方が、第3節では持続可能な社会の考え方を地域の立場から再検討している。そして最後に、私たち研究会のなかでも議論になった問題として、現在世界的に話題となっているSDGs（持続可能な開発目標）について、鉄道との関係でどのように考えるのかという点について補論としてまとめている。

　ここに示されるように、本書ではJR北海道の危機を共通した問題意識の発端としながらも、社会・経済にかかわる基本理念から、日本の鉄道への具体的提言まで幅広い観点で執筆されている。北海道JR研究会では30回近くの会合で議論を重ねてはきたが、多方面にわたる執筆内容のすべてについて意見が一致し、矛盾なく統一したものとなっているとはいいがたい。読者諸兄姉のご批判と、前向きなご提言を期待したい。

目次　地域における鉄道の復権――持続可能な社会への展望

第1章 新自由主義に対抗する「持続可能な社会」

第1節　国鉄「分割・民営化」と新自由主義

安藤陽

1　国鉄改革のはじまり

1987年4月、それまでの国鉄改革をめぐる議論を経て、公共企業体・日本国有鉄道（以下、国鉄とする）は「分割・民営化」されて、旅客鉄道株式会社6社と貨物鉄道株式会社1社、その他からなるJR体制（「分割・民営化」体制）に移行した。

本節では、第二次世界大戦後の日本国有鉄道の成立（1949年）からJR体制への移行（1987年）に至るまでの流れのなかで、国鉄「分割・民営化」へと展開する議論の変遷をたどりながら、規制緩和・民営化に表わされる新自由主義、言い換えれば国の公的関与・規制の排除と市場競争原理を重視する考えにもとづいて行われた国鉄改革が、全国的な鉄道ネットワークと国民・地域住民に対してどのような影響を与えたのかを再確認するなかで、新自由主義的な考え方を抜本的に変えていくための手掛かりを考えることにしたい。

公共企業体・日本国有鉄道への改組

戦後、運輸省鉄道総局のもとで行政と経営が一体化されていた国有鉄道は、戦後復興に向けてそのあり方が議論された。国有鉄道の民間払い下げ案も提起されてはいたが[注1]、基本的な議論の方向は全国的・基幹的な鉄道ネットワークをもつ国有鉄道の役割が強調され、そのうえで行政と経営の分離、独立採算化など経営の効率化を模索することにあった。

同時に、連合国軍総司令部（GHQ）および日本政府にとって戦後高揚していた労働運動への対応も喫緊の課題であり、国有鉄道は10万人の定員削減、労働組合運動の抑制、そして経営合理化のための改革を求められていた。

そうした情勢のなかで、政府は「マッカーサー書簡」（1948年7月）に基づ

注1　老川慶喜『日本鉄道史　昭和戦後・平成篇』中央公論新社、2019年、36ページ。

いて国有鉄道を政府部局（現業）から独立の公法人である公共企業体（公社）に改組した。通説的には、この改組は行政と経営の分離、独立採算制の導入による企業化・経営効率化とされているが、現業労働者の国家公務員からの分離、労働運動の分断を意図していた点も見落とすことはできない。1949年6月の国鉄発足直後の下山事件、三鷹事件、松川事件といった3大事件（下山事件は初代国鉄総裁の自殺説と他殺説の両論）の発生を契機にした労働運動の弾圧がそのことを証明しているし、企業的性格をもつ電気通信事業が現業を維持し、財政専売であるたばこ専売事業が公共企業体に移行していることをみれば、国鉄が効率化のためのみで公共企業体化されたと考えることはできない。

とはいえ、国鉄は大幅な定員削減と独立採算制の導入のもとで、独占的な輸送条件にも支えられて、爆撃等で破壊され、また老朽化していた施設・設備を更新し、基幹的輸送手段として戦後復興における重要な役割を果たすことになる。

国鉄の経営悪化と公共企業体改革

1952年に電気通信事業も日本電信電話公社に移行し、国鉄、専売、電電の3公社が揃うが、その直後から公共企業体制度に対する検討が行われている[注2]。そこでの論点は、経営責任の明確化、職員定員、給与規制、政府監督のあり方、経営能率と合理化等であったが、公社化によって公法人化されたとはいえ、従来の政府事業と制度的に大きく変化していない点、すなわち「官業時代と異ならない仕組みと官僚的センスによる経営」への対応が議論の根底にあった[注3]。

こうした制度的な問題点は、のちに「日本的公社制度」として過度の政府規制と経営の自主性の欠如が批判され、「分割・民営化」に至る議論が提起されることになるが[注4]、当時は公共企業体が「公共性と企業性の調和」という本来の趣旨に沿って、公的所有に裏打ちされた公共性を担保しながら自主

注2　行政審議会（1953年）、臨時公共企業体合理化審議会（1954年）、公共企業体審議会（1957年）において、公共企業体制度自体の検討・審議がおこなわれている。

注3　『昭和財政史－昭和49～63年度』第3巻、192ページ（財務省Webページより引用）。

注4　産業計画会議の勧告（1958年）など国鉄「分割・民営化」に先行する「分割」論、「民営」論もみられるが（老川、前掲書、65～68ページ）、公共企業体の改革に結びつくものではなかった。

的、効率的に運営されることが改善の方策であった。

　国鉄は、公共企業体であるにもかかわらず、運賃や給与水準に関して国会・政府の厳しい監督・規制を受けており、また独立採算制のもとで設備投資等への財政資金の投入が制約されてはいたが、全国的規模での独占的輸送という経営基盤に支えられて、戦後復興とその後の高度経済成長における輸送力の確保・増強のために大きな役割を果たした。

　しかし、自動車産業の発展と道路網の整備によるモータリゼーションの進展は、国鉄経営に次第に影響を与えることになる。1964年10月の東海道新幹線の開業は、高速鉄道時代の幕開けを示してはいたが、この年に国鉄は経常損失を計上し、以後、次第に経営を悪化させ、経営危機を迎えることになる。

　国鉄による経営合理化もおこなわれたが、そこでの生産性向上運動（いわゆる「国鉄マル生」）は、労働組合対策を中心とする経営側による職場管理・支配の強化を意図していたために、労働組合側からの不当労働行為の指摘により挫折することになる。その後の国鉄の数度にわたる経営改善・再建計画でも経営は改善されず、経営収支は悪化の一途をたどり、独立採算制のもとで借入金に依存する「借金経営」は長期債務を膨らませていくことになる。

　1970年代に入ると、国家公務員や公共企業体等職員に禁止されていた争議権（ストライキ権）の付与の問題と関連して、公社制度維持の是非、民営ないし民営に準じた経営形態への移行、あるいは地域的、機能的な分割が検討され、公共企業体ではスト権は付与できないが、特殊会社（株式会社）に経営形態を変更すればスト権を付与することも可能であるなどといった議論が行われ、より経営の自主性があるとされた特殊会社への経営形態の変更を模索する動きも生じている[注5]。1975年末には国鉄を中心にした「スト権スト」が行われたが、労働基本権が制約される状況や経営形態自体が変わることはなかった。

　反対に、「スト権スト」を契機にして、また「赤字」ローカル線や長期債務の増加に関わる国鉄の経営危機の進展、運賃値上げに対する批判もあって、

注5　こうした議論は、第3次公務員制度審議会答申（1973年）、公共企業体等関係閣僚協議会専門委員懇談会意見書（1975年）、公共企業体等基本問題会議意見書（1978年）などで検討されている。

国鉄の経営再建から労働組合対策も含めた国鉄改革へと議論が展開していくことになる。

国鉄再建法のもとでの経営再建

　第二次臨時行政調査会が発足する直前の1980年12月に、日本国有鉄道経営再建促進特別措置法及び同施行令が制定された。国鉄再建法と略称されたこの法律の第1条（趣旨）は、基幹的交通機関である国鉄の経営の現状に鑑み、「経営の再建を促進するため執るべき特別措置」を定めるとされ、第2条（目的）では、「経営の再建の目標」が昭和60年度（1985年度）までに「経営の健全性を確保するための基盤を確立」し、「事業の収支の均衡の回復を図ること」にあるとされている。

　国鉄再建法では、経営改善計画の策定、特定地方交通線の廃止、長期資金の貸し付け、利子補給、長期債務の処理などの扱いが示されており、その中心は「赤字」ローカル線＝特定地方交通線の機械的・強制的な廃止による国鉄の経営再建であった。国鉄再建法は国に対して「日本国有鉄道に我が国の交通体系における基幹的交通機関としての機能を維持させるため、地域における効率的な輸送の確保に配慮しつつ、日本国有鉄道の経営の再建を促進するための措置を講ずる」ことを義務づけたのである（第3条2　責務）。

　特定地方交通線に指定され廃止対象とされた83線は、バス転換が路線数の過半数を占めていたが、1984年の三陸鉄道を最初の事例として、鉄道を存続させて第三セクター鉄道に移行するものも少なからずあり、1987年のJR移行後もこうした経緯・措置にもとづいて第三セクター化が進められた。

　特定地方交通線のバス転換（民営バス化）や第三セクター化（自治体と民間との公私共同出資化）を「民営化」とみることもできるが、ここで強調したいのは、国鉄再建法の趣旨は新自由主義的な考え方に基づくというよりも、国鉄の経営再建、すなわち「赤字」ローカル線の切り捨てによる経営効率化を模索しようとするものであったということである。

　以上のように、少なくとも、1980年頃までは、国鉄の経営再建が中心的な議論であり、争議権付与との関連で特殊会社（株式会社）への経営形態の変更は検討されていたが、政府の関与・規制の排除や市場競争原理を前提にした「分割」、「民営」の主張は、問題提起の域を出てはいなかった、というこ

とができる^{注6}。

2 新自由主義と国鉄「分割・民営化」

1979年にイギリスではマーガレット・サッチャーが首相になり、新自由主義を基礎とした規制緩和・民営化政策（サッチャーイズム）がはじまり、1981年にアメリカではロナルド・レーガンが大統領に就任し、供給主体の経済政策（レーガノミックス）が実施された。アメリカではすでにジミー・カーター大統領のもとで民間航空規制緩和法（1978年）により航空自由化が進められていたが、サッチャー首相とレーガン大統領の登場は、新自由主義（政治的には新保守主義）の始まりを意味していた。

すなわち、それまでのケインズ政策のもとでの財政・金融面での政府の関与・規制、財政支出の増加に対して、政府規制を緩和ないしは撤廃し、国有企業の民営化も含めて企業活動の範囲と自由を拡大し、市場競争原理に委ねることで経済を活性化させ、また国家財政の悪化・危機を回避しようとする新自由主義が提起されることになったのである。

日本でも、1980年に発足した鈴木善幸自民党政権のもとで、第二次臨時行政調査会（以下、第二臨調とする）が設置され（1981年）、「増税なき財政再建」をスローガンに行政改革が進められていく。国家財政の危機を企業増税で対処することを回避しつつ、市場競争原理に依拠しながら企業の活動領域の拡大と利潤確保の方策が検討されることになる。「官業と民業の役割分担」の名のもとに公的分野への企業活動＝民営的手法が拡大し、「民間活力」の導入や「市場競争」と称して利潤追求原理がもちこまれていく。

3公社の改革は「官業と民業の役割分担」、「民間活力」の導入、「市場競争」の重視に裏付けられているように、公的分野の民間企業活動への開放であり、市場競争原理を前提にした新自由主義にもとづく改革であった。1980年代に入り、第二臨調のもとで、国鉄再建は、累積した長期債務と労働組合問題に対する抜本的な解決策として、新自由主義にもとづく国鉄改革＝「分割・民営化」へと舵を切ることになる。

注6　角本良平氏も「民営」、「地域分割」論を提起しているが、「民営」といっても特殊会社形態に止まっているように思われる（『この国鉄をどうするか』東洋経済新報社、1977年）。

第二次臨時行政調査会と公社改革

　第二臨調は、その第4部会において官業・公社・特殊法人の問題が扱われ、1982年5月に第4部会報告「三公社、特殊法人等の在り方について」が出される。そして、その内容は同年7月の「行政改革に関する第3次答申－基本答申－」の「第2部第5章　公社、特殊法人等に関する改革方策」に盛り込まれている[注7]。

　そこでは、公社制度における「公共性と企業性の調和」という設立の理念が、公社をめぐる環境条件の変化に直面するなかで、過度の外部介入や巨大組織であることにより「責任ある経営」と効率的経営を阻害することになり、「公共性すら損なわれがちである」とされている。そして、改革の「在るべき方策」として、①外部的制約と関与からの解放、②経営の自主責任体制の確立、③労働の自覚、④労使ともに効率化と事業の新しい展開へのまい進、があげられている。

　「在るべき方策」のためには、「それにふさわしい新たな仕組み」を構想する必要があり、「我が国の経済の発展の基礎となった民間企業の発想と活力を取り入れ、民営ないしそれに近い形態に経営形態を改めることが最適」と述べている。「競争による自己制御のメカニズム」が欠けることのないように、「有効な競争原理が機能し得る仕組み」の設定が強調されていた。

　第二臨調第4部会報告・基本答申の基礎にある考え方は、「自主性のある経営の下で、企業性、効率性を発揮させてこそ『公共性』は確保され、達成される」というものであるが、それは市場競争を前提・指針にして企業的・効率的・採算的に経営することが公共性＝社会的有用性をもつというものである。

　したがって、国鉄に対しては、①責任ある経営の確立のためには民営化が最適であり、幅広く事業の拡大を図ることにより、採算性の向上に寄与できる、②現在の巨大組織では管理の限界を超えており、全国画一的な運営を回避するためにも分割が必要である、との理由から「現在の国鉄を分割し、これを民営化すること」と結論している。「分割」と「民営化」が一体のもの

注7　日本国有鉄道再建監理委員会事務局監修『国鉄改革－鉄道の未来を拓くために－』（国鉄再建監理委員会意見、運輸振興協会、1985年8月。改訂版同年10月）を参考に記述。

として把握されていることが重要なポイントである。

「国鉄の事業を分割し、各分割体を、基本的には民営化する」とした上で、「分割は、地域分割を基本とし、各分割地域内においても機能分割及び地方交通線分割を推進する」と述べて、基本答申は「7ブロック程度」の分割案を提起している。

1985年、日本電信電話公社は日本電信電話株式会社（NTT）に、日本専売公社は日本たばこ産業株式会社（JT）に「民営化」された。第二臨調基本答申では公社の「分割・民営化」が提起されたが、NTTとJTは、実際には分割されず株式会社化（民営化）されただけであり、株式売却についても一部株式の政府保有のもとで株式の市場公開が進められることになる（その後、NTTの場合、持株会社を利用した地域的・機能的分割＝再編成が行われた）。

これに対して国鉄の場合、1985年の時点では日本国有鉄道再建監理委員会（以下、国鉄再建監理委員会）が立ち上げられ、そこで「分割・民営化」の具体的な方策が検討されることになる。

国鉄再建監理委員会答申と国鉄「分割・民営化」

国鉄再建監理委員会は、1985年7月に「国鉄改革に関する意見－鉄道の未来を拓くために－」（国鉄再建監理委員会意見。以下、「意見」とする）を答申するが、そこでは第二臨調の基本答申を引き継ぐ形で「分割・民営化」の具体的な検討がなされている。

「意見」の基本的な考え方は、以下の言葉によく表わされている。「国鉄改革の意義は、破綻に瀕している国鉄を交通市場の中での激しい競争に耐え得る事業体に変革し、国民生活充実のための重要な手段としての鉄道の役割と責任を十分に果たすことができるよう国鉄事業を再生させることである」[注8]。

国鉄は、1960年代以降、輸送構造の大きな変化に対応した経営変革や生産性向上に立ち遅れるなど変化に的確に対応できなかったとし、その理由に「現行の経営形態そのものに内在する構造的な問題、すなわち、公社という制度の下で巨大組織による全国一元的な運営を行ってきたこと」をあげている。それが「経営の自主性や自由を制約するなどの問題」を生じさせ、「い

注8　国鉄再建監理委員会事務局監修『国鉄改革－鉄道の未来を拓くために－』1ページ。

わゆる親方日の丸意識を生み、無責任経営を招いた大きな要因」となっていると述べている[注9]。「交通市場における激しい競争」を前提に、「鉄道の役割と責任」を果たせる鉄道事業の再構築を図ろうとするものである。

第二臨調の基本答申では、公社制度の下での全国的な鉄道ネットワークの一元的な管理運営に対する方策として「分割」をあげ、経営の自主性、責任ある経営を確保するための方策として「民営化」をあげているのであるが、両者は「分割かつ民営化」という一体のものとして扱われていることはすでに指摘した。公社の分割により規模縮小による地域に即した管理運営は可能であるが、分割のみでは官僚的な運営は除去されず、経営の自主性を確保できないので民営化が伴わなくてはならない。他方、公社の民営化のみでは全国一元的な管理は除去されず、競争的な意識が働かず、画一的な運営になるので、責任ある経営はできないというのである。

しかし、国鉄が多様な競争のもとにある交通市場に置かれているとするのであれば、「競争的な意識」が働かないというのは理由にならない。民営化することのみで、その事業体が競争的な交通市場に対応し責任ある経営をおこなうことも論理的には不可能ではないはずであるが、「意見」ではあくまでも「分割」と「民営化」を一体のものとして位置付けようとしている。

経営形態の問題に関しては、「民営または民営に準ずる形態」と述べながらも、経過措置として政府も株式を保有する特殊会社化を図りながら、最終的には政府持ち株の売却を通じて「純民間会社」に移行させるとしているので、はじめから民営鉄道会社に移行させる完全民営化を想定しているわけである。

国鉄を「分割・民営化」し、さらに完全民営化しようとするのが、第二臨調以降の国鉄改革のシナリオであった。はじめに「分割・民営化ありき」と言われる所以である。

また「意見」では、国鉄が独占的な地位を失ったもとで、全国一元的組織運営を強いることは国鉄経営に過度の負担を負わせることになるとし、地域分割によって地域の実情に沿った運営が可能になるとしている。例えば、「分割・民営化」がローカル線の切り捨てにつながるのではないかとの批判

注9　同書、17〜18ページ。

に対して「今のうちに分割・民営化という抜本的な改革を行えば、地域と一体となった活力ある経営がおこなえる結果、鉄道を地域住民の足として再生し、残していくことが可能となる」[注10]と述べている。

　しかし、第二臨調の基本答申では、「分割は、地域分割を基本とし、各分割地域内においても機能分割及び地方交通線分割を推進する」とあるように、経営効率化のためにはローカル線の分離が想定されており、「意見」でローカル線を維持するという方針に変わったとは到底思えないのである。市場競争原理を基礎に「画一的な運営」を回避することが分割の理由であるので、地域の実情に対応して効率化の視点から路線廃止が進められると見るほうが妥当である。

　さらに、公社制度のもとで中央集権的な全国一元的な運営を続ける場合と比較して、「分割・民営化」されれば、より多くの鉄道が再生され地域住民の期待に十分に応えていくことが可能と述べ、「北海道等のローカル線の多い地域においても、中央指向型の一律の基準によって運営するのではなく、分割・民営化によって、それぞれの地域に密着したきめ細かい営業施策を展開することによってこそ、地域の交通機関にふさわしい効率的な経営体制の確立が可能となる」[注11]としているが、ここでも効率的な経営のために路線の縮小、分離、廃止が行われうることが示されている。

　「効率的な経営体制」を確立するということは、「競争の激しい交通市場の中で、多様化する利用者のニーズに即応し、企業性を発揮した活力ある経営を行い得るようにする」ことである。そのためには「出来るだけ民間企業と同様の経営の自由と自主性をもつことが必要」である。「これにより鉄道を主体とした多角的有機的な経営を行うことや経営の成果について具体的客観的に評価することが可能になるため、鉄道事業の活性化をもたらすとともに経営責任が明確化され、効率的な企業経営体質への変革が図られる」とされている[注12]。経営成果の具体的・客観的な基準は、市場競争原理を前提にした経営収支であり、いかにより多くの利潤を確保するかということである。

　このような観点から、「競争関係にある大手私鉄等と同様の株式会社形態

注10　同書、31ページ。
注11　同書、31～32ページ。
注12　同書、45ページ。

が最も適切」であり、当初は「国自らがイニシアティブをもって強制的に設立する特殊会社」とするが、「経営責任の明確化と効率性の確保」を図りつつ、「経営基盤の確立等諸条件が整い次第、逐次株式を処分し、できるだけ早期に純民間会社に移行する」としている[注13]。公共性（公共目的）は公的関与・規制によって保障されるのではなく、株式市場（株主）並びに競争市場がその判断基準になると考えられているのである。

「分割・民営化」のための経営基盤の確立

「分割・民営化」により、交通市場において競争に耐えうる事業体にして鉄道事業を再生するためには、それぞれの鉄道会社が自立できる経営基盤の確立が必要である。「意見」では具体的な方策を検討し、まず旅客鉄道と貨物鉄道を機能的に分割し、本州3社、三島3社に地域分割された6旅客鉄道会社と、全国ネットワークで運営される貨物鉄道1社他が設立されることになる[注14]。

しかし、旅客鉄道会社はそれぞれ地域的な需要状況（輸送条件等）が異なっており、とりわけ北海道、四国、九州の三島会社は経営上困難な状況におかれていることが初めから予想されたので、経営基盤を確立する措置が取られている。人員の大幅な削減により人件費の圧縮を図ること、長期債務の継承を免除すること、そして、経常損失相当額を毎年繰り入れられるように利子還元した経営安定基金を設置したことである。こうした措置は、競争市場のもとでの地域分割による鉄道経営が、とりわけ三島会社にとって当初から困難な要素を抱えながら実施されたものであることを示している。

3　JR30年と枠組みの修正

「分割・民営化」から30年を経て、JR各社は交通市場において競争に耐え得るような自立的で責任ある経営を可能にしているであろうか。

注13　同書、45〜46ページ。
注14　貨物鉄道会社は旅客鉄道会社に線路使用料を払って利用する上下分離方式を採用した。また、新幹線については新幹線鉄道保有機構を設置し、運営は本州各社におこなわせるが、使用料に格差を付けて収益調整をおこなうこととしている。

それを考える場合、JR各社の経営状況だけをみるのではなく、国鉄清算事業団における長期債務の処理問題（土地と株式の売却）や雇用差別問題も含めてトータルにみていく必要がある。

　長期債務の処理では、土地の売却とJR本州3社（その後のJR九州）の株式を売却しても、なお長期債務は減少せず、国鉄清算事業団が継承した長期債務25.5兆円は最終的には28.3兆円にまで膨れ上がり（返済の長期化による支払利息の累積）、結果的には28.1兆円が政府の一般会計等に組み込まれることになった^{注15}。また、雇用差別問題では、解雇をめぐる争議・裁判は長期化し、最高裁判決は僅差でJR側が「勝利」しているが、国鉄清算事業団訴訟では最終的には国側は敗訴の可能性とその影響の大きさを考慮せざるをえず、和解での決着とせざるをえなかった。こうした点を除外してJR各社の良好な経営状況、言い換えればJR各社が競争的市場において自立的で責任ある経営を行っていることを強調しても、それは一面的な評価と言わざるを得ない。

国鉄改革の評価

　国土交通省鉄道局は「国鉄の分割民営化から30年を迎えて」のなかで、「JR各社が提供する鉄道輸送サービスの信頼性や快適性は、全体として格段に向上した」と述べ、「経営面でもJR本州三社に続いてJR九州も完全民営化されるなど、国鉄改革の所期の目的を果たしつつある」としている。また、JR北海道、JR四国、JR貨物は上場できるだけの収益を上げているとは言えないが、これら非上場のJR各社も「経営自立化」に向けた取り組みを行っているとも評価している^{注16}。

　JR各社は、長期債務の負担軽減・免除と大幅な要員削減の枠組みのなかで、また1980年代半ば以降の「バブル経済」という一時的な景気上昇の恩恵を受けて、あるいは「地域密着」の経営により、当初は輸送需要と経常収支を改善させているようにみえていた。しかし、その後の輸送人キロと経常収支の推移をみれば、JR本州3社およびJR九州と、JR北海道、JR四国の経営状況が大きく乖離していることは明らかである。

　輸送人キロを1988年度と2016年度とで比較すれば、JR東日本が1098億人

注15　国土交通省鉄道局「国鉄の分割民営化から30年を迎えて」国土交通省Webページ参照。
注16　同上。

キロから1351億人キロへ、JR東海が451億人キロから623億人キロへ、JR西日本が482億人キロから583億人キロへ、また九州新幹線を開業させたJR九州も79億人キロから92億人キロへとそれぞれ増大させているのに対して、JR北海道は45億人キロから43億人キロへ、JR四国は21億人キロから15億人キロへとそれぞれ減少させている。同様に、経常収支を1987年度と2017年度とで比較すれば、JR東日本が766億円から3589億円へ、JR東海が607億円から5476億円へ、JR西日本が80億円から1286億円へ、JR九州が15億円から522億円へと経常利益をそれぞれ激増させているのに対して、JR北海道は経常損失を22億円から199億円へ、JR四国は経常利益10億円を経常損失5億円へと大幅に経常損失を増加させている[注17]。JR各社間での経営格差の拡大をどのように評価するのであろうか。

JR体制の枠組みの破たんとその修正

　JR体制への移行後、新幹線鉄道保有機構による収益調整は、JR本州3社への新幹線売却により、その枠組みが変更になり、また、バブル経済後の長期不況による低金利水準のなかで、JR三島会社は当初想定された経営安定基金からの利子収入による損失補填ができず、政府は追加支援措置を図らざるをえなくなり、従来の枠組みの修正を余儀なくされている。

　従来の枠組みの修正を余儀なくされている最大の課題は、JR各社がすべて完全民営化を達成できていないということである。JR本州3社およびJR九州は、政府関係機関の持ち株の売却・株式公開で完全民営化され、当初の目標を達成し「純民間会社」となった。その一方で、JR北海道、JR四国、JR貨物は依然として厳しい経営状況のもとにあり、株式売却＝完全民営化の目標の達成は望むべくもない。前者と後者の経営格差が拡大しているだけではなく、JR体制は、同じ株式会社形態をとっているとはいえ、完全民営化されたJR本州3社およびJR九州と、依然として政府関係機関が100％保有

注17　輸送人キロ、経常収支の数字は、ともに『数字でみる鉄道』各年度版を参照。なお、職員数は大幅に減少（JR東海は多少の減少）させているので、輸送人キロとの関係でみれば、労働生産性は大幅に「改善」されている。この点、国鉄改革は「成功」したと見ることもできるが、人件費を中心にしたコスト削減が、JR北海道などにおける事故の多発を招いたことも見なければならない。なお、輸送人キロとは、輸送人員にそれぞれの輸送距離（キロ）を乗じた総計で示された輸送量の大きさを表わすものである。

する特殊会社であるJR北海道、JR四国、JR貨物が併存する歪な体制となっているのである。

　すでに述べたように、国鉄の長期債務は、土地と株式（一部）の売却によっても処理できなかったのであるが、売却予定地はほぼ売却され、株式もJR北海道、JR四国、JR貨物を除いてすべて売却された。市場原理中心主義にもとづく国鉄改革＝「分割・民営化」が示していることは、旧貨物操車場など「非事業用地」が大手不動産企業などに放出・売却され、都市再開発の結果としてビジネスセンターになったことと、JR本州3社およびJR九州が主要な機関投資家に配当をおこなう利益第一主義の民営鉄道になったことなどに示されているように、巨大企業・投資家の活動のための市場を提供したということも見逃せない。

　国鉄の「分割・民営化」による株式会社への移行は、政府規制を可能な限り排除し、経営の自主性の確保を図るためであり、政府持ち株の売却による「純民間会社」への移行＝完全民営化が最終的な到達点である。このことは、株式上場したJR各社は、株式市場における評価を前提とした、株主、とりわけ大株主の意向に配慮した経営を目指さざるをえないことを意味している。

　JR東日本、JR東海、JR西日本、JR九州の各社の10大株主には銀行、信託銀行、生命保険会社などが含まれているが、それらの10大株主の持ち株比率は26〜28％となっている。また、外国法人等の持ち株比率も、JR東海はやや低いが、JR東日本、JR西日本、JR九州は30〜43％となっており、株式配当のためにも収益性を高めていかざるを得ない[注18]。

　ところで、公社制度（公共企業体）は、規模の巨大性にもとづく全国的な一元的管理が自主的な運営を妨げていることを指摘され、分割が提起された。「地域に密着した経営」をおこなうためにも、地域の実情にあった運営が求められたのである。そこでは新幹線や大都市圏の鉄道輸送の高い収益性によって、「赤字」ローカル線に象徴される地域圏での低採算ないしは不採算輸送が補填されている内部補助の問題が指摘されていた。「分割・民営化」はこの内部補助を大幅に圧縮することも意図していた。

　しかし、分割されて規模は縮小されるが、路線ごとに需要の差があれば内

注18　各社の有価証券報告書の「大株主の状況」参照（金融庁のWebページEDINETによる）。

部補助の問題は残る。例えば、JR東日本の首都圏路線・新幹線・主要幹線とそれ以外の地方幹線・地方交通線、JR東海の東海道新幹線と在来線、JR北海道の札幌近郊の路線と地方路線等など、内部補助・補塡の問題は残っている。

　上場企業であるJR本州3社やJR九州は、大株主への配当のために収益性を高めようとすれば不採算の路線の廃止を検討せざるを得ないが、そのことは地域経済や地域住民の「足」に大きな影響を与えることになる。また、要員削減と経営合理化によるコスト削減での対応は、鉄道の安全輸送の確保に危惧を生じさせることになる。

　国鉄再建監理委員会意見は、「民間企業と同様の経営の自由と自主性をもつこと」により「効率的な企業経営体質への変革」を図ることを強調し、「競争関係にある大手私鉄等と同様の株式会社形態」への移行で「鉄道を主体とした多角的有機的な経営を行うこと」を提起したが、JR各社は鉄道事業に加えて関連事業へも積極的に展開することによって、より一層の利潤＝収益の拡大を目指している。JR各社にとって鉄道事業も関連事業も収益確保の手段となっていると言わざるを得ない。

新自由主義に対置された枠組みの模索

　国鉄の「分割・民営化」は、JR本州3社に見られるように、鉄道輸送にしても関連事業にしても、需要のある、市場として成り立つ領域においては企業として展開することが可能である。そこでは「地域密着」の経営の名のもとに、全国的な鉄道ネットワークを維持することよりも、収益的経営が追求されることになる。

　不採算の路線や災害で不通になった路線の廃止問題、整備新幹線建設のもとでの並行在来線の分離・第三セクター化、完全民営化されたJR上場会社に対する大株主による収益性強化の圧力など、全国的な鉄道ネットワークは廃線・分断という危機的な状況にある。正確に言えば、新幹線鉄道を基軸にした鉄道ネットワークが重視されるもとで、在来線のネットワークが廃線・分断されようとしている。市場原理中心主義のもとでの収益優先の鉄道経営では、全国的な鉄道ネットワークの維持・存続は望むべくもない。

　JR貨物は、トラック輸送の圧倒的な優位のもとで、旅客鉄道会社の線路

を借用する輸送条件の中で全国ネットワークによる鉄道貨物輸送に従事しているが、経営の効率化と自立化（株式売却）に向けての政府の圧力もあり、輸送ルートの見直しなど営業範囲を縮小せざるをえない。しかし、地球環境保全の観点から、トラック輸送から鉄道貨物輸送へのモーダルシフトが提起されており、また、労働力不足のもとで貨物鉄道の大量輸送性の活用が注目されている。さらに、東日本大震災以後、災害対応＝緊急輸送のための鉄道ネットワークの維持の重要性も指摘されており、全国的な鉄道ネットワークの維持は政策的にも重要な課題となってきている。

「地域公共交通活性化及び再生に関する法律」（2007年）は、選択的・限定的であるとはいえ、地域鉄道を含む地域の公共交通の活性化と再生のための方策を支援しているが、第三セクター化された国鉄転換線（旧赤字ローカル線）・新線、並行在来線なども、全国ネットワークの一部として位置付けながら、地域住民の生活路線として支援し活用していくことが望まれる。

また、交通政策基本法（2013年）は、交通に関する基本的な枠組みを定めており、議論されていた国民の移動に関する権利の規定は示されなかったが、国と地方の政策的な関与＝交通計画に関する規定が設けられている。競争的交通市場という政府の認識は変わらないとはいえ、政府の政策的な関与の必要性は増大しているといえよう。

他方で、「純民間企業」の側でも企業環境に大きな変化がみられる。国鉄改革当時は、「企業性が発揮されてこそ公共性は確保される」と言われ民間企業の経営的手法が強調されていたが、民間企業の経営理念自体が、30年余りが経過するなかで、「社会のなかの企業」、「企業市民」として自らを位置づけ認識せざるを得ないようになっている。社会的価値（公共性・社会性）を重視しながら経済的価値（企業性・収益性）の確保を図ることが企業経営に求められている。「社会性を確保してこそ、企業性は発揮できる」というわけである。

また、コーポレート・ガバナンスの整備・強化が重視される中で外部取締役の役割が強調されているが、大株主の利益を代表するのではなく、社会の様々な利益代表としての外部取締役の位置付けも検討される時期に来ている[注19]。

注19　かつての公共企業体（特にイギリス）の理事会では利益代表的性格の理事が選任されていたこともある。

現代の巨大企業が、所有形態の違いもあって公共企業体における「公共性と企業性の調和」とは異なる面もあるが、「社会的価値」と「経済的価値」の高い次元での調和が求められていることを想起すれば、かつては否定された「公共性と企業性の調和」を経営理念として再評価すること、鉄道事業における社会的性格を重視する視点に立って、鉄道経営のあり方を再構築することも必要のように思われる。

　JR各社は、市場原理中心主義、収益中心主義にもとづいて経営されるのではなく、国民・地域住民の移動や物資の輸送を保障する基本的人権としての交通権にもとづいて、国や地方の政策的な議論、関与、財政支援も視野に入れて運営される必要があり、そうした国の公的関与・規制のもとで社会的責任（社会的価値＝公共性）を重視する企業経営と、それを可能とする新たな仕組みが求められているのではないだろうか。

第2節　新自由主義の思想への批判

浅川雅己、宮田和保、唐渡興宣

　私たちは前節で国鉄の分割・民営化の背後に新自由主義の思想があること
を指摘した。そこで、①新自由主義の思想はどんな特徴があるのか、そして、
②国鉄の「分割・民営化」以降に日本の経済がどのような経過を辿り、その
なかで新自由主義の思想がどのように日本社会に浸透し、いかなる社会的な
弊害・軋轢が発生しているのかについて考察し、これらを踏まえて、③新自
由主義の批判的な検討を試みようと思う。

1　新自由主義の思想的特徴

フリードマンの特徴的な言説

　新自由主義の特徴を把握するために、ここではその代表者であるミルト
ン・フリードマン（1912～2006）の思想や人間観を概観するために、彼の言
説および主張の紹介からはじめよう。

　第一は、「国家も制度も民族もいっさいの力をもたない、ただひとつのメ
カニズム〔市場〕が人間社会を結ぶということが最も幸福である……ユダヤ
の血の叫びである」という言説である。「市場」のメカニズムこそが「最も
幸福だ」とする背景には、国家や民族の相違によって迫害・虐殺された歴史
をもつユダヤ系の出自であることが影響しているのであろう。ここでは、国
家、民族ではなく「市場」が新自由主義の第一のキータームである。

　第二は、黒人の失業者が多いことに関して、10代に「遊ぶ」か「勉強する」
かの「合理的選択」の結果、黒人は前者を選び、技能などの能力に劣ったた
めだ、とする説明である。「合理的選択」がキータームである。

　第三は、麻薬「規制」に反対する言説である。麻薬を使用するかどうかは
個々人が「麻薬の快楽」と「中毒の苦痛」を比較し、「自由意志」にもとづ
く「合理的選択」によって判断されるべきであり、当然その結果は「自己責
任」だ、とする主張である。また、麻薬が規制を認めれば、同様の理由で食

品や医療品の安全規制が強化され、その結果、技術進歩・経済成長を遅らせるとして、麻薬「規制」に反対する。こうした考えかたは、人間を「快楽と苦痛」の面からのみ把握するものにほかならず、そのキータームは、「自由意志」「自己責任」および「規制反対」である。

　第四は、最低賃金制度や所得再分配に反対する言説である。最低賃金制度は賃金水準を引き上げることで、労働力の需要を減らし失業者を増やすとしてこれに反対し、所得再分配については、「いかなる正当化の論理を認めることが難しいと考える。これは、他の人々に与えるために、強権をもちいてある人々から〔自分が稼いだ所得であり所有物を〕取り上げるという明瞭な事例であり、したがって個人の自由と正面から衝突する」として反対する。所得再分配のために累進課税によって他の人々に与えるためにある人々から取り上げることは「ある人々」の「所有」「自由」の侵害であり、他の人々の「怠惰」を容認するモラルハザードだ、と主張する。「労働の需要・供給」関係にみられる「市場メカニズム」信仰にもとづいて「規制」に反対するのであり、また「私的所有」と「自由」および「安い政府」がキータームである。

フリードマンの思想の根拠

　「自由意志」「合理的選択」「自己責任」「規制反対」（規制緩和）「自由」「私的所有」などを重視するフリードマンの思想は、結論からいえば、「市場」における「人間」を全体化・絶対化し、神に祭りあげるものである。「市場」は「自由、平等、所有、ベンサム」（マルクス）の支配する世界である。

　「自由」とは「市場」での売り手と買い手の「自由意志」にもとづく「合理的選択」による取引の「自由」あり、その結果は「自己責任」とされる。それゆえ、「市場」への規制は「自由意志」を阻害するものでしかない、と新自由主義者は主張する。

　「平等」とは、売り手も買い手も商品価値の担い手としては、例えば民族の相違などは「どうでもよい」のであって、これらの差異が捨象されたもの＝「抽象的な個人」として「平等」である。

　「所有」は自己の労働（＝自助努力）の成果として現われ、したがって、政府がこれにたいして課税することは「私的所有」の侵害だと理解される。

　「ベンサム」とは、イギリスの哲学者・功利主義者ジュレミー・ベンサム

（1748～1832）の思想である「最大多数の最大幸福」を意味する。市場での個人は自分の利益＝効用（快の享受・不快や苦痛の除去）の極大化だけを追求し、その合計として「最大多数の最大幸福」が実現するという思想である。フリードマンはベンサムの思想を受け継ぎ、人間を「快楽と苦痛」の極大化において把握した。

新自由主義精神の影響

　フリードマンにとって、国家・民族などは信頼できず、市場における「抽象的個人」こそが「自由」であった。だから、彼は、国家・民族を拒絶して、「市場」に飛びつき、そこでの自由意志、合理的選択、自己責任の論理を強調して、これらを社会の構成原理にしようとした。だが、これらは、すでに述べたように、「市場」が生みだす観念であって、現実には人間社会の一部分にすぎない。にもかかわらず、これを全体化・絶対化したうえで、社会の構成原理とする。

　現代における生活の社会的生産は「市場」を媒介にしているが、「市場」はその一側面でしかない。貧困は、個々の労働者が「労働市場」での労働力を売買するがゆえに、その結果は労働力の販売者である労働者の「自己責任」として現われる。しかし、他方では、現代社会は、貧困の蓄積という労働者の犠牲のうえで富が集積され、社会システムの持続性に危機をもたらすことも同時に明らかにする。つまり、貧困の社会的性格が明白となり、こうした事態そのものが貧困の「自己責任」化を批判する。現代社会＝資本主義社会は、一方では「市場」が私的個人の「自己責任」などの観念を不断に生み出しながら、同時に、貧困の社会的性格を明らかにして、「自己責任」の観念が「幻想」にすぎないと批判するところの「自己矛盾するシステム」である。

　「競争」が作用する「市場」はさらに人々に、「競争」こそが人間とその社会を活気づけるのであり、したがって競争がなくなれば人間と社会は停滞する、という意識を付与する。次節で触れるように、競争は、真実においては、資本主義の内的法則を外的強制として執行させるにすぎないのであるが。また、社会的分業すなわち市場の論理では、用途（＝使用価値）が異なる諸商品が相互に交換されるためには質的に同一で量的に異なる「価値」として等置

され——価値が貨幣によって「価格」として表示され——なければならない。そこから、差異が捨象された抽象化＝「シンプル化（＝抽象化・一面化）」と、「競争」から強制される「スピード化」および勝利するためにはなんでもありという結果主義ないし結果の明白化という観念が強調される。そして、工場内分業すなわち企業の論理では、「権威」「力」「強力なリーダーシップ（ないしはガバナンス）」という観念が強調される。

新自由主義は民主主義を否定して、社会の分断を誘導する

　新自由主義の精神は、民主主義の精神と悉く対立する。民主主義的精神は多様かつ多方面的であり、決定に至るまで一定の時間を要し、複合的でトータルなものを求める。これに対して、新自由主義の精神は「シンプル」「スピード」「勝敗」による「結果の自明性」「力」ないし「リーダーシップ」であり、両者は対立する。グローバル化の進展によって現に「民主主義の機能不全」が言われるなか、新自由主義の立場からは「民主主義の後にくるもの」を求める。新自由主義は「自由」の掛け声のもと、民主主義と対立することによって市民的自由を否定する。新自由主義政策によって、社会的格差が広がるなかで、たとえば、低所得者への生活保護に対して不正が行われているのではないか、と犯人探しとバッシングまたは自己責任が叫ばれる。少子高齢化の進行のなかで年金受給と保険料負担との関係が、表面的には世代間の利害対立に見えることなども利用して、人々の「競争心」「対立」「分断」を煽っている。異なる見解を排除し、「シンプル」な善悪論へ世論を誘導したり、「リーダーシップ」を強調したりすることによって、政治的には選挙投票だけを認めて、他の方法での人々の社会的参加を拒否する。また、新自由主義政策の貫徹は、「社会システム」（労働組合、協同組合、ボランティア、家族関係など）を衰退させることによって、人々を孤立化・アトム化し、新自由主義の精神とは異なる価値・民主主義観を経験できなくして、新自由主義の言説を受容しやすくするのである。

自由市場と強い国家との並存

　新自由主義は、「市場」の論理だけでなく、企業の論理をも含んでいる。そして、新自由主義を政策的に実行すれば、社会的格差などの社会的な分断

によって社会的な軋轢が発生し、社会的統合も亀裂が生じる。そこで、新自由主義のもとでは、市民社会を統括するために「国家」が大きなイデオロギー的な力をもち、「強い国家」という国家主義的な色彩を帯びる。このことは"Free Market and Strong State"[注1]という言葉に的確に表現されている。経済成長＝資本の蓄積がうまくいかない場合には、金融・財政的に強力に経済過程への介入を要求する。新自由主義は、資本の利益が守られるかぎり「国家の介入」を拒否して「安い国家」（規制緩和・社会保障の削減）を謳うが、市場主義での限界が明らかになったときには「国家」に自己の支柱を求めるのである。だから、新自由主義の市場主義と国家主義イデオロギー、さらには国家の金融・財政的介入とは、対立するものではなく、並存・共存するのである。

2　新自由主義の日本への浸透

次に、資本主義の発展過程で新自由主義が登場した経緯と、新自由主義が日本の社会にどのように刻み込まれ、その結果、どのような社会的弊害・軋轢が発生しているかを見てみよう。ただし日本についての考察は国鉄の「分割・民営化」以降に限定する。

経済的自由主義の系譜と資本主義の歴史

経済的自由主義には、新自由主義の他に、古典的自由主義、社会自由主義がある。これらの自由主義が登場した歴史的経緯とそれぞれの思想の概要を示しておこう。

古典的自由主義は、経済政策においては「自由放任主義」を提唱した。市場への政策的介入を排し、国家の機能を外交、国防、治安維持などに限定する、いわゆる「夜警国家」に対応する思想である。古典的自由主義は、その原型が整えられた段階では、一定の合理性をもっており、絶対王政下の利権独占や専制政治への対抗原理となり、市民革命とその結果成立した民主国家

注1　この言葉は、ベンサム主義者が使い始めた言葉であるが、今日の新自由主義の精神にも合致する言葉である。ちなみに、フリードマンの言説については、宇沢弘文／内橋克人『始まっている未来　新しい経済学は可能か』（岩波書店）における宇沢弘文氏の発言を参考にした。

の思想的な裏付けとなった。そして、政治的自由の伸長とともに、自由な経済活動の結果生じた生活上の諸問題は個人の責任で解決すべきとする生活自己責任原則が確立する。しかし、産業革命が状況を変えた。労働時間規制や労働条件の最低保障など、企業活動にたいする規制や労働者の保護を欠くことで、労働問題、貧困格差問題が深刻化した。労働者の抵抗も強まり、彼らにたいする社会主義・社会民主主義の思想や運動の影響力も次第に強まっていった。こうした状況のもとで、労働者大衆の過激化を抑えるためにも古典的自由主義の「自由放任」をあらため、国家による規制や保護を実施しなければならないと説く、社会自由主義が登場した。

　労働問題などの発生・深刻化の要因の一つに市場競争があると考えた人々は、市場への介入による競争抑制を訴えた。やがて労働条件改善や労働者の権利擁護をはかる社会政策、生活の安定をはかる社会保障制度の実施などによって、生活自己責任原則は修正される。社会自由主義は、市場の競争条件は均等であるとは限らず、政策的介入や市場外の制度による補完がなければ、つまり市場だけでは、適正な資源配分や諸個人の資質の開花は不可能だとみる。この考えが、社会政策や社会保障制度の導入・整備を促し、のちの福祉国家の発展につながる。第2次大戦後の先進諸国で成立した「福祉国家」体制は、社会保障や福祉政策による所得再分配や公共投資によって有効需要を創出し「完全雇用」の実現をはかるものであった。他方、工業生産においては、細分化・単純化・標準化された作業工程による効率的で画一的な大量生産と、単純作業の反復からくる労働意欲の減退を緩和するための高賃金を特色とする新しい生産様式が生まれた。福祉国家体制とこの新しい生産様式が組み合わされて国内市場中心の資本蓄積の仕組みが作り出され（新川［2013］）、一定の成果をあげたが、結局、財政赤字とスタグフレーション（不況と物価高の同時進行）という壁にぶつかることになった。

　福祉国家の展開は、労働者の生活水準の維持・向上を図ることで、労働力の安定供給を確保するとともに大衆的消費市場を維持することに主眼があった。労働者の生活費（労働力再生産費＝賃金）の上昇を高収益で埋めることによって福祉国家体制は維持されたが、国内市場の飽和とともに収益が低下し、経済の「高コスト構造」が露呈する。賃金、社会保障費、租税の高負担は企業の投資意欲を減退させるとして、先進諸国政府は、福祉、社会保障の

削減や減税によって財政規模を小さくし、企業負担を軽くする方策を採用する。また、先進国では大企業の多国籍企業化が進んだ。それらの企業は、生産・流通などの事業拠点を複数国に分散させるとともに、最適な原料調達市場、製品販売市場、労働力市場を求めて状況に応じて拠点を移動させる流動的な立地展開が行われた。ケインズ主義的福祉国家から「グローバル国家」への転換が叫ばれ、国家には、IMFを始めとする国際機関と連携して、世界市場の統合を推進すること[注2]が求められた。新自由主義は、こうした一連の動きの思想的な裏付けとなった。

　新自由主義は、福祉国家が要請される要因となった原生的労働関係[注3]と酷似した状況をグローバルな規模で再生産する。まず貧困国への生産拠点の移転、その結果としての先進国内部での生産の空洞化とそれによる貧困化が進む。かくして労働力再生産の困難という古い問題がふたたび資本主義に突きつけられるにいたる。しかし、これは単なる資本主義の「逆流」ではない。資本主義は、後述するように、資本自身の存立基盤である社会の維持・再生産を困難にし、その破壊さえ進行させるにいたっている。社会の持続性の危機は、その地理的な範囲と事態の深刻さにおいて、初期資本主義のそれを凌駕している。新自由主義は、資本主義の行き詰まりの表現に他ならないのである。

日本における新自由主義の先駆けとしての中曽根政権

　日本において比較的早い段階で新自由主義政策を採用したのは、中曽根政権（1982～1987年）であった。中曽根政権は前任の鈴木善幸政権が行財政改革のために設置した臨時行政調査会を引き継ぎ、同調査会の最終答申が中曽根政権に提出された。この答申は、①公社の民営化、②省庁の統廃合、③日

注2　ワシントンに本拠を置く国際通貨基金（IMF）、国際復興開発銀行（世界銀行）およびアメリカ政府（連邦準備制度、連邦予算局）等の機関の間には、事実上の政策的合意があるとされ、それは、「ワシントン・コンセンサス」とよばれている。

注3　《産業革命の進行過程に現出した過渡期の労使関係で、労働組合運動の発展と工場法の確立によってしだいに克服された。この時期、機械制大工業の確立によって圧倒的に優位な力関係にたった資本は、なにものにも拘束されずに、劣悪な労働条件の下で長時間にわたって労働者をほしいままに酷使した。――中略――労働者、とりわけ児童や婦人労働者には昼夜の区別なく無制限な長時間労働が強制されることになり、その精神的・肉体的荒廃が著しく進行した。》（湯浅[1994]）。

本型福祉社会[注4]の実現を目指すものであり、それを実現するための方針として「増税なき財政再建」と「民間活力導入」が打ちだされた。これらの方針は、「緊縮財政」と「規制緩和」を柱とする「小さな政府」の追求という新自由主義的経済政策の日本における萌芽的な展開であった。市場改革、規制緩和に先立ち行財政改革が遂行されたのであるが、行政改革には、財政問題を口実とした行政権限縮小策という性格もあり、事実上規制緩和策の一部でもあった。また、こうした政策へのイデオロギー的な側面での支援として、メディアを通じて福祉国家批判や公務員・労働運動への攻撃が展開された。

　具体的な政策としては、予算編成において概算要求の伸び率を前年度比で原則ゼロとする「ゼロ・シーリング」やマイナスとする「マイナス・シーリング」による財政緊縮化とともに、国鉄・電電公社・専売公社という3公社の分割・民営化が実施された。緊縮財政は、社会保障費の圧縮などを通じて福祉における国家責任の後退を招き、公社民営化は、公的資産を私的に収奪しただけでなく競争主義的イデオロギーを社会全体に浸透させたのである。

　他方、規制緩和は、その方針が明確に打ち出されたにもかかわらず、中曽根政権では、その実現は不十分であったとされる[注5]。規制緩和とそれを通じての構造改革の本格的な展開は、橋本、小渕、森政権を経たのちの小泉政権によってなされることとなる。

橋本内閣の「6つの改革」

　第2次橋本内閣（1996～1998年）は、「行政改革」「財政構造改革」「経済構造改革」「金融システム改革」「社会保障構造改革」「教育改革」という「6つの改革」を打ちだした。このうち「社会保障構造改革」では、「措置制度の見直し」「自立支援」という掛け声のもとに、規制緩和による福祉分野への民間企業の参入が促進された。国の責任を放棄するだけでなく、福祉分野を

注4　社会保障費の支出を削減するなど、福祉における国の責任・負担の軽減を図る点で新自由主義一般の福祉改悪と一致するが、それを市場セクターの民間企業が提供する有償福祉サービスだけでなく、家族の相互扶助によって補完させる傾向が強いことが日本型福祉の特徴である。

注5　「日本では構造改革による景気の回復という英米に見られた構造改革にたいする強い国内のインセンティブは働かず、改革は行財政改革ととらえられ、構造改革は先送りにされた」、「バブル景気の80年代後半から90年代初めまでは、規制緩和や構造改革にたいする国内での選好も弱かった」（古城［2010］）。

図 1-2-1 　非正規雇用の割合

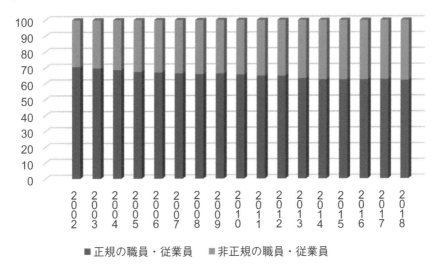

営利企業のための市場として明け渡す事態となったのである。

　「財政構造改革」においては、消費増税と特別減税の廃止が特筆すべき事柄であろう。財政赤字への対処のために大規模大衆課税の強化に踏み切ったのである。また、金融システム改革でも大胆な規制緩和策として「金融ビックバン」が打ちだされた。しかし、アジア通貨危機[注6]とその国内への波及によって情勢は大きく変わった。通貨危機が引き起こした金融不安は、三洋証券、北海道拓殖銀行の破綻を招き、さらには、4大証券会社の一つであった山一證券が自主廃業に追い込まれるなど、日本の金融システムも深刻なダメージを受けた。その結果、橋本内閣は、「財政構造改革法」の運用を「弾力化」せざるをえず、「財政構造改革」は、事実上中断したのである。

「聖域なき構造改革」

　橋本内閣を引き継いだ小渕政権、森政権は、景気回復に重点を置くこととなり、緊縮的な「財政構造改革」は、この間、停滞ないしは後退を余儀なくされた。しかし、森政権に続く、小泉政権（2001〜2006年）は、財政赤字の

注6 　タイが自国通貨バーツを変動相場制に移行させ、事実上の通貨価値切り下げを行ったことを
　　　きっかけにして起きた通貨危機。その影響は、韓国、インドネシアなど東アジア諸国に広がった。

解消と産業構造の転換を訴えて「聖域なき構造改革」の断行を提唱した。アジア通貨危機等の外的要因もあって停滞した新自由主義改革を一気に推し進める役割を果たすことになる。

　小泉構造改革を最も強く人々の印象に刻んだ政策は、郵政3事業の民営化であろう。ユニバーサルサービスを維持する方針は示されたものの、実際には、簡易郵便局の閉鎖やATMの撤去、各種手数料の引き上げ、時間外窓口の閉鎖、集配郵便局の統廃合などが推し進められた。その結果、過疎地域でのサービス低下が深刻化し、地域間格差が広がっていった。

　また、労働規制の分野でも製造業への労働者派遣を解禁し、今日まで続くワーキングプア問題の深刻化を招いた。こうして本格化した労働規制緩和は、安倍政権における労働ビッグバンへとつながっていく。なお、こうした労働分野での規制緩和の推進は、村山内閣時代（1994～1995年）に経営者団体である日本経営者団体連盟（日経連、現日本経団連に統合）がまとめた報告書『新時代の「日本的経営」──挑戦すべき方向とその具体策』（1995年）で提言した「雇用ポートフォリオ」論に沿って進められてきたもので、日本企業の労務管理上の施策を国家政策によって後押しするものであった。「雇用ポートフォリオ」論では、従業員を長期継続雇用の「長期蓄積能力活用型グループ」、長期雇用を前提としない「高度専門能力活用型グループ」、定型業務から専門的業務までのさまざまな「雇用柔軟型グループ」の3タイプに分け、グループ別の労務管理を行うことを提唱している。その主要な効果は、「雇用柔軟型グループ」を正規雇用からはずして総人件費を抑制することにあった。

　地方自治に関しては、国庫補助金削減・地方交付税交付金見直し・税源移譲を含む税源配分の見直しのいわゆる「三位一体改革」からなる「地方分権改革」がうちだされた。補助金削減が先行して進む一方で、税源移譲は停滞し、「地方分権」は名ばかりのものとなっている。それにより、東京などへの一極集中と地域間格差の広がりが一層深刻化する結果となった。さらに、農協や漁協を、零細経営を保護するだけの組織と決めつけ、農協改革、漁協改革の名のもとに農業、漁業への株式会社の参入や農協、漁協の信用事業を内外の金融資本に明け渡すことを目論む規制緩和も提起されているが、これらも一層の地方衰退の要因となりかねない（坂下［2005］）ことはいうまでもない。

アベノミクスによる社会保障への攻撃

　新自由主義は、社会保障制度こそが経済成長を阻害するとして、一方では人々を「甘やかす」として社会保障制度を攻撃し、他方では租税率の引き下げを要求する。さらに、新自由主義者は、税の「直間比率」を見直して、「所得〔税〕から消費〔税〕へ」を提起した。所得税や法人税は「努力する者にたいする税金」であるから、これを減税して、消費税を上げるべきだとし、また、所得税や法人税にたいする増税は資本が国内から逃避するから反対だ、と主張する。

　実際、2013年6月から2019年1月まで5年10ヵ月間のアベノミクス期間中に、社会保障費は3.9兆円も引き下げられた。さらに注目すべきは、最悪の大衆課税である消費税が増税された一方で、周知のように法人税率の引き下げをはじめ、研究開発費にたいする課税の減免など大企業にたいする優遇税制が継続・強化されたことである。この結果、法人の税負担率は大企業の負担率22.1％に対して、中小企業34.7％（2016年度）と格差が拡大した（米田[2019]）のである。

　新自由主義政策はまた、企業の雇用・生活保障機能放棄を助長しただけでなく、現金支給の削減によって「小さな政府」を、すなわち国家負担の放棄をも目指している。これは全くの時代錯誤である。核家族の崩壊および少子化・高齢化によって、従来の社会保障のモデル（サラリーマンの夫、専業主婦の妻、2人の子ども）は通用しなくなった。いまや現金給付だけでは限界があり、対人社会サービス（育児サービス・高齢者福祉サービス）が提供されなければならない。ところが、新自由主義は、「小さな政府」を目指して現金支給を削減し、また対人サービスを提供せずに、その代替を「家族や近隣、職場などにおいて連帯と相互扶助」に求めている。だが、こうした条件はすでに存在しない。そのため、女性が労働市場に進出しても、女性が担ってきた家族の無償労働に代わりうる対人サービスがないので、女性たちは、育児・介護などを含めた無償労働に引き続き従事しつつ労働市場に参加せざるをえないのである。その結果、無償労働から解放されて労働市場に参加するタイプ＝正規労働者（主に男性）と主に女性の非正規労働者に分かれ、労働市場が二極化し、格差が拡大している。

アベノミクスの金融政策

　安倍政権は2014年から現在までに約160兆円の国債を発行した。発行された国債は、市中銀行に売られる。日本銀行はこの国債を買い（＝買いオペ）、市中銀行がもつ日銀当座預金口座に多量の資金を振り込むことによって民間金融機関（銀行、証券会社）に供給する。

　日本銀行は2013年に2％の物価上昇を目標にかかげ、そのために長期国債を50兆円／年（2014年以降80兆円／年）を買い入れ、異次元金融緩和政策をはじめた。これは、日本銀行の国債購入→日銀当座預金増大（＝銀行資金供給）→銀行どうしの短期の資金貸し借りの増大と市場への資金供給→金利の低下→銀行による企業・個人の貸し出しの増大→投資・個人需要が高まり物価上昇（＝インフレ）によるデフレの脱却という目論見であったが、完全な失敗に終わった。

　ベースマネー（市中にある現金と日銀当座預金）は、異次元の量的金融緩和がはじまった2013年4月155兆円から2018年7月503兆円へと3.2倍に拡大したが、マネーストック（金融機関から経済全体に供給されている通貨量）は、843兆円から1007兆円程度の増大にとどまっている。日銀当座預金口座の預金額の急速な増加は景気の低迷によって、資金需要がないことを意味している。資金需要の停滞＝貨幣の蓄蔵化は、利潤が設備投資（＝拡大再生産）に回らず内部留保金を増大（500兆円）させている事実にも現われている。ベースマネーとマネーストックとの差額は、投機家によって株や不動産への投機として利用され、円安政策が一段とこれに拍車をかけている。円安は輸入物価を上昇させ家計を圧迫する。また、株高は、資産格差を拡大させるだけでなく、本業への投資よりも資産運用による収益確保へと企業を誘導するため、設備投資の増大や雇用の拡大は制限される。その結果が景気低迷による貧困の深刻化と格差の拡大である。

　新自由主義は、企業の自由な活動（営業の自由）にとって障害となる労働者や生活主体としての消費者の独自の意思を企業活動から徹底的に排除する。当事者である労働者や消費者は、企業活動に巻き込まれているのに、彼らの独自の意思、本来的な利害──生活の論理──を企業の活動に反映させることは極めて難しい。経済活動の本来の目的は、人間自身の再生産、それを通

じて社会を持続させることにあるはずであるが、新自由主義のもとでは、そのような経済活動の社会的性格は否定される。

新自由主義の国家主義・復古主義との共存

新自由主義は、レーガン、サッチャー、中曽根のように "Free Market and Strong State" を唱導する。そして「市場」「安い国家」と「強い国家」とは決して矛盾するものではないとする。新自由主義は、社会保障制度が経済成長を阻害するとして、これを切り捨て、なりふりかまわず「経済成長」とそれによる国力増大という大目標を実現しようとする。このためには、異次元の金融緩和・GPIF（年金積立管理運用独立行政法人 Government Pension Investment Fund 160兆円）[注7]、労働の規制緩和、税制の負担構造の見直しなどの強引な方策をとってきた。その限りでは、守旧派を批判し、「変革者」を装うのである。

安倍内閣（そしてその継承内閣である菅義偉内閣）が描く社会システムの理想は国家主義＝社会全般における中央集権的国家である。政府・個々の企業・教育機関などにガバナンス改革と称して中央集権的組織のもとでトップダウン型の統治を押し付けている。政府内においても、日銀の総裁を白川氏の任期を無視して黒田氏に切り替え、政府内部において人事権を掌握することによって「忖度政治」を生み出し、安保法制の集団自衛権について違憲判断を出させないために法制局長を替え、立憲主義を否定する。GPIFの「ポートフォリオの見直し」のさいには消極的である委員を賛成するものに入れ替える。教育界では、大学（学校）の学長（校長）がトップダウンで立案決定をなし、教授会（職員会議）を空洞化して、個々の構成員に作業をさせ、それを文科省（教育委員会）が評価するシステムを作り、ピラミッド型社会を作っている。

新自由主義は、一方では、市場主義の人間観＝「ホモ・エコノミックス」（＝自己利益を追求し競争する人間観）それゆえ「自己責任」のイデオロギーを強調しながら、従来の家族の絆や地域社会の相互扶助の解体を容認する。また、財政が赤字になるのは、政府が国民の要求に応じて社会保障・福祉サー

注7　厚生年金と国民年金の年金積立金を管理・運用する機関であり、正式名称は、年金積立金管理運用独立行政法人（Government Pension Investment Fund）である。

ビスを増やすからだとする。つまり、民主主義が赤字の原因であるとし、民主主義のルールを市場のルールに置き換え、「世論」より「市場の声」こそ尊重すべきと主張し、民主主義の形骸化を進める。

　新自由主義は、他方では、利他的で無私な人間を要求し、「個人」を否定した家族主義・ナショナリズムという復古主義なイデオロギーを求める。このことは、サッチャーが「ビクトリアの美徳」（勤勉・禁欲・節制を特徴とする価値観）を説き、「家族や近隣、職場などにおいて連帯と相互扶助」を要求していたことや、安倍政権の復古主義な態度にも表われている。だが、この態度はホモ・エコノミックスと全く矛盾したものである。

　新自由主義政策の推進によって社会の分断が生じ、「社会的排除」（ソーシャル・イクスクルージョン）が進んでいく。その結果、社会の亀裂・対立・軋轢を克服して社会を統合することは不可能であるから、新自由主義は「国家主義」（「ナショナリズム」）「復古主義」などに統合の支柱を求めざるをえないのである。したがって新自由主義はこれら「国家主義」「復古主義」と並存・共存することによって、国内外に「敵」を作りだしつつ、「強い国家」において社会の統合を試みようとする。「強い国家」は民主主義ないし立憲主義を形骸化ないし拒否する。だが、社会の亀裂・対立・軋轢は新自由主義そのものに起因するのであるから、新自由主義を放棄しない限り社会を統合することできない。また、復古主義は現代の社会システムに適合不能であり、社会の亀裂・対立を克服するものにはなりえないのである。

3　社会の持続可能性を蝕む新自由主義

　最後に、以上のような経緯から、日本社会を侵食している新自由主義が社会の持続可能性に与えている影響や問題点についてまとめることにしよう。

社会が持続する条件

　社会の持続は次の3つの事柄から成り立っている。第一は、人間一人ひとりの再生産である。食事をし睡眠をとって自分の生命を維持すること。第二は、人間の世代的再生産である。子どもを産んで育てられる環境にあること。第三は、社会的つながりの再生産である。家族関係や友人との交友関係、そ

して経済活動を行うさいに利用される様々な用具や対象をどう取り扱うかによって決まる人々の関係である社会関係など、諸々の社会的なつながりを維持できることである。

　これらの3つはそれぞれ独立の事柄ではない。個々の大人たちの生活が維持できなれば、子供を生み育て次世代を再生産することはできないし、世代の再生産を通じてある程度の人口が存在しないなら社会的なつながりを形成することもできない。また社会的なつながりがより多様できめ細やかなものへと発達していくということもあり得ない。個々人の再生産は世代の再生産の基礎であり、そして世代の再生産は社会的なつながりの再生産の基礎でもあり、社会的なつながりの再生産は、個々人の再生産や世代の再生産を支える条件でもある。これら3つの再生産は相互に関連しあって社会全体の再生産（＝社会を持続させる活動）を形づくっていくのである。

　このような内容を持つ社会の持続を可能とする条件を以下の二つに分けて考えてみよう。

　一つは、私たちが自然に対してどのように関わるのかということである。社会を持続させるためには、食物をはじめとする生活財や産業活動のための原材料や機械・設備および交通機関などのインフラストラクチャーといった、様々な物財が必要である。私たちは、それらを生産し、稼働させるために、自然界から多くの資源を摂取している。また、そうした物財の使用後に発生する廃棄物を完全になくすことはできず、それらは、なんらかの形で自然界に放出せざるを得ない。しかし、社会が持続的であるためには、資源が枯渇したり、廃棄物によって生態系の破壊が起きたりするような事態は避けなければならない。そうした事態が深刻化すれば社会存続の物質的基盤である自然それ自体が破壊されることになる。

　二つ目は、私たちが、人間同士お互いにどう関わるのかということである。言うまでもなく、同じ社会に属する人間たちのあいだで深刻な対立が生じれば、社会の持続性は危うくなる。その場合、対立といっても、内戦状態やヘイトクライムのよう暴力的な事態だけが問題なのではない。社会を再生産する諸活動に参加したいと思いながら実際にそうすることが難しい人たちを放置したり、自分の利益のために他者の社会参加の権利を奪ったりすることによっても、社会の持続性は大きく損なわれる。

したがって、社会を持続可能にするためには、自然破壊を引き起こすような活動を抑制するとともに、同じ社会を形成している人々がそれぞれの個性や事情に応じて社会の再生産に貢献できるように条件を整えること（ソーシャル・インクルージョン）が必要である。

新自由主義的な経済主体

　本節の1でみたように、新自由主義にとって社会的な活動を支配する論理は、市場の論理と企業の論理である。企業は利潤の極大化を第一の目的として行動する。市場はそのような企業の間で行われる競争の場である。市場での競争は様々な資源を最も有効に利用しうる経済主体に引き渡すことのできる仕組みだと信じられている。効率的な資源配分を市場競争が実現するというわけである。

　新自由主義が理想とする社会では、利潤追求を第一の目的とする企業の論理とあらゆる資源の有効利用（結局、企業にとっての有効利用）に最適な仕組みとされる市場の論理が、社会全体の再生産を支配している。その結果、個々人の再生産と次世代の再生産は、企業にとっての利潤獲得の手段、原材料や機械と同様の「資源」の再生産として取り扱われることになる。人々は「人材」＝労働力商品であり、その有効利用も市場競争を通じてこそ実現できると新自由主義は考える。有効利用されない労働者は、商品としての利用価値に乏しいのであるから、商品としての自分の利用価値を高める努力が必要だとされる。だが、こうした考え方は、企業にとっての有用性、すなわち利潤極大化という目的への貢献度だけで人間を評価するものにほかならない。

　個人の再生産だけではない。社会的再生産全体も、企業それ自体の維持や規模拡大の手段、さらには、投資家（今や機関投資家が支配的である）の保有する金融資産を増大させる手段という、歴史上特殊な社会的姿をとることになる。その結果、上で述べた社会を持続させる活動を支える二つの条件——自然環境の保全と社会的なつながりを維持し充実させること——もますます実現が困難になる。

自然環境の有機的な統一性を攪乱する新自由主義

　新自由主義は、生態系に典型的にみられるような、自然環境の体系的な関

連性を分断・解体する。新自由主義にとって自然環境は、互いに依存せず干渉もしない、バラバラの経済主体が思い思いに、そして競争的に利用することのできる諸断片（商品として市場で売買される資源）でしかないからである。自然にたいする新自由主義のこうした態度は、実は資本主義そのものに根拠をもっている。資本主義社会では、労働力の支出が価値として生産物に対象化され、それら生産物が販売されることによって貨幣に転化する。その生産のさいに、資本主義的企業が自然を利用するときに負担するのは、自然を資源として取得するための費用だけであって、取得した資源が発揮する有用な作用そのものには1円も支払わない。ここに自然の濫費の根拠の一つがある（羽島［2016］）。

　また、集積メリットを享受するために進められる企業の地理的集積・集中は、都市において過密化に伴う様々な問題（大気汚染、交通渋滞、景観破壊など）を引き起こすだけでなく、他方では利用放棄による土地の荒廃をもたらす。例えば、森林は人間によってある程度利用されないとかえって荒廃するが、山間部からの人口流出や安い輸入材の利用が広がるにつれて、日本の林業は採算がとれなくなり、森林の荒廃が進んでいく。さらに、企業の利潤獲得の手段として商品化された生活様式が普及していくことによって資源浪費的傾向が増長される（過度のマイカー依存による公共交通の衰退など）。

　新自由主義は、市場の外部から受ける便益にはただ乗りし、外部に与える損失は自分には関係ないものとして社会に転嫁する。そして、このような企業行動を経済主体の自由として正当化し、こうした問題に事前に対処するためのさまざまな社会的規制を経済的自由の侵害として拒絶する。たとえば気候変動問題に取り組む若き環境運動家グレタ・トゥーンベリさんにたいしてトランプ、プーチン両大統領などがあからさまな反発を示すのも、気候変動にたいして企業活動が強く作用していることを否定し、企業の利潤追求を社会的規制から守ろうとする新自由主義の影響にほかならない。また、これらの問題への対処のための費用をこれらの企業に負担させることも、新自由主義の「市場」中心主義の立場からは否定される。直接損害を被る人々と問題発生に関与している企業などの経済主体とのあいだには、市場における取引関係がなく、これらの企業のあずかり知らないところで生じてしまった問題だとみなされるからである。

社会的つながりの構築を不可能にする新自由主義

　新自由主義は、個人を自然や社会から切り離された孤立的存在とみている。個人にとっての自由は自分の領分に他人が入り込むことを退けることとされる。互いに依存と介入を極力避けることのできる社会が、新自由主義が「理想」とする「自立」的な社会である。そこにおいて人々が優先的に取り組むべき事柄は、自己の商品価値を高めること、それによって競争に打ち勝つことであるとされる。いまや人々は、個々バラバラのまま、企業にとって資源である労働力として自己を鍛え上げることが要請される。

　しかし、こうした傾向が強まれば、社会の再生産＝持続の障害となる事態が、具体的な姿をとって現われる。それは端的には深刻な社会的分断と排除である。これによって社会的つながりの再生産はいっそう難しくなる。市場での自分の価値を高める努力は、家族、地域など市場外での自分の居場所を狭くすることになる。一家団欒に参加する機会は減り、地域や学校の行事にも縁遠くなる。家族や地域の一員として互いに一定の役割を果たし、その存在を認め合うことも次第に希薄となる。地域を構成する家々のあいだでも孤立・疎遠化が進み、さらにそれぞれの家庭のなかで介護や育児の担い手が孤立していく。このことは、高齢の親・配偶者との無理心中や子供への虐待を耳にする機会が増えたことと無縁ではない。それだけではない、若い世代では、結婚にこだわらない人も増えてはいるが、結婚を希望しながら、忙しさから出会いの機会も減り[注8]、また経済的困窮により結婚生活を維持する見通しが立たないために、結婚に踏み切れない人も少なくない[注9]。過酷な労働市場競争が社会的つながりを形成する機会を奪っているのである。

　商品として自分を再生産することを押し付けられてきた結果、社会的つながりの維持だけでなく、一人一人の人間の再生産すら危機に瀕している。過労死や過労自死、疲労による労災事故などが後を絶たないということである。

注8　松田茂樹、佐々木尚之、高村静、大澤朗子、小野田壮、藤澤美穂、石田絢子「少子化と未婚女性の生活環境に関する分析」No. 323. ESRI Discussion Paper Series, 2015。

注9　2016年に実施された「結婚の意思決定に関する意識調査」によれば、「現在の交際相手と近いうちの結婚を考えていない理由」に「結婚後の経済状況に不安があるから」と答えた人は、「結婚を考えていない」とした調査対象者のうち男性で22.5％、女性で20.3％であった（佐藤博樹ほか[2016]）。

個人が健康で文化的な生活をおくることは、社会の再生産の基礎である。自己犠牲は、社会的再生産の基盤を自ら掘り崩すことであり、社会を持続させる活動への貢献ではない。

交通権の保障も、社会の持続性を守るうえで大切である。買い物、通勤、通学、通院といった日常の生活に欠かせない移動の手段が奪われることで、個々人の再生産は危機に陥る。それだけでなく、移動の自由が失われれば、人々は交流の機会も奪われ、社会的なつながりの再生産も困難になる。

このように新自由主義は、社会の持続性の物質的基盤である自然環境の保全を困難にする。そのうえ、人々が社会的つながりを構築する機会を奪うことによって、社会そのものを直接解体する傾向さえもっている。新自由主義は社会の持続可能性とは両立しえない思想なのである。

JR問題は社会の持続可能性を蝕む新自由主義との対立の主要な焦点の一つである。国鉄「分割・民営化」は、交通権の保障についての国家責任の放棄であっただけでなく、企業の論理にたいする社会的規制の一端を担っている労働運動全般にたいする徹底的な解体策の第一歩であった。社会の持続性を回復し、地域の再生を実現するためには、JR問題の解決は避けて通ることのできないひとつの重要事である。

【引用文献】

古城佳子「2. 国際政治と日本の規制緩和、構造改革——国際政治の変化と外圧」、内閣府社会経済総合研究所「バブル／デフレ期の日本経済と経済政策」第7巻『構造問題と規制緩和』慶応大学出版会、2010年。

坂下明彦「経済事業改革で進展する『事業の選択と集中化』」農業協同組合新聞〔電子版〕2005年10月14日（閲覧日：2019年11月12日） https://www.jacom.or.jp/archive02/document/tokusyu/toku174/toku174s05101407.html

佐藤博樹ほか「結婚の意思決定に関する分析～『結婚の意思決定に関する意識調査』の個票を用いて～」ESRI Discussion Paper No.332、2016年9月、内閣府経済社会総合研究所。

新川敏光「福祉国家の存立構造」『法政理論』第45巻第3号、2013年。

羽島有紀「資本主義的生産様式における自然の無償性とは何か？」岩佐茂・佐々木隆治編『マルクスとエコロジー』堀之内出版、2016年。

Friedman, M., Capitalism and Freedom, The University of Chicago Press、1962. 熊谷尚夫・西山千明・白井孝昌訳『資本主義と自由』（マグロウヒル好学社、1975年11月）。

松田茂樹、佐々木尚之、高村静、大澤朗子、小野田壮、藤澤美穂、石田絢子.（「少子化と未婚女性の生活環境に関する分析」No. 323. ESRI Discussion Paper Series, 2015。

湯浅良雄「原生的労働関係」『日本大百科全書』小学館、1994年。

米田貢「アベノミクスの現段階と本来の賃金の確立、地域活性化」（『月刊 全労連』2019年1月号）。

第3節　持続可能な社会とはなにか──資本の規制と多元的社会システム

宮田和保、奥田仁

1　現代社会の行き詰まりと持続可能な社会

持続可能な社会の二つの側面

　私たちは、前節でJR問題の背景として、新自由主義の思想および日本で
のそれの展開過程を概括的に考察した。そこでは人間の再生産を、①個人の
再生産、②世代の再生産、③ひとのつながりの再生産の三つの要素から成
り立っているとし、それを可能にするのが社会の持続可能性であると論じた。
ここでいう社会の持続可能性とは自然と人間との物質代謝の持続可能性すな
わち自然環境の持続性とならんで社会の再生産の持続可能性であり、新自由
主義がこうした持続可能性を蝕んでいることを指摘した。

　そこで次の課題は、新自由主義が支配している社会に対抗する新しい社
会を構想することである。というのも新自由主義を批判することが可能なの
は、それを超えるものが現代社会において潜在的に存在し、これを顕在化す
るものとして示す必要があるからである。私たちは、このような新しい社会
を「持続可能な社会」と表現する。前節でも述べたように、ここでいう「持
続可能性」は温暖化防止などの環境論的な視点だけでなく、人間自身の持続
的な生産・再生産、それゆえまた社会の生産・再生産の可能性を含めている。
つまり、自然と人間との間の物質代謝の攪乱を克服するという意味での持続
可能な社会と、人間自身の生産・再生産可能な社会という、二面の統一を表
わしたものが、ここでの「持続可能な社会」論である。そしてこのような視
点からJR問題をとらえなおしたときに、社会において鉄道がもつ積極的な
意義と地域の将来を展望することが可能になると考える。

無制限な生産力の発展と市場の制限

　資本主義社会である現代社会は利潤の追求を求めて、生産の向上と効率性
の追求によって無制限に生産力を発展させようとする内的本性がある。この

内的本性を現実化することを強制するのが「競争」である。競争は価格をめぐるものとして市場において現われるから、現代社会は「市場主義」社会であるといえ、同時に経済成長を追求する「成長主義」社会でもあり、また利潤追求のための「利潤原理」「効率主義」社会であるとともに、さらに利潤原理をマネーの世界で追求する「金融」資本主義でもある。これらは現代資本主義社会を異なった角度からとらえたものである。

　無制限な生産力の発展は、つねに新しい市場の開拓および新しい消費欲望の開発によって急速な市場の拡大を必要とする。しかし現在では、新しい市場および新しい欲望の開拓に限界が生じ、拡大した生産力の発展が市場の限界と衝突するようになり、生産力が過剰になっている。これは、生産力の発展が市場の限界を超えたために資本として利潤を充分に確保することができなくなる、「資本の過剰」である。資本の過剰とは、私たちの生活のニーズにとっての過剰ではなく、利潤の実現にとっての過剰である。そこでの競争は、高度成長期のような分け前にあずかるものから、限定された市場をめぐる競争、つまり生き残りをかけた激しい競争に変わり、人々はこれを「大競争時代」と呼ぶ。

現代は地球と人間の社会の限界に突き当たっている

　企業は、価値増殖（＝利潤）にとっての過剰になった生産力（＝資本の過剰）を抱えこんでいるがゆえに、一定の利潤を確保するために人員整理をすすめ、「規制緩和」によって正規労働者を派遣労働者・パート労働者と取り替え、人件費（＝コスト）の削減に走る。だが、個々の企業におけるコスト削減は、社会全体の有効需要を減少させることによって、いっそう狭隘になった市場の限界に突き当たり、利潤の確保がふたたび厳しくなる。そこで、ふたたび非正規労働者の増大として悪循環に陥る、または法人税の引き下げによって企業の利潤を保証しようとする。さらには、人件費の安い海外に企業を移転させる。どの道にしろ、個々の企業にとって合理的であっても、社会全体としては悪循環または産業の空洞化による不況を継続・深刻化させるという不合理な結果を引き起こす。「合成の誤謬」がそれである。

　ダウンサイジング（雇用リストラ）や雇用の流動化による賃金水準の引き下げは、健康保険や年金などの社会保障の危機を招き、この事態の進行は、法

人税の引き下げなどもあって、税収入の減少による財政基盤を弱体化させ、これを補うための国債発行によって財政危機を引きおこす。雇用の分断・差別化は、社会の不安となって現われるが、為政者はこれを「自助努力」「自己責任」にすり替え、「小さな政府」論によって責任逃れをするとともに、他方では復古主義によって矛盾の解決を図ろうとする（前節参照）。

　他方では、利潤追求にもとづく生産量の発展は、自然資源の大量消費＝浪費、CO_2の排出による地球温暖化、海洋汚染にみられるように、自然の再生力を破壊し、自然と人間との物質的代謝を攪乱しており、その解決が先延ばしを許されない状況になっている。集中豪雨による洪水、旱魃、大型台風、北極・南極での氷解などの異常気象は、日常的な頻繁な現象となっている。

　このように私たちは冒頭の課題、つまり環境と人間の持続的な生産・再生産のための「持続可能な社会」とはなにかという課題に直面しているのである。

三つの選択の道

　このような現代社会に対する危機意識は、2015年に国連で採決されたSDGsにも反映されている。これについては本書第5章第3節および補論において論じられるが、環境と社会の両面における強い危機意識が、国際的に一定の共通認識になってきているということがいえるであろう。こうした危機に対応する方向性または展望として様々な議論がなされているが、それらは大別して三つの流れに分けることができると考える[注1]。

　第一は、規制緩和・競争原理のもとで産業の再編を進める道であるが、これは現在の新自由主義の道である。「改革は痛みを伴う。しかし、規制緩和を徹底して構造改革を進めなければ明日の日本はない。構造改革を進めれば新規産業が生まれ、新しい雇用機会が拡大する」、という発言に示されている。だが、これは環境と人間自身の生産・再生産の困難に陥っている現在の延長でしかなく、「明日」への道は塞がれている。

　第二は、さまざまな論者の論点が多岐にわたっているが、市場の不安定性や暴力に対してセーフティーネットを新たに張り替える必要がある、という

注1　「三つの流れ」については久留間健『資本主義は存続できるか　成長至上主義の破綻』（大月書店、2003年2月）を参考にした。

見解である。「グローバルなレベルでの市場の暴走がもたらす社会的リスクを回避するために、市場とコミュニティの関係を再編」（金子勝）すること、または「政治システム」「経済システム」とは区別された「分かち合い」としての「社会システム」論（神野直彦）、さらには産業構造の転換——重化学工業から「知識社会」への転換（神野直彦）——などの論点がある。セーフティーネット論、地域分散・ネットワーク論、「分かち合い」論、「知識社会」への転換論は、相互に関連しながらも、「持続可能な社会」にとって傾聴すべき豊かな内容をもっている[注2]。

　第三は、現代資本主義そのものが行き詰まっているという社会認識のうえで、その打開を模索する道である[注3]。この道はいまなお模索の段階であって確固として確立したものとはなっていない。それは、旧ソビエト的「社会主義」ではないことはもちろん、集権的国家体制のもとで経済成長を追求するものでもありえない。逆に民主主義を拡張するなかで、資本＝企業の論理（＝利潤原理）にたいして人間の論理でもって総合的なコントロールを通じて「持続可能な社会」を追求する道である。また第三の道が示す社会は、一元的（ないし一極集中的）な社会システムではなく、多元的な社会システムであると考えられる。したがって第三の道は、国民国家に限定されるものではなく、多層なコミュニティ（国民国家を上下にはさむグローバル、リージョナル、ローカルそして家族・個人など）から成り立ち、第二の見解と共有するものが多々ある。資本にたいする総合的コントロールと多元的社会システムとは矛盾するものでは決してない[注4]。

経済成長と社会的生産力の発展を区別して成長至上主義からの転換を

　人間自身の再生産の困難と地球環境の破壊は、現代社会における利潤原理にもとづく経済成長至上主義・経済効率至上主義の結果であった。では、環

注2　本節の執筆において神野直彦・金子勝・大沢真理氏などの研究から多くの示唆をえた。

注3　誤解を避けるために述べておくと、ここでいう第三の道とはかつてのブレア労働党政権が掲げた「第三の道」とは異なるものである。その理論的提唱者であったギデンズの真意は別としても、ブレア政権の現実の政策は新自由主義的成長主義に福祉社会の香りづけをしたものであったといえよう。

注4　マルクス経済学では現在アソシエーション論の研究がなされている（その代表として大谷禎之介『マルクスのアソシエーション論』桜井書店、2011年9月）が、アソシエーション論は神野直彦・金子勝氏らの研究成果と結ぶならば、より豊かなものになろう。

境破壊が経済成長主義の結果だとすれば、環境破壊を解決するためには生産力の発展をやめるしかないのか、という疑問が生じる。これに答えるためには、「経済成長」と「社会的生産力の発展」を事実上同一視する考え方を転換し、この両者を区別して論じなければならない。

　現代の経済成長は市場で計測されるGDP＝付加価値（賃金プラス利潤）の増大と定義され、そこではとくに利潤の絶対的・相対的増大したがって労働分配率の低下をともなう。地球の温暖化によって上昇した海抜に対処する土木工事、異常気象による猛暑でのクーラーの生産・販売増大などはGDPの増大として計算されるが、自然・街のアメニティーの社会的な喪失はGDPのマイナスとしては計算されない。これにたいして社会的生産力の発展とは、「自然と人間との間の物質代謝」を「制御する」能力の発展と理解される。この「制御能力」のなかには「環境保護」を不可避的な契機として含んでいる。だから、環境破壊は、人間と自然との間の物質代謝の制御能力の破壊であり、それゆえ社会的生産力の基盤を掘り崩すのであって、社会的生産力の破壊であるというべきである。

　経済成長主義・経済効率至上主義は、「無償としての自然」（マルクス）を「開発＝搾取」[注5]し、「自然」の再生能力（＝自然力）を破壊して、社会的生産力の基盤を掘り崩すのだから、経済成長と社会的生産力の発展とは区別しなければならない。もとより経済成長の全てが社会的生産力の破壊を意味するのではないが、だからといって両者を同一視することは許されない。利潤原理は自然と人間とのあいだの物質代謝の制御を壊しても経済成長をめざす。「経済成長」は「社会的生産力」を破壊しても一定の限度内では進むが、逆に、資本にたいする社会的規制が経済成長を抑圧したとしても、社会的生産力の発展はありえる。

　「経済成長」神話論者は、経済成長はおのずと環境保護に向かう、または環境保護は経済成長に支障ないかぎりで認められるべきだとして、経済成長優先を正当化する。これは、「〔経済〕成長を続けることで、環境汚染の少ない技術が省エネへの投資を可能にする」（ジョージ・ブッシュ）、という発言に表われている。ここでの「持続可能な社会」とは「経済成長可能な社会」以

注5　Exploitation＝Ausbeutungという用語には開発・開拓するという意味と同時に、食い物にすることによる搾取という意味の二義性がある。

外のなにものでもない。その点で、SDGsなどの「経済成長と環境保護との
バランス」論もこのような見解を克服しているとは言い難い（第5章第3節お
よび補論参照）。日本政府や財界はSDGsのこうした弱点を最大限に利用して、
「持続可能な社会」を「経済成長可能な社会」にすり替えようとしている[注6]。
それでは、本来の「持続可能な社会」には何が求められているのであろうか。

「持続可能な社会」に求められているもの

　それは第一に、企業にたいする直接的な規制である。「科学的な根拠から
みて必要な温暖化ガスの削減目標を立て、それを実現するための合理的な計
画を作成し、それに合わせて経済社会をコントロールすることしかない」[注7]。
一国の削減目標に応じて各産業分野の削減目標を定め、それを各企業に割り
当てる。これは、自然エネルギーの利用やエネルギー効率の向上への改善に
むけての企業努力を迫るうえで重要である。また、企業だけでなく消費者の
浪費型の生活にたいしても、人々の意識啓発と同時に時としては直接的な規
制が必要になるかもしれない。例えば、街のネオンや各家庭のエネルギーの
上限制限、自動車の中心街への乗り入れ規制、そのための公共交通機関の利
用のための街づくりなどが考えられる。第二は、間接的な規制である。これ
は、価格システムによる市場を通じた規制である。炭素税はエネルギー多消
費型の商品価格を上昇させることによって化石エネルギーの過剰消費を抑圧
し、自動車税は野放しの自動車社会を抑圧する効果をもつ。環境税は、価格
面から自然エネルギーの利用とエネルギー効率の改善を刺激し、またリサイ
クル市場もこのような効果をもつ。第三に、規制や市場を通じた政策と並行
して、リサイクル社会の確立を目指す必要がある。植林や断熱効果のある住
宅・施設の建設および自然エネルギー使用ための補助政策など、さまざまな
対処が求められる。第四に、上記と関連しているが、自然資源浪費型の重化
学工業を中心とした産業構造の転換が必要とされよう。これらは、グローバ
ル化の進んだ今日、一国の枠内だけでは不十分であり、国境を超えた国際的

注6　SDを実現する手段や政策には大きく分けて、技術開発を進めれば持続可能な社会は可能だと
　　いう主張と、現在の政治社会システムを変える必要がある、という主張がある（宮本憲一『日本
　　社会の可能性　維持可能な社会へ』岩波書店、2000年10月、14ページ。

注7　久留間健『資本主義は存続できるのか　成長至上主義の破綻』大月書店、2003年2月、90ペー
　　ジ。

なレベル、他方での地域レベルでの取り組みが強く求められる。

2　人間自身の生産と持続可能な社会への道①

生活の社会的生産

　ここまでは環境問題を中心にして「持続可能な社会」について述べてきたが、ここからはそのもうひとつの側面である人間自身の生産・再生産のあり方について考察することにしよう。そこではまず人間自身の生産・再生産のあり方について、抽象的なレベルではあるが、「生産」「労働」概念を検討することにより全体の分析視角を定めることにする。

　従来の一般的な見解では、「生産」概念を「物質的財貨の生産」に限定し、これに対立するものが「消費」だとしているが、このような固定的に把握する立場にとどまってはならない。財貨の生産（「第一の生産」）は、労働手段の消費と生産主体の精神的・肉体的な消費だから、「生産」は同時に「消費」であり（生産的消費）、ここでは生産と消費には直接的な同一性がある。また、いわゆる「消費」は、「第一の生産」の結果である生産物を消費することによって、人間自身を生産するのだから、消費は同時に「生産」（「第二の生産」）である（消費的生産）。このことはスポーツが身体の消費でありながら身体の生産であるのと同じである。ここでも消費と生産には直接的な同一性がある。

　財貨の生産である「第一の生産」を生産主体から把握すれば、労働する個人の労働の対象化（＝客観化）である。これを第一の労働の対象化とする。そうすれば、生産物（対象化された労働）の消費は、対象化された労働を人間自身に対象化（＝主体化）していることである。すなわち、「消費」は、対象化された労働を他の人間に対象化し（第二の労働の対象化）、このことによって人間自身を生産・再生産する。いわゆる「消費」は私的形態を取っていても、その内実は人間自身の社会的な生産・再生産である。

　第三の労働の対象化は、人間が他の人間に対して直接に働きかけること、つまり、人間の労働を直接に他の人間に対象化することである。労働集約的である教育、医療、育児の保育・高齢者の介護・介助などの福祉サービス労働がこの部類に属する。これらのサービス労働を人間自身の生産・再生産として明確に位置付けないで、単に「分配」論として把握するのは誤りを犯す

ことになる。

　以上の3つの労働の対象化は、いわゆる「生産」「消費」そして教育・医療・福祉などのサービスを人間自身の生産・再生産として統一的に把握することを可能にすること、第二に、消費は私的（個人・家族）形態をとりながらも、人間自身が社会的に生産・再生産されていること、第三に、教育・医療・福祉サービスを人間自身の生産・再生産の契機として積極的に位置付けること、これらを明らかにする。これらの労働の対象化を通じて人間は社会的＝協働的に生産される。

　「生産」および「消費」は、これらの関連が「欲求」に媒介されているがゆえに、「欲求」をぬきにしてはありえない。「第一の生産」は、消費のための「欲求」を生みだし、これを充足することによって、「第二の生産」としての人間自身を生産する。そして、「消費」（＝「第二の生産」）は、「生産」のための欲求（「生産のための内的像として、衝動、目的として、観念的に定立する」欲求）を生みだす。3つの側面をもつ労働の対象化およびこれらを媒介する欲求において人間自身が社会的＝協働的に生産・再生産させる過程が「生活の社会的生産」（マルクス）である[注8]。

資本にたいする社会的規制と労働条件

　持続可能な社会を展望するうえで、まず大前提として、第一の生産である生産点を人間自身の生産・再生産が可能なものにしなければならない。その点で、とくに日本における雇用と労働をめぐる状況は大きな問題を抱えており、この基本的な点を抜きにしてはどのような社会的処方箋を揚げても空虚なものに終わらざるをえない。

　まず問題になるのは、非正規労働者の格差についてである。異種産業であるから正確さに欠けるが、非正規労働者の時間賃金はトヨタ関連での正規労働者のそれとの比較では1700円対3401円で、その差は1700円と大きく差別されており、さらにこの1700円から35％（600円）が請負業者によってマー

注8　「生活の社会的生産」については宮田和保「労働にもとづく社会把握――生産概念の再検討――」（鈴木・高田・宮田編『21世紀に生きる資本論』ナカニシヤ書店、2020年4月）を参照せよ。医療・福祉サービスは、所得の再分配論としてではなく、まずは人間自身の生産・再生産の契機として把握しなければならない。

ジンとして横奪される。そのうえ、厚生年金・健康保険・退職年金が支払われない。もし、厚生年金・健康保険などを時間賃金に振り分けたならば、非正規労働者の賃金は200円しか残らないことになる。

　賃金とは本来「生涯賃金」として、労働力の再生産費として「健康保険」、退職後の生活保障として退職金部分と年金部分が含まれなければならない。これらを生活賃金とするならば、現在の最低賃金（全国平均最適賃金902円）は生活賃金をはるかに下回っている。低賃金と社会保障からの除外による企業の「コスト削減」および解雇の容易さは、貧困と格差社会の拡大をもたらし、人間自身の生産・再生産の基礎的条件を破壊しているといわなければならない。

　ILO（国際労働機関）は「パートタイム労働に関する条約」（第175号、1994年採決）において、パート労働者の労働時間が短いことでもって差別してはならないとして、パート労働者とフルタイム労働者との時間あたりの賃金が同等になるようにし、また労働者の団結権・団体交渉権そして社会保障が保証されなければならない、と規定している。また、EUにおいては、グローバル化のもとで新自由主義の潮流が押し寄せてきているが、経済成長だけを追求するのではなく、「社会ヨーロッパ（Social Europe）」という社会モデルのもとで、「社会的公平」を目標にし、EUの全ての労働者の保護、社会保障の拡充を試みようとしている[注9]。オランダでは正社員とパートの区別は廃止して、フルタイムとパートとの時間あたりの賃金格差を規制し、また年金・健康保険などの社会保障についての差別的待遇を禁止したうえで、フルタイムを選ぶかパート勤務を選ぶかを労働者の選択にまかせている[注10]。また、フランスのパート賃金はフルタイムのその89.1％であり、日本の58.6％ほどの差はない。ヨーロッパでの雇用は、一般に非正規というものがなく正社員を原則としているが、派遣労働者は正社員の代わりをするものではなく、季節的・期間的に増加する業務にかぎって一時的・臨時的に雇用されるだけであり、雇用形態による差別的待遇が禁止され、彼ら・彼女らの賃金・社会保障の労働条件は派遣先の企業の同じ労働者と同等の扱いをうける。契約社員も

注9　大門実紀史『ルールある経済ってなに？　社会的公正と日本国憲法』新日本出版社、2010年4月、第2章参照および『新自由主義の犯罪』新日本出版社、2007年10月参照。
注10　橘木俊詔『失業者会の経済学』岩波書店、2002年6月、第6章参照。

合理的理由がある場合にしか認められず、差別待遇は禁止され、契約期間と契約更新は厳しく規制され、一定の契約更新をしたならば（フランスでは1回）正社員として雇用されなければならない。

　ところが、日本政府は、ILOの「パート労働条件」の採決自体に反対して、これを批准せず、パート労働者の差別的待遇の改善に消極的態度を取っている。このほかにも契約社員の保護を目的とするILO「使用者の発意による雇用終了に関する条約」（158号）も批准していない。さらにILOの週48時間労働（第1号、1919年）および40時間労働（第47号、1935年）は、大幅な労働時間延長を可能にする労働基準法36条（いわゆる36協定）と矛盾するとして批准を拒否するなど、日本政府は国際的な労働者保護の流れに背をむけている。

　こうした日本の状況のもとで、持続可能な社会にむけて労働をめぐる次の社会的規制が求められる。第一に、同一価値労働・同一賃金の実現である。異なる職種でも、責任、労働環境、知識・技術、さらには精神的・肉体的負担などで職務評価を行い、同一の価値をもつ労働にたいして同一の賃金を支給する。第二に、正規労働者とパートなどの非正規労働者との区別をなくし、正規労働者の雇用形態を原則として、フルタイムとパートの区別だけにして、両者の時間あたりの賃金の格差を是正し、社会保険などの加入を義務付ける（社会保障の同権化）。契約職員は、季節的で業務が増加したときの一時的・臨時的な雇用という限定のもとで、雇用の期間と更新を規制し、一定の更新回数の後には正規労働者にする。第三に、労働市場への参加の同権化である。育児サービス・高齢福祉サービスなどの公共サービスを確保し、とくに女性に強いられる家族内の無償労働から女性を解放し、再教育・職業訓練を通じて、女性の労働市場への参加を男性と同権化する（労働市場参加の同権化）。

　以上「3つの同権化」[注11]のほかに、第四に、ILO47号週40時間の条約を中心とした諸条約を批准し、労働基準法36条を改定するなどして労働時間を制限する。これらの日本企業の専制的経営にたいする社会的規制は「持続可能な社会」にとって必須である。こうした社会的規制は、グローバル化が進むなかで一国だけの取組みでは限界があり、国際的な連帯を求めれらる。し

注11　神野直彦『「分かち合い」の経済学』岩波書店、2010年4月、159〜162ページ。

かしながら個別の国々で始めなければ国際的な連帯は生まれない。労働者の要求が共通するからこそ、これらはインターナショナルな運動となりうるのである。

3　人間自身の生産と持続可能な社会への道②

「市場か政府か」から「分権社会」へ

　主流経済学派は「市場と政府」という二分法によって社会の把握を試みる。ここでは主流経済学派の「市場」論の非現実性について再論はしない[注12]。しかし、次の点だけは指摘しておかなければならない。「市場」モデルは普遍的なモデルだと主張することにより、個々の地域がもつ特殊性や固有性を剥ぎ取り、地域という空間を無区別なものとして抽象化する。空間が抽象化されるならば、空間で存在する「時間」もまた抽象化され、空間と時間とにおいて生活している個人もまた抽象化される。抽象化された人間とは、ただし無時間的に自己の私的利益・効率の極大化を計算し、かつ他人に関わりなくこれを追求するホモ・エコノミックス＝ブルジョア的個人である。ここには、空間を時間化して人々のネットワークを形成する地域の交通・運輸手段が視野に入ることは決してない。このように具体的な地域性および現実的個人を無視するならば、地域開発は投資効率のよい東京や大阪などのビッグ・プロジェクトに集中することにならざるをえない。新自由主義の本格的な導入者であった中曽根内閣は地域間格差是正（＝多極分散国家）を放棄し、民間活力を導入した東京・大阪などの大都市（＝世界都市化）重視の国土開発に舵を切った。他方では、1990年以降、地方に誘致されていた工場は国外にフライトし産業の空洞化が生じ、残された公共事業があたかも地場産業のようになった。そして、小泉内閣のよる三位一体改革と公共事業の削減によって地方は急速に衰退していった。地域の内発的発展をともなわない外部依存＝企業誘致の限界が明らかになった。

　日本と対照的であったのがEUである。EUは「社会的公正」をめざす「社会ヨーロッパ（Social Europa）」を追求しながら、他方では、ローカルレベル

注12　この点については宇沢弘文『社会的共通資本』岩波書店、2000年11月参照。

での地方分権化政策を推進している。下位のコミュニティ（＝地域）の活性化と自律化のために、「地方の自治の保障なくしてヨーロッパの統合なし」として「ヨーロッパ自治権章」（1985年）を採決した。「EUの地域政策は、格差の是正をEU存立の根底に関わる問題と位置づけ、EU予算の3分の1が振り向けられている。ここで重要なのは、これが単純な財源移譲ではなく、『補完性の原則』に示されるような地域の自治と自立性を前提とした地域発展政策」（本書第4章第1節）の追求であった。

　私たちは主流経済学派の「市場か政府か」という枠組みに縛られないで、人間自身の生産・再生産を基礎として「持続可能な社会」をめざす「分権社会」への道を進まなければならない。

公共性と社会的共通資本

　人間自身の生産・再生産が行われる場は地域であり、地域の教育・医療・福祉、交通手段、水道・電力・ガスなどに支えられている。これらが不可欠な条件として社会的規範のレベルまで引き上げ、人間自身の生産・再生産を保証するものが公共性である。現代では、規範とその制度化は社会的運動を媒介にする。公共性は当事者（自治体および団体・諸個人）の不断の参加を必要とする。公共性が人間自身の直接的で社会的な生産を媒介にしているがゆえに、それは「市場の論理」＝「企業の論理」（＝利潤追求という特殊目的）になじまず、「市場の論理」は厳しく規制・制限され、「人間の論理」（＝人間自身の生産・再生産）が優先する。JR問題の解決にむけた本書の諸論稿は、共通してこの公共性を基礎としている。

　現代の公共性は、個々の対象に限定されるのではなく、「地域」における社会的・制度的インフラストラクチュアさらには自然の環境などを含む「地域」全体＝地域の自立性へと広がっている。だから、「地域」はそれ自体、諸個人の生産・再生産（＝「生活の社会的過程」）の「場」として「社会的共通資本」[注13]であるといえる

　「持続可能な社会」は、中央集権的な国家や一極集中的都市ではなく、多元的な社会システムであり、外発型開発ではなく内発的発展・内部的循環に

注13　宇沢弘文『社会的共通資本』（岩波書店、2000年11月）参照。

よる地域社会でなければならない。このため部門は、Foods（食糧）、Energy（エネルギー）、Care（介護・福祉）にEducation（教育）を加えたFECEであろう[注14]。人間自身の生産・再生産に不可欠な要素であるFECEの取組みは地域再生の取組みであり、それは同時に現代社会が直面する課題を解決するための取組みである。

福祉国家から福祉社会へ──普遍主義的社会保障

以前の社会では相互扶助（介護、看護、子守など）および共同作業（道路、溜池、架橋など）は共同体の内部に組み込まれていた。共同体が崩壊して以降、自発的協力であった相互扶助と共同作業の役割は自治体や労働組合などに移り、さらには法的強制力を付与された中央政府に移っていった。そこでは中央政府の集権的管理のもとで、港湾・空港・道路などの産業基盤と生活基盤が整備され、他方で現金支給を主体として社会保障が行われている。しかしすでに述べたように、重化学工業の成長を基礎とする福祉国家システムは機能麻痺し、その限界が露わになった。そこで社会保障をどのように作りかえるべきかという、国際的に共通した課題が生じている。

人間自身の生産・再生産は「生産」点での共同活動および「消費」＝生活点での相互扶助をその内在的な契機としているから、社会保障は人間自身の生産・再生産として位置付けなければならない。相互扶助である医療・福祉サービスは「生理的欲求」（生きていくための基本的なニーズ）および「安全欲求」（安全・健康への欲求）さらには「社会的欲求」（孤独による社会的不安をふせぎ集団へ帰属する欲求）などの基礎的な欲求をまず充足させる。また教育は、高次の欲求である「承認の欲求」（社会的承認の欲求）さらには「自己実現欲求」（自分の能力を引きだし創造的な活動への欲求）により強く関係する（Maslowの欲求段階説）。だから、教育は人間を人間として社会的に自立させるものであり、同時に人間能力の向上によって社会的生産力を発展させるインフラストラクチュアでもある。

教育・医療・福祉サービスの対人社会サービスは、人々の直接的な相互の

注14　内橋克人氏は『もうひとつの日本は可能だ』（光文社、2009年10月、180頁）において「FEC自給圏」を提起している。教育（Education）もまた地域における人間の生産・再生産の不可欠な要素であるから、これを加えてFECEとした。

繋がり（＝共同性）であるからこそ、「できるだけ人々の手の届く、下位のコミュニティ」[注15]である地域において企画・執行・評価されるべきものである。そしてそれは選別的サービスではなく世代間においてもユニバーサル（普遍主義的）なサービスでなければならず、さらに現金支給ではなく受給者のニーズにあわせた現物（サービス）の保証を中心とすべきである。

　このような考えは、神野・金子・大沢氏等の「三つの福祉政府体系」として提案され強調されている。そこでは、社会福祉の担い手を地方政府・社会保障基金・中央政府の三つに区分し、それぞれ自治体による介護・介助・医療・教育・育児などのきめ細やかな人的なサービス、社会保障基金による所得保障、そして中央政府がミニマム保障を引き受けるとしている[注16]。

　これらによって、負担と受益者との分断をつくることなく、生活保護受給者への偏見や世代間対立をなくして、分断と排除から「排除を超えてともに生きる社会」[注17]に転換させることが可能になり、そこではじめて人間と社会の持続的な再生産が可能になる。

「地域づくり」と「持続可能な社会」

　これまで見てきたように、重化学工業の成長を基礎とした集権的福祉国家の行き詰まりをのりこえ、新自由主義の道と決別して、「持続可能な社会」を構想するうえで、「地域」が重要なキーワードとなっている。EUが掲げた「地域のヨーロッパ（Europa of the Region）」の理念は「社会ヨーロッパ（Social Europa）」と不可分の関係にあり、「欧州市民社会（European Citizenship）」に示される欧州統合の理想の中心をなしている。

　宮本憲一氏によると、国民国家は近代の産物であるのにたいして、「地域」は歴史を貫く概念であるといえる[注18]。つまり、人間の生産・再生産の場はつねに地域であり、その意味で将来の福祉社会の担い手としても位置づけられている。そこで注意すべきことは、完全な自給自足でないかぎり、地域に住む人々は基本的になんらかの意味で社会的分業の一環を担う必要があるとい

注15　金子勝『反グローバリズム』岩波書店、1999年9月、69ページ。
注16　神野直彦『「希望の島」への改革　分権化社会をつくる』日本放送出版協会、2001年7月。
注17　大沢真理『現代日本の生活保障システム　座標とゆくえ』岩波書店　2007年7月、第6章
注18　宮本憲一他『地域経済学』有斐閣、1990年3月。

うことである。それは昔風にいえば「生業」という言葉がふさわしいかもしれない。ともあれ、外来型開発による地域の自然の切り売りではなく、地域における生活のよすがと、それを実現する内発的発展が求められる。

この点で近年、第1次産業に第2次・3次産業を組合わせるいわゆる6次産業化が様々な論者によって唱導されている[注19]。さらには、これに自然エネルギーを加えた「エネルギー兼業農家」論などが提唱されている[注20]。これらは先に述べたFECEの自給圏の確立ともつながる積極的な提案であるといえよう。

しかしながら、一部の地域おこし論が「地方創生」論にみられるように、問題を「地域所得をどう確保するか（貨幣をどう獲得する＝儲けるか）」という視点にとらわれるならば、大きな誤りをおかすことになる。たしかに現代の市場経済社会においては所得の確保は不可欠なものであり、それを抜きにしてはすべての理想は幻に終わる。しかし所得はあくまでも地域における人間の生産・再生産の手段であって目的ではない。現代の地域おこしは、つねに市場主義の陥穽のふちを歩かなければならないのである。

地域おこしについては、国内外を通じて非常に多くのアイデアや事例が存在する。そのことは逆に、地域おこしに万能の特効薬はないということを意味している。しかし共通していることは、それぞれの地域の特性を生かして内的発展の道を模索するのは住民の（時として外部の力を借りつつ）知恵と人間的な力であるということである。そこで必要とされるのは、第一に人々がみずから愛着をもった地域に暮らし続ける条件が守られること、第二に人間の生産・再生産を通じて人間発達が保証されること、そして第三に差別や排除のない人と人との関係が確立されることであろう。

このような視点から見たとき、地域における鉄道の位置づけは特別に重要な意味をもつ。地域住民が持続可能な地域社会を展望するなかで鉄道のあり方が議論されるべきであり、市場主義的な損益計算で鉄道の存廃を論じるな

注19　金子勝／武本俊彦　『儲かる農業　エネルギー兼業農家のすすめ』集英社新書、2014年4月、50ページおよび金子勝『反グローバリズム』岩波書店、1999年9月、87ページ。

注20　2018年9月6日に発生した北海道胆振地方東部地震で北海道全域295万戸の停電ブラックアウトが発生し、広範囲に及ぶ大停電は日本では初めてであった。これは、北海道で一番大きな発電所が地震で停止したことに起因する。このブラックアウトこそは「集中メイン・フレーム型システム」の弱点を露わにした。

らば地域の将来に大きな禍根を残すことになるであろう。

【参考文献】

神野直彦『人間回復の経済学』岩波書店、2002年5月。
神野直彦『地域再生の経済学』中央新書、2002年9月。
金子勝・神野直彦『失われた30年　逆転への最後の提言』NHK出版新書、2012年6月。
金子勝・武本俊彦『民主党政権への緊急提言　日本再生の国家戦力を急げ』小学館、2010年2月。
金子勝・高橋正幸『地域切り捨て　生きていけない現実』岩波書店、2008年4月。

第2章　JR北海道の経過と現状

第1節　JR北海道の危機はいかにして生じたのか

宮田和保

1　維持困難路線の公表

　2016年11月18日、JR北海道は「10路線13区間」が「単独では維持困難な線区」であり、「約180億円の経常損失や借入金のため、2020年度から毎年300億円の資金が不足し、安全のために必要な修繕などができなくなり、全道で列車の運行ができなくなる」、と公表した。ちなみに、北海道における鉄道営業キロは1964年で約4000kmであったが、国鉄が「分割・民営化」された1987年で3176kmとなり、JR北海道設立以降約600km強の廃線を経て、現在は約2500Kmである。「単独では維持困難な路線」1237Kmは現在の営業キロの約半分に匹敵する。

　国鉄の「分割・民営化」のさいに設置された経営安定基金（JR三島で総額1兆2781億円で、JR北海道は6822億円）の運用益（当初7.3%の利子率）が減少し、目減り分の「運用益4600億円の不足がJR経営の根本的な原因[注1]」と言われている。しかしJR北海道は、経営安定基金とは「そもそも自主運用であり、赤字補填を固定的に保証するものではない」として、赤字補填のために運用益の目減り分の補充を政府に求めずに、赤字削減のために路線の見直しが先決だとする。そこでJR北海道は、赤字路線を「上下分離」して、「下」（路線など）の維持費用を沿線自治体が負担する、このことが無理であるならば廃線ないしバスに転換せざるをえない、という姿勢を取り続け、維持困難な路線の沿線自治体と協議をはじめた。だが、この協議に参加できるのは沿線自治体の首長だけであり、また協議は公開されておらず、多くの道民はそこでの議論の内容を知ることができずにいる。

　これに対して高橋北海道前知事は、JR問題が色々と社会的な問題になっても、当初はJR北海道の問題だとして態度を明確にすることを避けていた。

注1　北海道新聞2017年8月25日　朝刊。

だが、世論の圧力もあって、2016年11月、北海道運輸交通審議会のなかに「鉄道ネットワーキングチーム」を立ち上げ、その処方箋を提示した。この内容の詳細については後述するが、鉄路の「選択と集中」および「国による抜本的な支援」の二つが主な柱であった。これもまた、従来のスキームを前提にしているために、中・長期の視野に立って地域の発展に結びつく解決策を提起することはできずにいる。関係自治体や地域住民は、政府や北海道庁さらにはJR北海道にたいする不信感を募らせ、不安と苦悶は深まっていくばかりである。

　北海道と各地域を巻き込んでいるJR北海道のこうした危機はなにゆえ、いかにして生じたのであろうか。今回の事態は、国鉄の「分割・民営化」における経営安定基金というスキーム（枠組み）の脆弱さが露呈したことによるのは間違いない。このスキームの脆弱さはすでに国鉄の「分割・民営化」の発足当初から多くの識者によって指摘されていた。それにもかかわらず、日本政府はJR北海道の危機に対して現在のスキームには問題点はないとの態度を取っており、さらに、JR北海道への支援を行ってきたのだから自分の責任はない、としている。JR北海道は、こうした日本政府に追随するだけであり、真の解決策を模索する意思もうかがえないのが現状である。このような事態を放置するならば、北海道とその地域に多大な被害と地域の衰退をもたらすことになるのは目に見えている。

　そこで、JR北海道の危機の原因を検討するが、以下の手順においてこれを行う。

　第一に、国鉄の「分割・民営化」以降の30年間の推移を概観する。北海道の内部においても格差が生じており、著しい地域の衰退が明らかになる。

　第二に、このスキームの脆弱さは市場主義に依存していることにあり、また政府の支援策は市場主義の枠を決して出ることができず、このことがJR北海道を窮地に追いやったことが明らかになる。

　第三に、こうした脆弱なスキームや市場主義的枠での政府支援策のもとで、JR北海道は危機を打開する方策を模索することをせず、いっそう危機を増幅させていく道に突き進んでいったことが明らかになる。

　第四に、以上を受けて、JR北海道の危機の本質が何であるのかを明らかにすることにより、この危機の解決の糸口をえることにする。この糸口は、

表 2-1-1　JR 北海道 30 年間の比較 （JR 北海道資料）
発足当時の鉄道営業キロ・社員数等

	会社発足時	主な増減事由	現在
鉄道営業キロ	20 線区 3192.8km （S63 初）	特定地交線等の廃止 北海道新幹線等の開業	14 線区 2586.7km （H28 初）
鉄道運輸収入	705 億円 （S63 実績）	H8 の 800 億円をピークに減少	685 億円 （H27 実績）
旅客輸送人員	103 百万人 （S63 実績）	札幌圏の利用増加	134 百万人 （H27 実績）
旅客輸送人キロ	4557 百万人キロ （S63 実績）	都市間（長距離）の利用減少	4320 百万人キロ （H27 実績）
鉄道車両数	1396 両 [うち電車176 両、気動車565 両] （S62 末）	特定地交線等の廃止 機関車・客車の廃止 電車による共通運用（札幌圏）	1060 両 [うち電車426 両、気動車462 両] （H27 末）
駅数	619 駅 [うち有人駅143 駅] （S63 初）	特定地交線等の廃止 利用の少ない駅の廃止	435 駅 [うち有人駅106 駅] （H28 初）
社員数	約 1 万 3000 人 （S63 初）	業務の効率化 早期退職の実施	約 7100 人 （H28 初）

※会社発足は S 62.4.1 であるが、海峡線の開業前であることから「会社発足時」の諸元は海峡線
　開業後（S 63）を記載
出典：「持続可能な交通体系のあり方について」（JR北海道）

地域の危機の解決の糸口にもなりうる。

2　国鉄「分割・民営化」以降30年間の推移

「分割・民営化」以降の変化① 札幌圏域と他の圏域との格差拡大

　1987年に国鉄の「分割・民営化」によってJR北海道会社が発足してから現在まですでに30年余りが経過した。JR北海道30年間の概括的な変化は表2-1-1によって知ることができる。
　「鉄道営業キロ」は20線区3193kmが14線区2586.7kmに減少し、22％が廃線となっている。ただし、現在（2020年）の2488.8kmには、一部区間の廃線と北海道新幹線（2016年3月開業）約149kmが含まれているから、既成の

路線は26%が廃線されたことになる。「鉄道営業キロ」の減少は特定地方交通線の廃止による。その内訳は、天北線（音威子府〜浜頓別〜南稚内149km＝1989年廃線）、池北線（池田〜北見140km＝1989年廃線）、名寄本線（名寄駅〜紋別〜遠軽138km＝1989年廃線）と廃線が相次ぎ、2019年3月には石勝線夕張支線（16.1km）が廃止されている。そして、2020年5月にはJR札沼線（北海道医療大学〜新十津川間47.6km）が廃止がされた。2016年11月の維持困難路線表明後でははじめての廃止で、「分割・民営化」後の30年間の廃止総営業キロは1/5に及ぶのである。

「駅数」は、619駅（有人143駅）から390駅（有人駅101　無人289＝2020年）に減少している。国鉄「分割・民営化」と同時に有人駅を無人駅化したが、その後も無人駅化を推し進め、この30年間で駅数全体では200以上減少し、無人駅が全駅の75%を占めるまでになっている。駅は市街地の中心に位置し、様々な活動の結節点となっていたが、無人化にともないその役割を後退させ、市街地の衰退に拍車をかけることになった。

「鉄道運輸収入」は、2009〜2015年までは低調であって700億円を切っているが、それ以外では700億円を超えている。そして1996年では800億円、2016年から現在までは800億円を超えている。したがって、表2-1-1における2015年の鉄道運輸収入685億円をもって一般化することはできない。だが、鉄道運輸収入に関しては大きな増大はないが、急速な落ち込みもみられないというのが実情である。しかし、後述するように、その裏面では修繕費の削減や人員削減など、正常からは逸脱した経営がなされていたのである。社員数の変遷をみると、1987年の1万3000人から2020年では6429人と半減している。これらのことについては後にあらためて詳述する。

「旅客輸送人員」は、1987年の1億300万人から2018年の1億3600万人へとかなり増加しているが、旅客輸送人キロでみると、1987年の45億5700万人キロから2015年には43億2000万人キロへと減少している。旅客輸送人員の増加は、その多くが札幌都市圏での乗客増加によっている。これに対して旅客輸送人キロの減少は、札幌都市圏の近距離旅客輸送人員の増加とは逆に、遠距離の「地方都市間交通」の利用者減によるものである。本州におけるJR各社とJR北海道との格差と同じ傾向が、JR北海道の内部でも札幌都市圏とそれ以外での地域輸送の格差として現われている。

図 2-1-1　JR 北海道を取り巻く経営環境について （国土交通省資料）

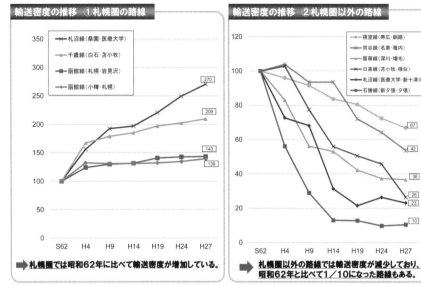

出所：「JR 北海道の現状等について」（平成 29 年 6 月 12 日国土交通省鉄道局）

　「輸送密度」については、表2-1-2の①札幌圏の路線と②札幌圏外の路線を比較すれば、その格差は明らかである。札幌圏のベッドタウン・通勤通学圏として発展している札沼線（桑園～医療大学）、函館本線（札幌～岩見沢、札幌～小樽）、千歳線（札幌～新千歳空港）沿線では「輸送密度」が増大している。これに対して根室本線（帯広～釧路）、宗谷本線（名寄～稚内）、留萌本線（深川～留萌）、日高本線（苫小牧～様似）、札沼線（医療大学～新十津川）の「輸送密度」は減少が顕著である。

　ただし、輸送密度の減少についてはJR北海道が運行本数を減らしたり、利用しづらい時刻設定などいくらでも意図的な操作が可能であった。その好例が廃止された札沼線（石狩当別～新十津川）である。運行本数は1日に1往復（2019年3月ダイヤ）で、始発の石狩当別は7：45発、終着の新十津川駅は9：28着である。全国一早い終着時間として話題となったダイヤである。そして、すぐ折り返しで新十津川10：00発、石狩当別11：23着で、帰りの列車はないに等しい。このようなダイヤ編成は利用させないための列車ダイヤであり、廃線の口実のために輸送密度を減少させる「経営努力」といわざ

図 2-1-2　JR 北海道輸送密度の推移

分割民営化当時と比較して、輸送密度の低い路線割合が大幅に増加傾向にあり、輸送密度が2000人未満の路線が全体の約6割を締めている。

凡例	輸送密度	S62年度	H27年度	増減
·······	500人未満	11%	26%	15P
─·─·	500人〜2000人	32%	32%	0P
───	2000人〜4000人	26%	16%	-10P
─··─	4000人〜8000人	20%	15%	-5P

凡例	輸送密度	S62年度	H27年度	増減
─·─·─	8000人〜10000人	2%	4%	2P
───	10000人〜20000人	4%	1%	-3P
━━━	20000人以上	5%	6%	1P

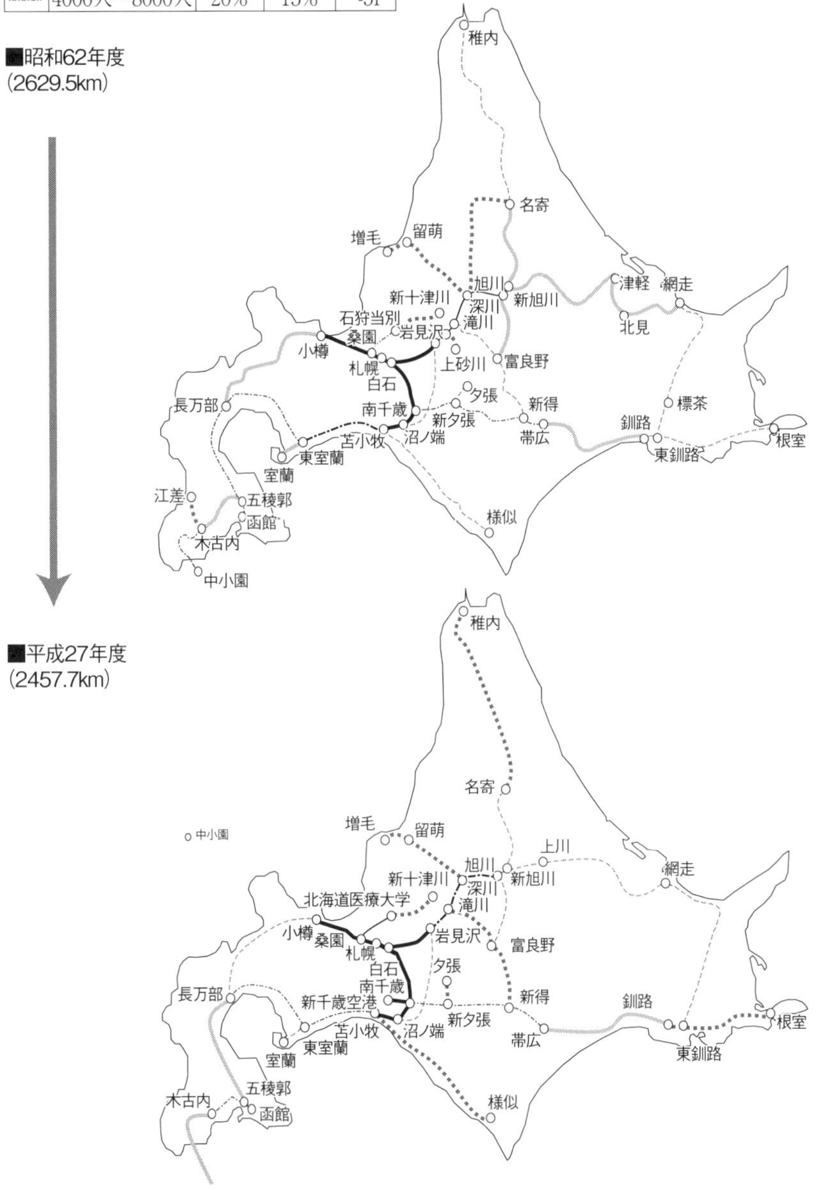

■昭和62年度
（2629.5km）

■平成27年度
（2457.7km）

輸送密度500人未満の線区の割合が増加し、2000人〜4000人の線区が減少している。
出所：「持続可能な交通体系のあり方について」（JR北海道）

るを得ない。列車ダイヤをバス会社や地域に相談なく変更し、利用しづらい時間設定や接続時間を短くして乗り換えのためのホーム間移動を難しくする、あるいは長距離列車の本数を減らして接続を多くし、むやみに乗り換えを乗客に強いるなど、JR北海道のダイヤや列車編成は利用者目線にはなっていない。さらには、日高本線（鵡川〜様似）や根室本線（滝川〜新得）では、自然災害による線路破損を放置したまま廃線に追い込もうとしている（第4章第2節参照）。もはやJR北海道には社会的・公的な責任論は存在しないかのようである。

「分割・民営化」以降の変化②　輸送密度の低い線区が増大

次に、図2-1-2によって北海道全体における輸送密度（1日1km当たりの輸送密度）の推移を検討してみよう。図によれば、1987年度の函館本線（函館〜長万部）の輸送密度は4000〜8000人であったが、2015年度のそれは2000〜4000人に減少した。同じく石北本線（旭川〜網走）と函館本線（小樽〜長万部）の輸送密度は2000〜4000人であったのが500〜2000人に減少している。さらに宗谷本線（名寄〜稚内）と根室本線（深川〜富良野）の輸送密度も500〜2000人から500人未満に減少している。輸送密度が4000人以下の線区は営業キロの74％を占めている。これに対して輸送密度2万人以上が、小樽〜札幌〜岩見沢、札幌〜新千歳空港、札幌〜苫小牧で、全営業キロの6％にすぎない。

ここから分かることは、第一に、輸送密度2000〜4000人の線区が減少し、輸送密度500人未満の線区の割合が増加していること、第二に、札幌圏の輸送密度が増大したが、全体の減少をカバーするには至っていないことである。つまり、北海道の輸送密度全体としていえることは、札幌圏とそれ以外の圏域との両極分解＝格差拡大が進んできたことである。

JR北海道の対応

JR北海道は営業路線を「当社単独では維持することが困難な路線」と「当社単独で維持可能な路線」に分類した。「単独で維持可能な路線」とは、北海道新幹線（新青森〜函館）および室蘭・函館本線の長万部〜苫小牧〜札幌〜小樽間、札沼線の札幌〜北海道医療大学間、函館本線の札幌〜旭川間、石勝線の札幌〜帯広間である。

しかし、北海道新幹線は、2019年度決算においても102億円余りの赤字を

出しており、札幌まで延伸しても黒字になる保証はどこにもない。またJR北海道は、北海道新幹線の札幌延伸によって並行在来線となる函館本線のうち、営業係数が高い札幌〜小樽間のみを分離せずにJR北海道所管とし、赤字線区の長万部〜小樽間は経営分離し、これを第三セクター化して地域住民に押しつけようという露骨な政策が見え隠れする。

　JR北海道は、10路線13区間を維持困難な路線として指定し、「輸送密度が200人未満」の線区（30%）については「持続可能な交通体系とするために、バス等への転換について地域と相談を開始したい」（留萌本線、札沼線の北海道医療大学〜新十津川間、日高本線）、「輸送密度が200人以上2000人未満の線区」については「設備の見直しやスリム化、利用の少ない駅の廃止や列車の見直し」、「運賃値上げ」、自治体が「下」の責任をもつ「上下分離方式」の導入のために「地域」と「相談を開始したい」と提案し、沿線自治体と協議を行っている。しかし、バス等に転換しても、バス運営を長期的に維持することは財政的にも厳しい状況であり、まして市町村自治体が「下」をうけもつ財政能力がないことは明らかである。にもかかわらず、JR北海道がこれを主張するのは、これを無理に押しつけることで廃線を狙ったものといえる。また、「駅の廃止」や「列車の減便」などの合理化や「運賃値上げ」は、さらに乗客数を減らすことになる。このようなJR北海道の理不尽な主張を認めることは、将来的には10路線13区間全体の切り捨てにつながる危険な道への第一歩となるであろう。

維持困難路線の廃線は北海道を負のスパイラルに陥し入れる

　JR北海道が「単独では維持困難」として路線を廃止するならば、地域の衰退を加速化させかねない。その悪影響は札幌圏域にもおよび、やがては北海道全体を負のスパイラルに落とし込むであろう。したがって、札幌圏域は赤字路線の廃線を対岸の火事として傍観することはできない。このことは今後の北海道の人口推移を考えれば極めて現実的であると言わざるをえない。

　北海道の人口は、1987年には566万人であったものが2020年には528万人に減少した。その内訳は札幌圏域での増大に対して、旭川・北見市では10%未満の人口減少、釧路・函館・室蘭・稚内では20%の人口減少であった。札幌圏域以外の人口減少が、先述した「都市間輸送の減少」としてあらわれた

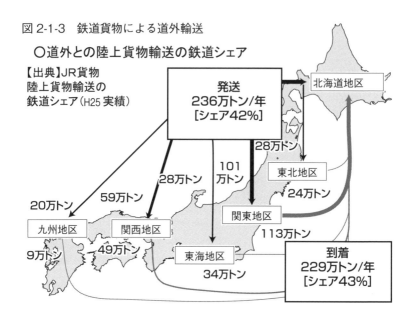

図 2-1-3　鉄道貨物による道外輸送

○道外との陸上貨物輸送の鉄道シェア

【出典】JR貨物
陸上貨物輸送の
鉄道シェア（H25実績）

発送
236万トン/年
［シェア42％］

北海道地区

28万トン

101
万トン

東北地区

24万トン

20万トン

59万トン

28万トン

関東地区

九州地区

関西地区

113万トン

9万トン

49万トン

東海地区

到着
229万トン/年
［シェア43％］

34万トン

○貨物列車による線路負荷の比較

	旅客（A） ［百万人］ キロ	貨物（B） ［百万トン］ キロ	B/A
JR北海道	4,223	2,384	56%
JR本州3社	156,191	17,883	11%
JR四国	1,392	81	6%
JR九州	7,275	681	9%

【出典】国土交通省HP、
　　　　会計検査院HP　　出所：「将来を見据えた北海道の鉄道網のあり方について」

のである。

　ところが、北海道の総人口は、2035年（また2040年）では446万人（また420万人）にまで減少すると予想されている。札幌市とその周辺都市地域も例外ではなく、10％未満の人口減少になるとされているが、旭川・函館・釧路・室蘭・北見・岩見沢・稚内市では20％以上の減少が予想されている。JR北海道の主張通りに廃線が進めば、地域の衰退は加速化するであろう。すなわち、札幌圏以外の人口の減少によって「輸送密度2000人以上4000人未満」

図 2-1-4　観光入込客数および宿泊客数の推移

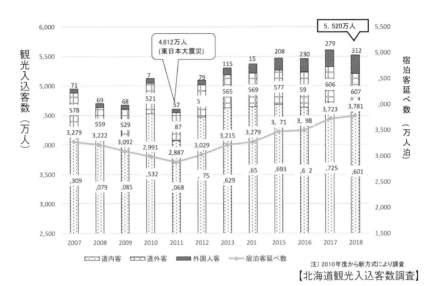

観光入込客数（実人数）及び宿泊客数の推移

出所：「北海道の観光 2019 年」（北海道経済部観光局）

図 2-1-5　観光入込客数と伸び率の推移

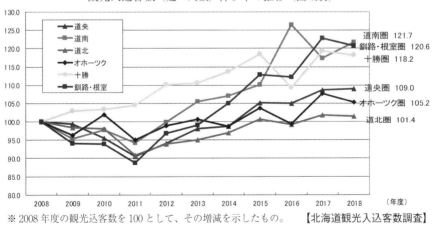

観光入込客数（延べ人数）伸び率の推移（圏域別）

※ 2008 年度の観光込客数を 100 として、その増減を示したもの。　【北海道観光入込客数調査】

出所：「北海道観光の現状 2019 年」（北海道経済部観光局）

の路線が減少していったのと同じように、「輸送密度2000～4000人未満線区」が維持できなくなり、早晩、第二の「維持困難路線」へ転落することになる。そうなれば、存続する鉄道は現時点での「維持可能な」路線だけになる。つまりは現在の全営業キロの25％余となり、人口減少と廃線によって疲弊した地域は持続可能性から取り残されることになる。鉄道の存続は将来の地域社会の再生と発展の足がかりとなるのであるから、一鉄道会社の赤字削減という理由だけで判断されるべきものではない。

北海道の産業における鉄道の役割

これまで鉄道を旅客輸送の視点から検討してきたが、次に農業・水産業・観光産業での役割について検討してみよう。

北海道の耕作面積は1145万5000haで全国の25.9％を占めている。農業就業人口は8.9万人で全国175万人の4.9％である。面積と就業人口から考えると北海道の農業経営はかなり大規模化されているといえよう。また、2018年度における北海道の農業生産額は1兆2762億円であり、全国（9兆3787億円）の18.6％である。2位の鹿児島県のそれは5000億円、3位の茨城県は4700億円（2017年）であるから、北海道の生産額は他県を圧倒している。ちなみに東京都の農業生産額は最下位の295億円で、カロリー自給率では1％にすぎず、食料生産からみるとかなり特異な産業構造となっている。また、北海道の水産加工業の製造品出荷額は6678億円であり、漁業生産高を合わせると9000億円を超えている[注2]。

これら北海道の農水産物とそれらの加工品は大量に都府県に移出されているが、その輸送に関してはJR貨物が季節的に大きな役割を果たしている。農産品輸送においてJR貨物が4分の1を占めている。とくに北海道においては他の地域に比較して鉄道貨物輸送の割合は大きいのが特徴である（図2-1-3下図）。

2017年における北海道から本州への全生産物の輸送総量6082万トンであるが、そのうちJR貨物が453万トン（7.5％）、フェリーは541万トン（8.9％）、内航海運は5065万トン（82％）（北海道「北海道の交通の状況」）である。

次は北海道の観光産業についてである。図2-1-4は北海道における観光客

注2　農水省「耕作面積調査」、「農業構造動態調査」「生産農業所得統計」「農業統計調査」等による。

図 2-1-6　来道観光客の移動手段

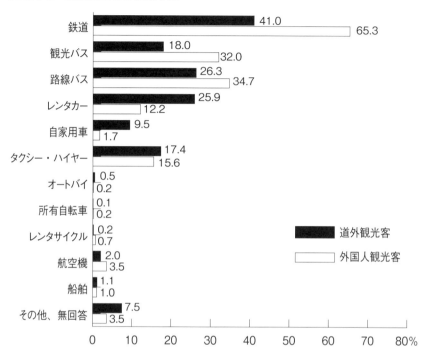

出所:「北海道の観光　2019年」(北海道経済部観光部)

の推移である。2011年3月の東日本大震災によって落ち込んだ観光客は回復・増加傾向にあり、とくに外国人の観光客数が増加傾向にある。観光客の国別では、中国、台湾、韓国、香港そしてタイ、シンガポールからが多くなっている。この要因としては、これらの国々の1人当たりGDPの上昇があげられる。すなわち、日本の3.9万ドルに対して、韓国3.3万ドル、台湾2.5万ドル、中国0.96万ドル、香港4.8万ドル(2018年)であるが、シンガポールは日本を抜いて6.4万ドルとなっている。そして、観光による効果は「北海道の総観光額は1兆4298億円で、そのうちで道民による消費額は6374億円、来道者による消費額は4220億円で、訪日外国人来道者による消費額は3705億円」[注3]で、その雇用効果は19万人と推定されている。

注3　『北海道観光の現状2017年』北海道記載部観光局の資料による。

これら観光入込客の伸び率は、道南圏、釧路・根室圏、十勝圏が高く、次いで道央圏、オホーツク圏、道北圏となっている（図2-1-5）。そして、その移動手段については道内や道外からの観光客と外国からの観光客とでは若干の相違があるが、いずれにとっても鉄道の果たす役割は大きい（図2-1-6）。とくに外国人観光客にとってのレンタカー利用は、地理的に不慣れということもあってそれほど多くなく、主流は鉄道による移動である。しかし、JR北海道のサービス状況は、乗降客にとって必ずしも満足のいくものではない。すでに述べたように、乗り継ぎの悪さ、車内販売の全面中止、車内からの自販機の全廃など、鉄道利用の観光客の増大には逆行した営業といわざるをえない。

3　JR北海道はなぜ危機に陥ったのか

脆弱な経営安定基金

　国鉄の「分割・民営化」にともなって赤字経営が想定されたJR三島会社（北海道、九州そして四国）に対して、その運用益によって営業損益を埋め合わせるための経営安定基金システムが作られた。JR北海道には経営安定基金として6822億円が与えられ、経常利益1％を確保することを目標とした。経営安定基金制度の設置は、「分割・民営化」にともなう独自のスキームであったが、一面では鉄道がもつ社会的性格を部分的に承認したものでもあった。しかし、このスキームは、当初から言われたように、極めて歪で脆弱なものであった。

　それは何よりも変動する「市場金利」に依存していたことにあった。図2-1-7は安定基金の運用益の推移を示したものである。それによれば、想定した安定基金の利子率7.3％によって運用益498億円が保証されたのは、「分割・民営化」された当初だけであり、その8年目の1994年にはすでに408億円に低下し、1995年から1999年にかけては300億円台、2000年から2012年にかけては200億円台で推移したのである。とくに2008年（平成20年）は当初計画の半分にも満たなかった（図2-1-7）。これは「利回り」が変動する「市場」利子率に左右されるシステムであったがゆえに、利子率の低下とともに運用益が減少し、経営基盤の脆弱さを露呈することになった。一定の運用益の確保のためには、本来ならば利子率を一定に保つか、あるいは利子率が変

図 2-1-7　JR 北海道の経営の推移

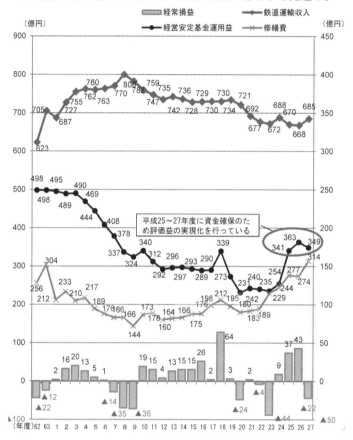

○経営安定基金の運用益が減少した一方、人件費の減少や修繕費
　などの抑制によって対応してきたが、一連の安全問題を受けて
　修繕費などが増加しており、今後は収支が悪化する見通し。

出所：「JR 北海道の経営について」（国土交通省鉄道局）

動しても経営安定基金を積み増すなどの方策が必要であった。

　当時の国鉄再建委員会参事官であった黒田匡彦氏は、運用益の減少につ
いて「正直に言うと、当時7.3％と想定した利回りが、ここまで下がるとは
誰も考えていませんでした。ただ、社会、経済情勢の変化にどう対応するか

は、基本的にはJR北海道の経営責任です」[注4]、と述べている。黒田氏の発言は、高利回り7.3％が継続するはずだ、と勝手に思い込んで、現実が異なったように推移したために運用益が減少した責任を「JR北海道の経営責任」にすり替えている。これほど当事者の将来見通しのなさと無責任さはない。すでに政府は、1996年の『運輸白書』で「経営悪化の要因である経営安定基金の運用益をいかに確保するかが課題」であるとして、「分割・民営化」の10年目でその問題を把握していたのである。

　さらに、JR北海道の経営危機を「自動車の普及や高速道路の延伸などによる乗客減少が原因」（石井啓一前国交相）とするのも政府の詭弁による責任回避である。なぜならば、第一に、「JR北海道の経営悪化の根本的な原因」は、利回りの低下による運用益の目減り総額が「30年間で4600億円」に膨らんだからである。これはすでに述べたように利回りという「市場主義」を導入したシステムの破綻だといってよい。第二に、「高速道路の延伸」は、鉄道とのバランスある総合的交通体系の配慮が必要であるにもかかわらず、これを一切無視してきたのは歴代の自民党政権であった。第三に、「自動車の普及」の高さは、必ずしも地域公共交通の停滞ないしは衰退の要因ではない。このことについては第5章第2節で論述する。

いい加減な政府支援──増大する未払い額を無視する

　日本政府がJR北海道の経営危機に対して鉄道運輸支援機構を通じておこなった支援は、場当たり主義であり、抜本的な解決策ではなかった。その結果、JR北海道を借金体質にしてしまったのである。以下、その内容について詳論しよう。

　第一、2011年、経営安定基金への2200億円の積増しがなされた。これは「償還期間20年」の貸付であったから、正確には「積増し」とはいえない。しかしJR北海道は、積増し金によって、運輸支援機構から特別債権2.5％したがって55億円／年の支援を得ることになった（ただし2011年は15億円、10年後には55億円を上限にして変動する）。それゆえ政府からJR北海道へ2011年から2018年度までに合計400億円が事実上助成されたことになる。

注4　北海道新聞　2017年9月17日　朝刊。

第二、2011年、JR三島会社およびJR貨物会社の設備投資への助成金・貸付けがなされた。JR北海道には600億円で、その内訳は助成金が300億円、無利子貸付けが300億円（10年後から均等償還で、2021年から30億円／年償還）である。

　第三、2015年6月、JR北海道に対して1200億円の追加支援が決められた。ただし、5カ年計画の前半は「自助努力」が要請され、後半に資金が投入された。前半の「自助努力」とは、2016年の10路線13区間の発表を意味していたのではないか、との想像も否定できない[注5]。追加支援の内訳は、「投資設備」が600億円（「助成金」300億円、「無利子貸付け」300億円）、「修繕費」が「無利子貸付け」で600億円であった。貸付の総額は2011年300億円プラス2015年投資設備・修繕費900億円＝合計1200億円（いわゆる「積増し」の2200億円は除く）であり、これは何らかの形で返済義務があるのだから、JR北海道の財務を借金体質にするものであった。2020年から返済義務がはじまること（もちろん返済猶予は可能である）が「全道で列車の運行ができなくなる」口実のひとつになった。他方の助成金などの合計は、特別債務400億円＋助成金600億円＝合計1000億円である。ただし、安定基金の運用益の目張りは、JR会社発足から2018年度までで5100億円であるから、「基金運用の目減り額」5100億円－（「助成金（600億円）＋特別債権（400億円）」）＝4100億円が埋め合わせられておらず、そのうえに先の1200億円の借金である。

　それだけでなく第四に、JR貨物の「貨物調整金」を勘案すると、埋め合わせるべき額はさらに増加する。JR貨物がJR北海道などの路線を使用する時に、その使用料を低くしているアボイダブルコストはJR北海道の負担となっている。もし、これが「貨物調整金」としてJR北海道へ正常には支払われるならば、その額は53億円と見積もられている[注6]。2014年度でのJR貨物から

注5　2018年7月に国土交通省は以下の内容において政府の援助を了承した。2年間だけは政府の支援があるが、その後の支援の内容は2年後の成果をみて判断するということであった。この成果とは、輸送密度200人未満の路線（札沼線の一部、夕張線、留萌線、根室線、日高線）を廃線にすること、また「単独では維持困難な路線」に対しては市町村自治体による財政負担の確約をとる「経営努力」が含まれている、と推測される。

注6　「2013年度にJR貨物から得た路線1km当たりの路線使用料は、熊本・鹿児島両県にまたがる同じく経営難の肥後オレンジ鉄道は513万円であった一方、JR北海道は103万円に過ぎない」（梅原淳『病根は国鉄分割民営化　JR北海道の経営危機』週刊エコノミスト2017年年1月17日）。「JR北海道の場合、鉄道事業の営業損益がまだ377億円余り残るとはいえ、約37億円の収益改善が見込まれる」「JR貨物から得られる路線使用料が低廉であったこともあって、路線の保守作業が十分に行われず、2013年9月19日には函館線の大沼駅構内で貨物列車の脱線事故を引き起こしてし

JR北海道へ支払われた使用料は約16億円/年であるから、貨物調整金（53億円）が導入されれば、差額37億円/年がJR北海道に収益となっているはずである。言い換えれば、現在、37億円/年がJR北海道の負担となっている。これを基準にして1987年から2018年度までを計算すると、31年間×37億円＝1147億円がJR北海道によって負担されてきたことになる。政府（とくに当時の運輸省）がアボイダブル・コストを制度設計したのであるから、これは政府の責任において当然支払われるべきものである。

そうであれば、JR北海道への政府の未払い金総額は、「助成金」を差し引いた経営安定基金運用益の目減り額4100億円（5100－1000）＋貨物調整金未払い額1147億円＝5247億円でなる。これまで政府は「累次にわたる支援をしてきた」（石井啓一前国交相）と述べているが、この発言は「基金運用益目減り」「貨物調整金」の未払い額5247億円の存在を無視したものである。経営安定基金のスキームおよび政府の支援は極めていい加減なものであったことが、JR北海道を経営的な窮地に追い込んだ決定的な要因であった。

安全投資の削減と人員削減──多発する事故

JR北海道はこの窮地をいかに打破しようとしたのであろうか。その対応は鉄道の公共性を守る方向ではなく、私的企業経営の論理いわゆる経済合理性の追求にいっそうのめり込むことによってである。

1987年のJR発足時、従業員数は1万2720（うち鉄道事業1万1490）名であったが、1999年には1万347（うち鉄道事業6578）名、2010年には7062（うち鉄道事業5500）名へと激減し、2020年現在では6429名となっている。30年間で約半分・48％の人員合理化である。人件費は1987年で743億円、1991年で830億円であったのに対して、2012年では475億円に減少している。こうした人件費の削減によって、経営安定基金の目減りした運用益を補填してきたのである。言い換えれば、列車事故などが続発する2012年までは、経営安定基金の運用益の減少に対応して人件費が削減されたのである。

まった。JR北海道の経営再建に当たり、JR北海道再生推進会議（議長・宮原耕治日本船舶相談役）は、貨物列車の運行がJR北海道の経営上の負担になっていると改善を求めている」（梅原 淳『JR貨物の将来を左右する「路線使用料」の実態』東洋経済2017年8月16日）。ただし、北海道における貨物調整金は100億円/年を超えるという試算もある（「鉄道のネットワーキングチーム」の報告に関する見解と地域公共交通検討会議の今後の検討に対する要望」）。

また、安全のための設備投資および修繕費も一貫して縮減されてきた。「分割・民営化」の1987年で256億円であった修繕費は、1993年から2010年までに144〜192億円に減少した。国鉄時代の施設は老朽化が進み、新投資・修繕投資・安全投資が放置されてきたのである（このことについては次節で検討する）。

　JR北海道は、2000年代になると、札幌JRタワー、不動産業、ホテル業、食品販売業など非鉄道部門へ投資を注いでいた。たとえば、2002年度におけるホテル業での売上25億円に対して費用は26億円、不動産業では売上123億円に対して費用は110億円、小売業では売上329億円に対して費用は326億円であった。2002年のセグメント情報によれば、不動産、ホテル業へ投資をシフト化していることは明らかである。このことは、JR会社法がJR北海道に「完全民営化」を目指すことを至上命令とし、そのためには利益が獲得できる非鉄道部門への投資を促進し、逆に鉄道部門の赤字路線を切り捨てるべく強制しているのである（このことについては次節で検討する）。

　以上をまとめると、JR北海道は、①運用益の減少を人員削減によって補い、②修繕・設備投資を縮減し、国鉄時代の遺産によって食いつなぎ、③「完全民営化」という至上命令によって鉄道事業から他のセグメントへ傾注していき、「安全投資」を疎かにしたのである。その結果、2013年には脱線事故を初めとして事故や不祥事が多発し、その原因の改ざんや隠蔽にまで進んでいったのである[注7]。

維持困難路線の発表までの背景

　続発する事故・不祥事をうけて、政府の主導のもとで「JRの経営再建に強い影響力を持っている」（北海道新聞2017年10月24日）とされる「JR北海道再生推進会議」（宮原耕治議長）がJR北海道内部に設置された。いわば、事故・不祥事の原因を探り、JR北海道に改善を求める有識者会議で、これには北海道知事も構成メンバーとして加わっていた。しかし、「JR北海道再生推進会議」は、事故・不祥事究明の枠を超え、「JR北海道の再生のための提言書」において、JR北海道に対して「聖域のない検討」として「線区の廃止」を含んだ「選択と集中」の方針をまとめ、公表したのである。

注7　宮田和保『JR北海道はなぜ事故・不祥事が続発するのか』（労働法律旬報 1822号、2014年8月）を参照されたい。

それは、「優先度を明確にする過程において、例えば、事業分野の縮小や使用頻度の少ない設備の見直し、利用者の多い路線で、輸送サービスレベルの向上を図りつつ、一方で列車の減速や減便を行うといった対応、鉄道特性を発揮できない線区の廃止を含めた見直し、など北海道の経営全体について聖域のない検討を行うことが必要である」(JR北海道再生推進会議「JR北海道の再生のための提言書」2014年6月26日)、というものであった。また、「JR北海道に残された時間は短い。破綻した北海道拓殖銀行の二の舞にならないため、『最後は国が救済してくれる』と甘く考えず、限られた時間の中で経営改革を断固進めなくてはならない」として、「さぼっている」のではなく「道庁のリーダーシップ」でもって「1年以内に、明確な形で示すことを強く求めます」との見解も表明している。このまとめの会議には高橋前知事は不参加であったが、知事、道内市町村長、JR北海道そして道民への半ば恫喝的な要請であった。

　この要請を受けてJR北海道は、先述の「JR北海道の再生のための提言書」および政府による「援助」(2015年追加支援1200億円)を前提とした「自助努力」をうけて、2016年11月に「2020年から約180億円の経常利益や借入金のため、毎年300億円規模の資金が不足」、「安全のために必要な修繕などできなくなり、全道で列車の運行ができなくなる」(JR北海道島田社長)とし、「民間企業では維持できるレベルを超えている路線」として「10路線13区間」を挙げ、維持困難な路線として経営から分離し、バス転換等の協議に入りたいとしたのである。

　この発表には幾つかの問題点がある。その第一は、島田社長があげた「借入金」とは既述した1200億円の返済しなければならない借入金であるが、これは鉄道運輸支援機構＝株主からの借入金であるから、返済期間等の変更は可能である。第二は、JR北海道が、経営安定基金とは「そもそも自主運用であり、赤字補填を固定的に保証するものではない」として、その運用益の目減り分の補充を求めず、財源補充より鉄路の見直しなどにより赤字の圧縮が先決だ(北海道新聞2017年9月17日)としていることである。図2-1-9「今後の収支見通しについて」を見れば分かるように、JR北海道は基金運用益270億円を自ら固定化している。そして、破綻した従来のスキームを前提にして、赤字路線の切り捨てと黒字(または維持可能)路線の維持に集中し、その余力でもって非鉄道関連部門を発展させ、同時に将来性が定かでない整備新幹線

の札幌延伸を実現しようとしている。いわば、JR北海道は、「全道で列車の運行ができなくなる」と危機を煽って道民を萎縮させ、さらに鉄路を縮小して地域を衰退させる道を選択（これについては第5章第2節で検討する）し、いまなお「完全民営化」の道を突き進もうとしているのである。もちろん、「JR北海道再生推進会議」は政府の意向のもとに設置され、またJR北海道の株主は政府の機関である鉄道運輸支援機構であることからして、この道は現在の日本政府の意向でもある。

選択と集中を受け入れた北海道庁

　北海道庁は、JR北海道の「10路線13区間の維持困難な路線」表明を受け、ネットワーキングチームを設置して鉄路の問題に対する提言をおこなった。この提言の問題点は以下の通りである。

　第一は、「選択と集中」を受け入れていることである。提言は全路線を6分類している。それは、①「札幌圏と中核都市等をつなぐ路線」は「地域における可能な限りの協力・支援のもと、引き続き維持されるべきである」、②「広域観光ルートを形成する路線」は「地域において持続的な運行のあり方を検討する必要がある」、③「国境周辺地域や北方領土隣接地域の路線」は「引き続き鉄路の維持を図る必要がある」「鉄道の輸送を含め総合的に対策を検討する必要がある」、④「地域生活を支える路線」は「他の交通機関との連携、補完、代替などを含めた最適な地域役割を十分に配慮する必要がある」、⑤「広域物流ルートを形成する路線」は「トラック輸送や海上交通のあり方について、JR北海道をはじめとする交通事業や国、道の参画のもと、地域における検討が必要である」、⑥「札幌市を中心とする都市圏の路線」は「営業収益の増加を図る」というものである。このなかで「維持すべき」としている路線は、①と③および⑥である。②、③、⑤は「検討」するが「維持すべき」とはなっていない。④は「廃線」あるいは「バス転換」の対象である。

　第二は、「国による抜本的な支援」の範囲と射程の狭隘さである。国による支援の内容は、①「貨物列車の割合が高い本道の輸送体系を踏まえた支援」、②「青函トンネル維持管理に係る負担」[注8]、③「橋梁・トンネルなどの老朽土木

注8　青函トンネルの改修工事費は、30年間（平成11～40）では1107億円と試算されている。鉄道運輸支援機構が青函トンネルを保有しており、JR北海道は使用料2～3億円／年を支払い、また、トン

図 2-1-9　今後の収支見通しについて

〇安全投資と修繕に関する費用を確実に確保するため、修繕費は35
　0億円を計画。

〇営業損失は460億円となり、経営安定基金運用益などでは補いき
　れず、今後、180億円規模の経常損失を計上することとなる見通し。

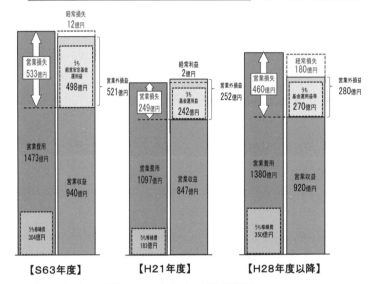

出所：「JR北海道の現状等について」（国土交通省鉄道局）

等対策費」、④「増収策への支援」、⑤「返済の猶予としての資金繰りの改善」
などである。「国による抜本的な援助」は、赤字路線にたいする援助には全
く触れず、赤字以外の援助に限定している。そうしたのは、「選択と集中」、
すなわち「維持すべき」路線と「検討を必要とする」路線、さらには「廃線」
と「バス転換」の路線との区分を前提にしているからである。

　第三は、経営安定基金の運用益の目減りを政府に要求していない点である。
『提言』は「経常赤字の機能を有する経営安定基金の運用益が想定される金
利水準のもとで低迷した」ことが「持続的な経営構造」を不可能にした一因
であることを認めている。それにもかかわらず、政府に対しては目減りした
運用益の補填要求を一切していないのである。

────────────────────

ネル内の線路の維持管理経費を負担し、さらに、防災設備の老朽化改修に5〜7億円/年を負担し
ている。

4 地域・住民に寄り添った鉄道再生の道へ

　JR北海道の経営危機は、国鉄の「分割・民営化」に対応するスキームが市場主義に依存する脆弱さおよび場当たり主義という市場主義的な政府支援が原因であった。「完全民営化」をめざすスキームを前提とするならば、JR北海道はみずからの私的経営を守ることを前提としなければならず、鉄道の運命はこの方針に従属することにならざるをえない。大量の人員の削減や更新・修繕・安全投資を縮小し、その結果、事故や不祥事を多発させ、ついには赤字幅の大きなローカル線の廃止やバス転換等を打ち出さざるを得なくなるのは必然であった。

　このことは、鉄道がもつ社会的・地域的な性格とそれが私的な形態において営まれる経営形態との矛盾が、この30年間において極限にまで深まり、もはや抜き差しならぬ段階に至っていることを意味する。今や私たちは二つの道の分岐点に立たされている。

　その一つの道は、私的形態での経営の論理のままで事態を解決する方法である。政府やJR北海道が進もうとしているこの道は、赤字を削減するために「下」の部分（鉄道等）の維持費用を沿線自治体に負担させる、これができなければ廃線またはバス転換を要求するものである。この道の行き着く先は、国鉄の「分割・民営化」が現在の事態を引き起こした以上に、将来の北海道にとってさらに大きな弊害をもたらし禍根を残すことになろう。

　もう一つの進むべき道は、鉄道のもつ社会的・地域的な性格に照応した新たなスキームを創出し、同時に、私的形態の経営に一定の社会的規制を設けて、鉄道の再生・存続を実現する方法の採用である。すなわち、北海道の産業発展と人々の快適な生活に寄り添った住民目線での鉄道を再生する道である。「道民の82％がJR路線の存続に『国は援助すべき』」[注9]という調査からも、この道は北海道民の熱い願いであることは明らかである。この道についての詳細は第5章第2節で論述する。

注9　北海道新聞調査　2017年3月1日　朝刊。

＜コラム＞石勝線夕張支線の廃止過程

　JR石勝線夕張支線は、鈴木直道・前夕張市長（現北海道知事）が2016年8月に「攻めの廃線」としてJR北海道に廃止を独断で申し入れ、そのまま廃止された。事後に、市議会や住民への説明がなされたが、「仕方がない」という反応が市民の大勢であった。JR北海道から支払われたバス運行経費20年分の転換支度金8億円によって、バス3往復と鉄道5往復（2016年3月に鉄道9往復から減便）から転換バス10往復へと、鉄道本数を上回るバス運行が実現した。

　夕張高校生の通学手段としてスクールバス便が運行開始した2017年以降、JR利用が急減した。夕張高校生のJR・バスの通学は、2012年ではJR45名、バス26名であったが、2018年ではJR5名、バス35名と大きく変化した。これは、JR定期代は保護者の持ち出しであるのに対し、スクールバス・路線バスの定期代は全額が夕張市の補助対象となるという差別的通学費補助制度によると思われる。

　しかし、住民意向を棚上げしての市長による鉄道廃止申し入れへの疑問が、すべて払拭されたわけではない。夕張支線廃止に不満を抱く高齢者や高校生等が依然として存在する。特に新夕張駅〜旧夕張駅間で、代替バス運賃がJRの倍額となったことへの反発が根強い。

　また、南清水沢地区では、新たな拠点複合施設「りすた」が2020年3月1日にオープンし、路線バス（夕張支線代替バス）の待合所と図書館等を兼ね備えた、同市の目玉施設となった。利用の中心となる高校生の意見を反映させたバス待ち部分は、社会的にも注目された。

　この「ハコモノ施設」が、本当に目論見通りの拠点化やコンパクトシティ達成へのステップとなるかどうかは、今後、バスや鉄道などの交通を含めた新たな地域づくりに、地元住民がどれだけ主体的に関わって行けるかどうかにかかっていよう。（武田　泉）

第2節　廃止対象路線と住民・自治体

地脇聖孝

1　地方線の廃線への道

国鉄末期における特定地方交通線整理あり方

　本節ではまず国鉄末期における特定地方交通線整理について述べる。1980年に成立した日本国有鉄道経営再建促進特別措置法（国鉄再建法）に基づいて、以下の通り国鉄線が3つに分類された。

分　　類	国鉄再建法における定義	輸送密度
幹線	幹線鉄道網を形成する営業線	8000人以上
地方交通線	運営の改善のための適切な措置を講じたとしてもなお収支の均衡を確保することが困難であるもの	4000人以上8000人未満
特定地方交通線	地方交通線のうち鉄道による輸送に代えて一般乗合旅客自動車運送事業による輸送を行うことが適当であるもの	4000人未満

　このうち特定地方交通線はさらに第1次（輸送密度2000人未満でかつ営業キロ30km未満の盲腸線に限る）、第2次（第1次線に該当しない輸送密度2000人未満の路線）、第3次（輸送密度2000人以上4000人未満）に3分類され、いずれもバス転換が適当とされた。輸送密度は1978年度を基準とした。

　輸送密度が基準とされたことから、廃線を阻止するには基準年度の輸送実績が基準を上回りさえすればよい。その上、特定地方交通線に選定されるのは当初、第1次線のみと考えられていたから、地元では「乗って残そう」運動が始まった。しかし、基準年度だけ輸送実績をクリアできたとしても、沿線の地域構造が従来のままにとどまるのであれば、さらなる落ち込みは必至である。車優先から公共交通優先へ、地域社会の構造そのものを変化させる必要があった。だが、それには大きな犠牲や抵抗を伴ううえ、効果が発揮されるまでにかなりの時間を必要とする。差し迫った特定地方交通線存廃の判

断を下すまでにはとうてい間に合わなかった。その上、第2次線、第3次線の選定を行う方針が決まると、輸送密度4000人の基準はとてもクリアできないとして、多くの沿線自治体が国鉄との協議に応じる方向へ転換していった。

　国鉄再建法の規定により、対象線区ごとに特定地方交通線対策協議会が設置され、国鉄と地元との協議が始まった。地元を悩ませたのは、協議開始から2年を経過すれば協議が整わなくても、原則として国鉄は廃止許可申請を行うとした国鉄再建法第10条3項の規定であった。この規定はその内容から「見切り発車条項」と呼ばれ、地元による協議の引き延ばしを防ぐ目的で国鉄再建法に盛り込まれたものであった。

　特定地方交通線の私鉄や第三セクター鉄道、バスへの転換に当たっては、営業キロ1km当たり3000万円を上限とする転換交付金のほか、転換後5年に限り、国がその運営費を補助する制度が設けられた。補助率は鉄道の場合が半分、バス転換が全額であり、明らかにバス転換へ誘導するための制度であった。大きな輸送コストがかかるものの、輸送力や非市場的外部効果[注1]も大きい鉄道を残すか、輸送コストが小さい代わりに輸送力や非市場的外部効果も小さいバスに転換するかをめぐって多くの沿線地域は揺れた。それでも、特定地方交通線83線区3157.2kmのうち38線区1310.7kmが最終的に私鉄・第三セクター鉄道への転換を選択した。第三セクター鉄道第1号となった三陸鉄道が順調な滑り出しを見せたからである。残る45線区1846.5kmがバスに転換した。

　1987年4月1日に国鉄「分割・民営化」がスタートし、国鉄再建法は廃止された。国鉄改革から32年が経過した今日においても、例外的に私鉄に転換した青森県内2路線のほか、第三セクター鉄道に転換した路線も廃止は5つにとどまっている。運営費補助がバスの半額という不利な条件にもかかわらず、全体の41％が私鉄・第三セクター鉄道への転換を選び、そのうち4分の3に当たる31線区1005.3kmが現在も存続しているのは驚くべきことであ

注1　日頃は利用しない住民でも必要が生じた都度、利用できることが公共交通機関をはじめとする公共財の特徴である。潜在的利用可能性と呼ばれるが、それが実際の利用につながらない限り、事業者の収益には反映されないためその効果が市場で測定されることはない。このような、市場原理では測定できない経済効果のことを非市場的外部効果と呼ぶ。市場で測定可能な経済価値以外を認めない新自由主義の下で公共財を維持することは不可能であり、市場の外部において解決される他はない。

る。当時の国鉄の経営努力や、国鉄再建法に基づく特定地方交通線の選定基準が妥当なものであったかについては検証が必要である（表2-2-1参照、110頁）。

鉄道廃止の許可制から届出制への制度改革と地元

　小泉構造改革による規制緩和の流れのなかで2002年に鉄道事業法が改定され、路線の廃止は許可制から届出制となった。鉄道事業者が届け出れば、原則として1年後に当該路線を廃止できる。国土交通省や地方公共団体などの行政庁に廃止を差し止める権限はなく、廃止を繰り上げる権限のみを残すという究極的な新自由主義政策であった。

　法改正後も地方鉄道の廃止の動きは今日までやむことなく続いているが、現実の廃止手続は改正法立案者の思惑通りには進まなかった。廃止方針や代替交通のあり方等について、地元に丁寧に説明し、事前了解を得てから廃止の届出に進むという鉄道事業者の努力が続けられたからである。大きな非市場的外部効果をもつ鉄道の公共的性格を事業者が正しく理解していたこと、また鉄道事業者の多くが駅ビルや不動産開発、飲食業などの関連事業を展開するなかで、地元の事前了解のないまま廃止を強行した場合、関連事業を含めた企業活動の継続が困難になる恐れがあること等が要因として挙げられよう。戦後70年間を経て日本社会に民主主義の歴史が蓄積し、定着していることも見逃せない。

　10路線13線区を自社単独で維持困難としたJR北海道の場合も事情は大きく変わらない。筆者は「維持困難線区」公表直後の2016年12月、浦河町で行われた日高本線の廃止提案の際、JR北海道を取材した。地元との協議が整わない場合でも、鉄道事業法に基づく廃止届出を行う意思があるかどうか質したが、「その考えはない」が回答であった。たとえ法が認めていても、そのような暴挙を行えば、地元自治体や住民との信頼関係は修復不可能な段階に達し、他の線区との協議もすべて頓挫する。JR北海道がそのような事態に至ることを恐れているように思われた。

　現在の「維持困難線区」の危機は、もっぱらJR北海道という企業の経営問題に端を発したものであり、国鉄末期の特定地方交通線のように廃止が法的に強制されるものではない。見切り発車条項はなく、鉄道事業法が認める「地元同意なき廃線」も事実上封じられている以上、地元はいくらでも協議

を引き延ばすことができる。大きな非市場的外部効果をもつ鉄道の廃止に拙速な協議で同意することは、子孫の世代に地域疲弊という形でつけを回す愚かな選択であるといえよう。

2　日高本線・根室線を巡って

日高本線・根室本線が抱える問題

　ここでは、日高本線及び根室本線を中心に廃止対象路線と住民自治体との関係を取り上げる。以下、本節で特に断りがない限り、日高本線は鵡川から様似まで（116.0km）、根室本線は富良野から新得まで（81.7km）の区間を指す。

　本題に入る前に、この両線が抱える特殊事情について触れる必要がある。両線とも「維持困難線区」公表より前に災害により一部区間が不通となったまま復旧が行われる気配がなかったことである。このうち日高本線は2015年1月の高波によって一部海岸線で路盤が流出するなどの災害に見舞われた。JR北海道は、実際の被災区間は新冠町大狩部付近などわずかな区間であるにもかかわらず、鵡川から様似までを不通としたまま、復旧もせず放置を続けた。とりわけ鵡川から日高門別まで、20.8kmの区間は線路がまったく被災していないにもかかわらず、この区間をも不通にしたままでいる。

　根室本線も、2016年8月、相次いで北海道に上陸ないし接近した台風の影響で、東鹿越から新得まで41.5kmの区間が不通となっている。1981年に石勝線が開通するまで、札幌と釧路・根室方面を結ぶ最短経路は根室本線であり、食堂車を連結した特急列車や長大貨物列車が頻繁に行き来していた。現在でも石勝線が災害で不通となった場合には代替路線となる可能性があるにもかかわらず、復旧されないまま放置されているのは驚くべきことである。

　鉄道事業法は「その事業を自ら適確に遂行するに足る能力を有するものであること」を鉄道事業の許可条件としている（同法第5条4項）。国鉄からの路線継承とはいえ、JR北海道のこのような姿勢を行政が容認ないし黙認するなら、鉄道事業法が規定する許可制度の根幹さえ揺るがすものとなりかねない。

日高本線沿線7町とJR北海道

　日高本線は、胆振管内の苫小牧駅から日高管内の様似駅まで146.5kmを結

ぶ長大路線である。国鉄再建法の基準年度である1978年度において輸送密度が4000人以上8000人未満であったため、本線を名乗っていても運賃制度上は地方交通線に属する。いわゆる盲腸線（行き止まり路線）でもある。その一方で福岡市の博多駅から長崎駅までの153.9kmにほぼ匹敵する営業キロをもつ。そのような路線を廃止しバス転換することは、道外に例えるなら2つ先の県に行くための鉄路を地元住民から奪うことと同じである。単なる一ローカル線の廃止として軽々しく扱うことは適当とはいえない。

「維持困難線区」公表前の2016年8月、JR北海道は沿線7町（日高、平取、新冠、新ひだか、浦河、様似、えりもの各町）に対し、地元が求める復旧を行う条件として16億4000万円もの巨額の財政負担を要求した。翌月にはJR北海道が3億円を負担するとして、沿線自治体の財政負担額を13億4000万円とした。7町が均等に負担するとして、1町当たり1.9億円となる。JR北海道はこれを単年度赤字額と年間の防災・老朽化対策費の合計額として7町に示している。要するに、復旧してほしいなら毎年この額を出せという意味である。

沿線自治体の予算規模を見ると、新ひだか町の平成31（2019）年度一般会計当初予算総額は146.1億円。浦河町の令和元（2019）年度一般会計当初予算総額は96.6億円。1.9億円はそれぞれその1.3％、1.9％である。浦河町の池田拓町長は、「一般会計予算が100億円あっても、自由に使える政策的経費は5億円程度」と話す。財政硬直化が深刻化するなかで、沿線自治体にとって巨額の財政支出は困難である。

JR北海道が示す数字の積算根拠が十分示されていないことも問題である。社長らの役員報酬も東日本、東海、西日本、九州各社のような上場会社であれば、株主総会招集通知のなかで総額が示されるが、JR北海道は非上場であるため、そのような形での情報公開もない。7町にとって、住民に対し説明のできない形での財政支出要求に対しては、たとえそれが負担可能な額であったとしても安易に応じることができないのは当然であろう。

7町が負担拒否を表明した後の2016年12月、JR北海道は浦河町内で説明会を開催。鵡川から様似までの区間116.0kmについて廃止を提案した。7町は態度を硬化させ、小竹國昭日高町村会長（新冠町長、当時）は「提案を聞き置くだけで同意したわけではない」と表明した。沿線地域が納得できる形での積算根拠も示さないまま高額の地元負担を求め、地元がそれを拒否すると

廃線を提案するJR北海道の姿勢に対し、ある町長から「ぼったくりバーと同じだ」と強い怒りの声が上がったことを記しておきたい。

　2019年11月12日、日高町村会は、浦河町がなお反対の姿勢を続けるなか、バス転換に同意するとの決定を多数決により強行した。地域とその住民に重大な影響を与える鉄道廃止、バス転換がこのような形で強行された例を筆者は聞いたことがない。少なくない沿線住民が議論経過の公開を求め続けたにもかかわらず、最後まで密室協議が続けられたのは民主主義軽視である。特定地方交通線対策協議会のような協議の枠組みをもたない現行制度の欠陥が露呈した。その一方、最後まで廃線反対を貫く自治体を生み出したのは10路線13線区では初めてである。廃線がJR北海道の思惑通り進むかはなお予断を許さない。

日高本線沿線住民の運動

　日高本線沿線にも廃線反対運動が存在する。最も主力となっているのは「JR日高線を守る会」であり、途中区間で唯一の有人駅である静内駅の地元を中心に、日高町まで日高管内をカバーする形で廃線反対を訴える。構成メンバーは地元町議や一般市民が中心である。苫小牧市を拠点とする「JR問題を考える苫小牧の会」は胆振管内をカバーしており、旧国鉄時代の運転士や労働組合関係者を主力とする。その意味で両者の構成メンバーは対照的である。両者は連携することも多く、2016年12月の廃線提案以降、講演会・学習会、沿線でのキャラバン、日高門別駅や富川駅の清掃活動など様々な活動を続けてきた。講演会・学習会は筆者が講師を務めたものだけでも8回に上る。

　JR日高線を守る会はブログやフェイスブックによる情報発信も行っており、不定期だが会報も発行している。鵡川から日高門別までの区間で先行して運転再開を求める署名活動も、公式に終了は表明されていないことから、現在も継続しているものとみられる。

　駅清掃活動については、千葉県のいすみ鉄道や福岡県の平成筑豊鉄道でも地元住民や高校生らにより行われた例がある。国鉄が見放した路線を継承して発足した第三セクター鉄道の性格上、経営に余裕がないのはやむを得ず、これらは本来、鉄道事業者が行うべき活動の住民へのアウトソーシングとい

う一面もある。一方で、鳥塚亮いすみ鉄道元社長が同鉄道での活動経験を基に「自分できれいにした駅を住民みずから汚すことはあり得ず、その鉄道を大切にしようというマイレール意識が醸成される」として積極的に評価している[注2]。沿線住民が自発的に集まり、駅清掃活動を行っていることは日高本線沿線地域における明らかなマイレール意識の萌芽である。鳥塚は言及していないが、民営化で公共性を奪われ、新自由主義の論理に組み込まれた鉄道に対し、地元住民が草の根からの活動を通して社会的性格を再度、付与し直そうとする一面をも併せもっている。その意味で筆者も鳥塚同様、この活動に積極的評価を与えたいと考える。

根室本線——鉄道の重要性示した「ポテチショック」

　根室本線の東鹿越から新得までを不通に陥れた2016年の台風災害では、石勝線もまた4カ月近くにわたって不通となった。

　2016年の災害で根室本線、石勝線が両線とも不通となったことにより、十勝地方で生産されるジャガイモの輸送に大いに支障をきたした。実際、この年の秋以降、首都圏でスーパーなどの店頭からポテトチップスが姿を消すなどの事態が起き、「ポテチショック」などとしてメディアでも大きく取り上げられた。北海道経済連合会が2017年5月に公表した報告書「JR北海道問題における当会のスタンスについて」によれば、道内と道外を結ぶ貨物輸送機関別シェアにおいて馬鈴薯は39.1％を鉄道が占めており、北海道の鉄道はむしろ貨物輸送の面において代替不可能な役割を占めていることが窺える。

　2016年の台風災害はけた外れの規模であったため、石勝線とともに根室本線も不通になり、どちらも道東から札幌・本州方面を結ぶ輸送ルートとしての役割を果たせなかった。しかし、石勝線だけが不通になるような災害はしばしば起こりうる。旅客・貨物の両面において代替輸送ルートとしての役割をもつ根室本線の未来を一時の不採算のために閉ざすことは、北海道のみならず国家百年の計を考えた場合、禍根を残す愚行そのものである。

　なお、富良野から新得までの区間については、重要な点を指摘しておかなければならない。北海道庁が2018年春に行った「北海道交通政策指針（案）

注2　公共交通利用促進のための道民キックオフフォーラム（2018年12月、札幌市）における講演。

とりまとめに当たって、道が示した当初案は「他の交通機関との連携、補完、代替も含めた利便性の高い最適な公共交通ネットワークの確保に向け、地域における検討・協議を進めていく」との表現であり、事実上廃止ありきの姿勢であった。2018年2月の意見募集（パブリック・コメント）手続きにおいて、筆者は、上述した代替輸送路としての重要性を指摘したうえで、他路線とともに維持の方針を明確にするよう意見提出を行った。その結果、「検討に当たっては、道北と道東を結ぶ災害時の代替ルートとして、また、観光列車など新たな観光ルートの可能性といった観点も考慮することが必要である」との一文を加える修正が行われた。筆者の意見を一定程度指針に反映させたことは、この区間の災害復旧、存続の可能性を大きく開くものと自負している。

根室本線沿線の住民・自治体とJR北海道

　根室本線沿線においては、自治体、企業などの各種団体、住民団体いずれもが路線維持で一致している。

　十勝地方の運動に中心的役割を果たしているのは「根室本線の災害復旧と存続を求める会」であり、この団体が地元を束ねている。不通区間の沿線には富良野市、南富良野町、新得町があり、他に不通区間沿線ではないものの、占冠村、清水町、帯広市も積極的に根室本線の維持を求めている。同会が主催する集会にはこれら各市町村（議会含む）のほか十勝観光連盟、十勝地区農協組合長会や十勝管内商工会連合会などの経済団体、連合北海道十勝地域協議会、帯広地区労働組合総連合などの労働団体が名前を連ねる。いわば政労使一体となった路線存続運動であり、労働団体も連合系・全労連系の両者が揃っている。その意味で日高本線沿線と比べるとかなり強力な布陣といえる。

　2018年6月に同会が主催し、新得町で開催した路線維持を求める集会では、高橋正夫十勝町村会長（本別町長）が、北海道ちほく高原鉄道を2006年に廃線で失った経験をもとに次のように述べている。「地元の中学生が帯広市の高校に合格すると、以前は男子生徒も女子生徒もみんな鉄道で通った。鉄道がバス転換になって以降、通学時間が延びた。それでもまだ男子の場合はバスに長時間乗せて地元から通わせる親が多いが、女子の場合、通学時間があまりに長いと親が心配する。その結果、短時間で通学できる場所がいいと、

家族が娘に合わせて帯広市の近くに引っ越し、父親だけが逆にそこから本別に通ってくるようになる。お年寄りも病院が遠くなったからと帯広に引っ越す。鉄道がなくなった町は人の住めない町になる」。

　鉄道廃止は、地元地域の将来を支える若い世代のみならず、本来であれば転出する必要のなかった人々をも流出させる。地元自治体にとっては、財政の基盤を成す住民税収入まで失うという最悪の影響を受ける。鉄道廃止を交通弱者だけの問題と捉え、傍観する自治体はやがて生命力そのものを絶たれ壊死していくことをこれらの事例は示している。

鉄道廃止と住民意識──第三セクター「のと鉄道」の事例から

　鉄道の廃線を経験した地域の住民がそれをどのように捉えているかを示す興味深い例がある。2005年3月限りで廃線（旧国鉄能登線区間）となった第三セクター「のと鉄道」（図2-2-1）の沿線住民に対して行われたアンケート調査である。地元住民団体によって廃線直後の2005年10〜11月に行われ、元利用者ら825人が回答した「奥能登の公共交通と暮らしに関するアンケート」調査の結果は、北海道の維持困難線区の今後についても示唆を与える内容に満ちている。

　『多くの先進諸国では鉄道の運営に対して、税金の投入が前提となっていること』を知っているか、との質問に対して「知っている」257人に対し「知らない」が568人と2倍以上。『地方のローカル鉄道に投入されている税金は、道路などと比べて微々たるもの』であるということに対して「知っている」242人に対し「知らない」579人とこれも2倍以上であった。『鉄道が廃止された地域ではまったく鉄道を使用していなかった人にまで悪い影響が及んだ』ことに対しても「知っている」406人に対し「知らない」が430人と上回った。どの質問項目に関しても「知らない」のオンパレードで、沿線住民の鉄道への関心自体が著しく低かったことがわかる。

　アンケート前半部分でまず問われているのは廃止前ののと鉄道と住民の関わりである。自分や家族がのと鉄道を利用していたかを問う項目では、「年に数回」「ほとんどなし」を合わせた回答が516人と大半を占めた。のと鉄道廃止の一番の責任はどこにあるかを問う項目では、回答が「のと鉄道」210人、「住民」347人、「行政」296人にきれいに分かれた。廃止反対運動が盛り

図 2-2-1　のと鉄道路線図

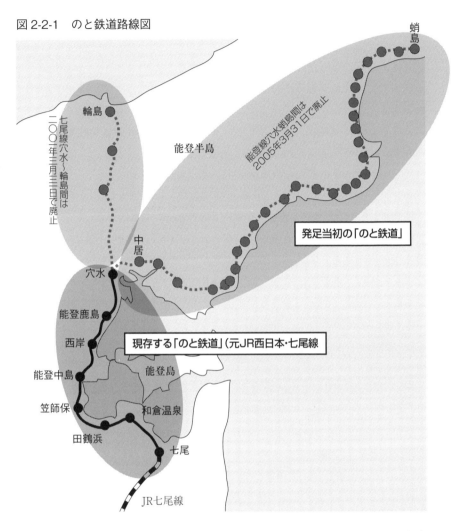

上がりに欠けた理由については「すぐ廃止になると思わなかった」が最も多く329人。「行政に逆らっても無駄」が270人とそれに次いでいることは注目に値する。地域に早い段階であきらめを醸成することが廃止派の基本戦略であることが見えてくる。廃止による地域住民や経済への影響を問う項目では543人が「部分的影響」があると答えたのに対し「大きな影響」があるとの回答は183人に過ぎなかった。鉄道のもつ非市場的外部効果は明らかに過小評価されている。

しかし、アンケートの後半部分になると、廃線という重大事態を迎えて一変した住民意識を見て取れる。廃止後の自分自身や家族、街の様子に変化が「あった」570人に対し「なかった」241人。地域商業、観光、通学生等への影響も「大いにあった」が522人を占めた。代替バスの利便性については「便利になった」「利用しやすくなった」「乗り降りしやすい」の肯定的回答を合計しても202人なのに対し、否定的回答は「時間がかかる」だけでその2倍以上に当たる489人に上った。「冬季が心配」の回答も442人に上っており、同じ雪国という特性上、北海道にも示唆を与える内容である。

　「現在、能登線の廃止についてどう思っておられますか？」という質問には、「やむを得なかった」264人に対し、「もっと反対すべきだった」が168人、「今でも復活を願う」307人という結果となった。「今後の奥能登の公共交通はどうあるべきか」に対しては「鉄道を復活整備」が498人。アンケート調査時期が廃止のわずか半年後という事情を考慮しても、これだけの住民が鉄道の復活を望むとの調査結果は驚くべきことである。

　しかし、住民の大半がいくら復活を望んだとしても、公的関与のない状態でそれが困難であることは、後述する可部線の実例が示すとおりである。住民レベルではもとより、地場中小企業レベルでもとうてい無理である。巨大な装置産業、社会資本である鉄道の性格上、開業や復活には巨額の準備的投資を必要とするからである。鉄道の敷設、維持、復活すべてにおいて何らかの公的関与は不可欠である。

　一方、このアンケート結果からは、廃線がどのような経過をたどって進んでいくかが見えてくる。第1段階として「どうせ誰も乗っていないから、こんな鉄道を廃止しても何の影響もない」というキャンペーンが、行政と廃線にしたい鉄道事業者が一体となって行われる。キャンペーンが効果を上げ、地元住民にあきらめが醸成されたタイミングを見て、第2段階では鉄道のもつ非市場的外部効果を無視した机上の損益計算だけで「路線存続は無理」とするデータが、あたかも客観的であるかのように装う形で地元に対し提示される。行政に逆らっても無駄と思っている住民は粛々とそれを受け入れるが、廃止後になって「街が寂れた。こんなはずではなかった」とそれを悔やむ——もう半世紀近く延々と繰り返されているおなじみの光景である。こうした歴史に終止符を打つとともに北海道で同じ過ちを繰り返さないため、私た

ちはどのような教訓を汲み取るべきだろうか。

　第一に、鉄道事業者にきちんとした情報公開を求めるとともに、赤字黒字だけでは測定できない鉄道の価値を認めさせることである。最も豊富な情報を保有しているのは鉄道事業者だからである。行政に対し、公的関与をきちんと求めていくことも重要である。公共交通がもっと便利になれば、外出回数を「増やす」と答えた人が全体の4割を占めるとした世論調査結果もある^{注3}。待ち時間が苦痛にならない程度の運行本数とし、乗車率にかかわらず維持する。そこに公共交通の価値があることを粘り強く訴えるべきだ。

　第二に、地域の鉄道への関心を高めることである。多くの先進諸国で鉄道運営に対し税金の投入が前提となっていること、ローカル鉄道に投入されている税金が道路などと比べて微々たるものであることに対し、「知らない」のオンパレードであったことは、廃線が地元住民の無関心につけ込んで行われていることを示している。それゆえ、廃止派にとっては地域住民の鉄道への関心が高まることこそ最もやっかいな障害となる。インターネット時代の今日、路線維持に向け、興味関心を高めるための情報発信程度であれば、個人でも工夫を凝らすことによって可能である。

　第三に、あきらめず路線維持を主張し続けることの重要性を地域住民に伝え理解してもらうことである。地元住民にあきらめを醸成することが廃止派の基本戦略である以上、それを打ち破ることは路線維持に向けた大きな力となる。

3　廃止後の復活運動例〜可部線「太田川流域鉄道再生協会」の活動

　廃線になると、路線維持を求める運動は雲散霧消し、地域は緩やかに地盤沈下していくのが常である。だがごく例外的ながら廃止後に路線復活を求める運動が行われた例がある。

　JR西日本・可部線は、広島市の横川から三段峡までの区間を結ぶ60.2kmの路線であったが、途中の可部（広島市）から三段峡までの46.2kmが2003年

注3　「公共交通に関する世論調査」（2017年2月、内閣府政府広報室）。

11月に部分廃止された。横川から可部までと可部から三段峡までの間で輸送密度に大きな差があり、広島市近郊の横川から可部までは直流電化区間、末端区間の可部から三段峡までは非電化区間であった。輸送密度が極めて大きく電化された都市近郊区間と、輸送密度の小さな非電化の末端区間を併せもつ盲腸線で、その後非電化区間だけが廃止された。道内では札沼線（さっしょう）と酷似するケースといえる。

　2003年に末端区間が廃線となった後、沿線の安芸太田町（あきおおた）が直ちに線路撤去の姿勢を示したのに対し、線路が撤去されれば復活が不可能になるとして地元住民が「太田川流域鉄道再生協会」を設立し、復活運動を始めた。廃止区間の大部分が広島県を代表する太田川に沿って走ることに由来する名称である。

　運動は1年半あまりにわたって続けられたが、その結果は芳しいものではなかった。復活のために呼びかけられた募金は全国から1590件、わずか722万円が集まるに過ぎなかった。鉄道業界では車両1両を新造するだけで数億円といわれる。復活運動と並行して自治体による線路撤去が進められたこともあり、太田川流域鉄道再生協会は2005年に解散を決議。集まった募金も拠出者に返還して短い運動は終わりを告げた。

　廃止区間のうち可部からあき亀山（廃止前は安芸亀山と漢字の駅名であった）までの区間は、廃止から14年を経た2017年3月に復活した。もともとこの区間は2003年の廃止時に、電化して横川から可部までの区間と一体で残すよう地元住民から要望が出されていたところである。いずれ復活させるとの密約がJR西日本と地元との間で交わされている、とする出所不明の「密約説」が廃止と前後して流されたこともある。この区間で廃線跡が転用されず、そのまま残されていたことも「密約説」に根拠を与えた。地元住民の意向も、沿線のベッドタウン化の進行による乗客増という状況も無視し、問題を残すなかで廃止が強行されたことに対する不満が背景にあったことは間違いない。

　全国的にもほとんど例を見ない廃止後の復活運動、そして距離にしてわずか1.6kmとはいえ一部区間の復活がここでだけ実現した背景に何があるのだろうか。廃止と前後して筆者が行った現地取材からはいくつかの要因が見えてくる。

　当時、JR西日本から一方的に行われた廃線提案に対し、地元自治体が強

表2-2-1 第三セクター鉄道の転換当時の状況と現状一覧表
1 存続している路線

特定	会社名	所在地	旧路線名	区間	路線距離(km)	輸送密度
②	秋田内陸縦貫鉄道	秋田県	阿仁合線	鷹ノ巣～比立内	46.1	1,524
①			角館線	松葉～角館	19.2	284
①	由利高原鉄道	秋田県	矢島線	羽後本荘～矢島	23.0	1,876
③	山形鉄道	山形県	長井線	赤湯～荒砥	30.6	2,151
①	三陸鉄道	岩手県	久慈線	久慈～普代	26.1	762
①			宮古線	田老～宮古	12.8	605
①			盛線	吉浜～盛	21.6	972
①	阿武隈急行	宮城県・福島県	丸森線	槻木～丸森	17.4	1,082
②	会津鉄道	福島県	会津線	西若松～会津高原尾瀬口	57.4	1,333
②	真岡鉄道	茨城県・栃木県	真岡線	下館～茂木	42.0	1,620
②	わたらせ渓谷鐵道	群馬県	足尾線	桐生～間藤	44.1	1,315
①	いすみ鉄道	千葉県	木原線	大原～上総中野	26.9	1,815
②	天竜浜名湖鉄道	静岡県	二俣線	掛川～新所原	67.9	1,518
①	明知鉄道	岐阜県	明知線	恵那～明智	25.2	1,623
②	長良川鉄道	岐阜県	越美南線	美濃太田～北濃	72.2	1,392
①	樽見鉄道	岐阜県	樽見線	大垣～樽見	24.0	951
③	愛知環状鉄道	愛知県	岡多線	岡崎～新豊田	19.5	2,757
②	伊勢鉄道	三重県	伊勢線	河原田～津	22.3	1,508
③	京都丹後鉄道	京都府	宮津線	西舞鶴～豊岡	83.6	3,120
①	信楽高原鉄道	滋賀県	信楽線	貴生川～信楽	14.8	1,574
①	北条鉄道	兵庫県	北条線	粟生～北条町	13.8	1,609
①	若桜鉄道	鳥取県	若桜線	郡家～若桜	19.2	1,558
②	錦川鉄道	山口県	岩日線	川西～錦町	32.7	1,420
③	土佐くろしお鉄道	高知県	中村線	窪川～中村	43.0	2,289
③	平成筑豊鉄道	福岡県	伊田線	直方～田川伊田	16.2	2,871
③			糸田線	金田～田川後藤寺	6.9	1,488
③			田川線	田川伊田～行橋	26.3	2,132
①	甘木鉄道	福岡県	甘木線	基山～甘木	14.0	653
②	松浦鉄道	佐賀県・長崎県	松浦線	有田～佐世保	93.9	1,741
①	南阿蘇鉄道	熊本県	高森線	立野～高森	17.7	1,093
③	くま川鉄道	熊本県	湯前線	人吉～湯前	24.9	3,292
	合計				1,005.3	

2　廃止路線

特定	会社名	所在地	旧路線名	区間	路線距離 (km)	輸送密度
②	北海道ちほく高原鉄道	北海道	池北線	池田〜北見	140.0	943
①	弘南鉄道	青森県	黒石線	川辺〜黒石	6.6	1,904
①	下北交通	青森県	大畑線	下北〜大畑	18.0	1,524
③	のと鉄道	石川県	能登線	穴水〜蛸島	61.1	2,045
①	神岡鉄道	岐阜県	神岡線	猪谷〜神岡	20.3	445
①	三木鉄道	兵庫県	三木線	厄神〜三木	6.8	1,384
②	高千穂鉄道	宮崎県	高千穂線	延岡〜高千穂	50.1	1,350
	合計				302.9	

※「特定」欄の丸数字は第1次〜第3次の別を示す。輸送密度は国鉄再建法の基準年度（1978年度）。
※『鉄道要覧（平成24年版、国交省鉄道局監修）』鉄道図書刊行会を基に筆者作成。

い憤りをもつとともに、廃線阻止のための活性化策を行っていたことはそのひとつである。当時の加計町（現・安芸太田町）職員からは可部から三段峡までの廃止提案に憤る声が聞かれた。「がんばれ！かべせん写真コンテスト」などのイベントが加計町役場主催で行われ、全国から応募が寄せられていた。最終日となった2003年11月30日になっても、ごった返す三段峡駅前で粘り強く廃線反対のチラシを配り続ける鉄道ファンの姿が見られた。筆者は他にも多くの廃止路線に出かけた経験があるが、最終日に至るまでこうした鉄道ファンの姿を見たのはここだけである。

　総じて可部線沿線には、廃線への憤りと路線への強い思い、そして最後まであきらめない粘りをもった人が多かった印象がある。自治体と地域住民が渾然一体となったこの憤り、思い、粘りを復活の背景に挙げても、あながち間違いとはいえないであろう。先に見た「奥能登の公共交通と暮らしに関するアンケート」の結果とも符合する。私たちが大切な鉄路をなくさないために必要なものは何かをこれらの事例は教えている。募金こそ惨憺たる結果に終わったが、今日ではインターネットを利用したクラウドファンディングのような新しい集金システムもある。時代が違えば可部線にも別の結果があったかもしれない。

4　地方交付税の算定対象になる道路、ならない鉄道

　本節を締めくくるに当たって、同じ社会資本でありながら道路、空港、港湾と比べて鉄道が不当に不利に扱われていると考えられる政策上の問題を指摘しておくことにする。地方交付税の算定をめぐる問題である。

　地方交付税法では、基本財政需要額が基本財政収入額を上回る自治体に対し、その上回る額を交付することが定められている（同法第10条）。要するに支出が収入を上回る赤字自治体に対し、赤字額を交付して埋めることを基本的な枠組みとする制度である。

　基本財政需要額を算定するための「測定単位及び単位費用」を見ると、道府県、市町村いずれに対しても「個別単位」として道路橋りょう費、港湾費が認められている。またこれ以外の財政需要を測定する「測定単位」として道路は面積と距離に応じて、港湾は係留施設、外郭施設の距離に応じて算定することが定められている。空港に関しては、平成9（1997）〜29（2017）年までの間、地方自治体が地方債を発行して整備を行った場合に限り、測定単位としてのみ認められている。おおざっぱに言えば、道路と港湾は整備費と維持費の両方が、また空港は該当期間における整備費のみが基本財政需要額として認められていることになる。

　これに対して、鉄道はどちらもまったく認められていない。同じ社会資本であることを考えると大いに不公平といわなければならない。JR北海道が「維持困難線区」公表に当たって沿線自治体に求めた上下分離に対し、自治体側が難色を示したのは当然である。

　筆者が取材可能な道内の自治体首長数人に尋ねたところ、「鉄道をこれら地方交付税の算定根拠となる指標として認めてもらえるのであれば、上下分離に応じてもよい」と答えた首長が複数いたことを最後に付記しておきたいと思う。沿線自治体もまた国や道と同様、鉄道だけに冷淡であるように見えたとしても、それは制度の不備に起因するものであり、決して地域エゴやわがままの結果ではないのである。

＜コラム＞観光に活路〜釧網本線と花咲線

　釧網本線（網走〜東釧路間）と花咲線（根室本線＝釧路〜根室間）は、釧路を起点に走行するローカル線区で、共にJR北海道により、地元支援相当（黄線区）とされている。花咲線は1921年、釧網本線は1931年にそれぞれ全通し、国鉄時代は急行列車が運行された。

　両線は、沿線人口が希薄なため地元の通勤通学利用は限定的であり、2016年の減便で、さらに利用しづらい状況になった。そのため、路線存続への打開策を、観光誘致や観光列車の運行も含めた観光利用の拡大に求めている。特に釧網本線では、沿線に国立公園（3つ）や国定公園を抱える自然探勝路線でもあり、冬場はオホーツク海を臨んで流氷観光が楽しめるため、「ノロッコ号」、「SL冬の湿原号」、「流氷物語号」などの観光臨時列車が例年運行されてきた。維持困難路線としての協議開始後は、本州方面から高速バス事業者であるウィラーを誘致して、ネイチャーパス（フリーきっぷ）の発売とレストランバスやネイチャー体験、スマートフォン活用の着地型MaaS（モビリティー・アズ・ア・サービス）の試行がなされている。

　花咲線では、根室市が2018年にガバメントクラウドファンディングで、全国の2万人以上から目標額の10倍近い3億円超を集め、魅力的な沿線を「地球探索鉄道」として動画作成しPRしている。そして沿線音声ガイドや駅弁電話予約を始め、個人客対応の拡充を図るなどの取り組みがなされている。

　この両線は、JR九州初代社長の石井氏によれば、北方領土など国境地域に隣接する地域を走行するという性格を有し、国家的見地から国が責任を持つべき路線であるという。したがって、単なる輸送量や採算だけで存廃を考えてはならない路線の典型であろう。（武田　泉）

第3節　JR北海道の危機と労働問題

美馬孝人

1　北海道の鉄道とJR北海道の発足

全線区が寒冷・豪雪地帯

　北海道における国有鉄道の総延長のピークは1968年で、36線区・3984㎞あり、敷設状況はほぼ北海道の形を画いていた。北海道の鉄道は明治時代から資源開発と殖民の手段として、あるいは国防上の観点から主に国費の投入によって建設されたが、人口密度が低く面積は広大で、鉄道にとって自然環境は苛酷だった。太古からの自然そのままの軟弱地盤の上に敷設したレールや建造物を季節ごとに保守する仕事は、駅舎や車両とはちがい人目にはつかないけれども必要不可欠であり、それこそが北海道の鉄道の歴史をつむいできたのだった。

　約半年つづく冬季間の雪との闘いは鉄道員にとってとくに苦労が多かった。1980年国鉄北海道総局ではSLは姿を消し、ディーゼル機関車の後押しをうけるラッセル車が64両、自力走行できるDD型除雪車34両、DE型除雪車27両、合計125両があり、そのほかに投雪用のロータリーやラッセル翼を装備する軌道用モーターカーが170両備えられていた。寒冷豪雪対策は除雪だけでなく、凍上・氷結の予防と事後処理が大変だった。凍結・凍上防止装置、融雪機、解氷用バーナー、手作業用のつるはし、流雪溝、雪崩止め柵と階段、暴風雪用板列、防雪林などが多くの場所に設備されていた。吹雪による吹溜まりを防ぐ防雪林は効果があったので、全道の鉄道沿線に植林されており、旭川と札幌の管理局には営林課があった。そのような特殊事情もあり、国鉄を事実上解体することになる「国鉄経営再建促進特別措置法」が施行された1980年12月において、北海道の職員数は約4万3000人で全国の1割を占めていた[注1]。

注1　北洞孝雄『北海道鉄道百年』133〜56ページ、北海道新聞社、1980年。

鉄道の安全は絶対的価値

国鉄時代の労使関係は「公共企業体等労働関係法」の適用下にあり、団体交渉で決める建前であったが、実際には労使の対立が大きくて団体交渉で決着することはなく、公共企業体等労働委員会の仲裁を媒介として労働協約が結ばれていた。

1970年代以降は国鉄の累積赤字を背景に、「3公社5現業」の中でも賃金は低いほうであったが、当時、国鉄労働組合（国労）が職員の約6割強を組織していたので、労働基準法をいくらか上回る労働条件を協約化していた。安全・雇用・現場協議などに関する協約である。

後に諸悪の根源であるかのようにマスコミに宣伝された「現場協議制」とは、国鉄の職種・職務が非常に多様であることから「現場でなければ解決できない事項」について、労組法第1条にいう「労使対等」の協議を促すためのものだった。そうした中で安全協約は「就業規則」にも掲げられており、職員として遵守すべきものとして「安全綱領」と呼ばれていた。

1　安全は運送業務の最大の使命である。
2　安全の確保は、規定の遵守及び執務の厳正から始まり、不断の努力によって築き上げられる。
3　確認の励行と連絡の徹底は、安全の確保に最も大切である。
4　安全の確保のためには、職責をこえて一致協力しなければならない。
5　疑わしきときは手落ちなく考え、最も安全と認められるみちをとらなければならない。

国鉄時代、公共交通機関として安全輸送と安定輸送は最も大切な使命として、このような労働協約と安全綱領がうたわれ、乗客と鉄道員を守っていた。JRになってから企業業績の向上が最優先になり、一時安全への関心は薄らいでいたが、信楽鉄道やJR福知山線での大事故発生を教訓に鉄道事業法などに厳しい安全遵守が書き加えられ、安全の最重視が再確認されている。公共交通として鉄道の安全は絶対的な価値なのである。

JR北海道が背負った多くの弱点

1983年度の国鉄北海道総局の営業収入は、貨物を含めて1099億円、それ

に対して営業経費は4167億円であり、3000億円以上の赤字が常態化していた。臨調答申を受けて設置された国鉄再建監理委員会の答申は、新事業体のもとでこの営業経費を1271億円に削減するとともに、貨物分312億円を差し引いた旅客収入787億円を870億円に増加させ、経営安定基金の運用益410億円を繰り入れることによって9億円の黒字を出すというものであった。これは本州大手私鉄の鉄道経営をモデルにして計算したもので、北海道の広大な面積で寒冷・豪雪、夏冬の寒暖差60度の地で鉄道を動かすという地域的特殊性を全く無視したものだった。

　JR北海道はこの答申どおりのスタートを切ったのだが、当初から人員が少なすぎることと、設備投資費・減価償却費・修繕費が過少であることに懸念が表明されていた。1980年最後の国鉄再建法と施行令の下で、国鉄は赤字ローカル線の切り捨て・便数削減、作業拠点の廃止・集約など縮小型の再建に踏み出していた。さらに1982年の国鉄の「分割・民営化」答申を受けて中曽根政府は新規採用と新たな設備投資を禁止し、北海道では道北・道東の過疎地を中心に輸送密度2000人未満の路線1454kmが廃止路線に指定された。これは北海道国鉄全線の36％に当たり、これに伴う廃駅数は340箇所で全体の4割が1987年JR発足時点をまたいで姿を消すことになった（1995年深名線も廃止）。幌延、浜頓別、音威子府、中標津、追分、新得など主要路線の分岐駅や機関区があった「鉄道の町」は、廃線によって職場を失った鉄道員が離散してゆくにつれて急速に人口を減らしていった。1985年3万6000人いた鉄道職員が1万3000人以下に減らされたからである。

　発足時点で3200km、廃線完了後は2500kmの鉄道をJR北海道は引き継いだのだが、それまで北海道総局の赤字のために鉄道施設はほとんど未電化状態（電化率18％）で、新しい時代に向けての投資はなく、老朽施設の修繕と新式設備への取替えが必要になっていた。旅客車両の主力は構造上メンテナンスに手間のかかるディーゼルカーで、長距離用の特急列車でさえ最高速度は時速100kmだった。高速道路と自家用車の時代に対応して長距離列車のスピードアップや便数増が必要であったが、新事業体はそのような新しい時代に見合った抜本的投資を行う資金力をまったく持っていなかった。JR北海道は長距離バスやマイカーとの競争にさらされ、発足初期にディーゼル車両の改良に力を入れて札幌～函館、札幌～旭川～名寄、札幌～帯広～釧路に130kmの

高速列車を走らせ好評だったものの、料金の高さのために地域住民の列車離れを食い止めることはできなかった。

2 国鉄「分割・民営化」と組合差別・労使関係

JR発足時の採用差別と国労の闘い

JR各社はその設立に当たり、国鉄が作成した名簿によって採用者を決定したが、北海道の場合には「分割・民営化」に積極的に協力した鉄道労連（後にJR北海道労組）が100%、鉄産労が80%の採用であったのに対して、反対した国労は48%、全動労は28%と明らかな差別があった[注2]。この点は1989年北海道地方労働委員会において不当労働行為として認定され、1704名について「全員社員として扱え」との救済命令が出され、1993年中央労働委員会においても「公正な選択のやり直し」を命じたのだが、1998年東京地裁、2000年東京高裁が「日本国有鉄道改革法」23条を根拠に「JRに責任なし」としてこの命令を取り消した。2003年最高裁も「JR各社は採用の責任を負わない」との判決を下したが、「不当労働行為があった場合は旧国鉄が責任を負う」と付記した。

他方、JRに採用されず清算事業団に送り込まれ、3年後の1990年に再び解雇された1047人の闘争団は2002年、「振り分け」自体が国鉄の不当労働行為であるから解雇は不当であるとして、国鉄清算事業団を引き継いだ鉄建公団に対して訴訟を起こした。2005年東京地裁は職員の振り分け作業における国鉄の不当労働行為を認定し、「採用期待権の侵害」として500万円の慰謝料支払いを命じた。これは2009年東京高裁でも維持され、和解勧告が言い渡された。こうした背景のもと、2010年4月民主党政権下で、①和解金1人平均1563万円、②団体加算金58億円、③JR北海道、九州を中心に200名程度の雇用を要請する、その他の雇用について政府としても努力する、④その他の解決案を原告側（910名）が受け入れることを条件に、与党側4党の幹事長、国交大臣、財務大臣、内閣官房長官が署名し、原告団側がすべての訴訟を取り下げることで合意し、6月最高裁において和解した。しかしその後もJR側

注2　宮里・福田・岡田編『弁護士たちの国鉄闘争』170ページ、刊行委員会、2012年。

は新人を採用し、国労組合員の採用を拒否した。

JR発足後の労使関係の変化

　JR北海道発足時の組合差別と組合間の対立はその後も長く尾をひき、社員1万3000名のうち1000名弱を維持していた国労は急速に減少し、旧動労所属の運転士を中心とするJR北海道労組が勢力を強めて8割強を占める最大組合となった。それは助役や区長などの職制も組合員にしたこと、労働組合を企業別組合にし「一企業一組合」とする方針を企業側と最大労組側がともに追求した結果だった。

　「分割・民営化」にあたって北海道を含むJR各社は国鉄時代の労働諸条件を切り下げた新しい就業規則を一方的に提示し、それまで労使間で合意・締結されていた労働協約・協定をすべて破棄した。「分割・民営化」に協力して多数派となった鉄道労連→JR総連は、会社側提案にそった内容で新協約に合意した。また少数派となった国労組合員に対する差別はJR各社共通で、弁護士の福田護氏は「JRに採用された者もまた配転・出向攻撃に翻弄されてきた」と告発しており、宮里邦雄氏は「国労組合員の脱退は国労にいたのでは昇進できないという理由」であることを明らかにしている[注3]。当初から苦しい経営を強いられたJR北海道にとって、経営に対する最大組合の協力は不可欠なものとして濃密な協調関係が築かれ、少数組合への差別を続けさせたといえる。

　会社側の支配力の強化は新しい就業規則と労働協約の中に示された。労使関係は労使対等の交渉によるものから、就業規則に基づく業務命令によるものに変わった。最大組合が企業優先の協約を結ぶ以上、少数組合もそれに追随せざるをえない。その結果、たとえば国労との労働条件に関する新協約（他組合も同じ）第2章第4条では「会社は業務上の必要がある場合は、組合員に転勤、転職、昇職、降職、昇格、降格、出向、待命休職等を命ずる。組合員は正当な理由がなければこれを拒むことはできない。……会社は組合員に……派遣を命ずることがある」としている。勤務種別の指定について、就業規則第7章第54条には「社員の勤務は別表2に規定する勤務種別の中から指

注3　青木・中山編『JRにおける労働者の権利』42、96ページ、日本評論社、1993年。

定する」とあるが、第2項には「業務上の必要がある場合は、2種以上の異なった勤務種別を組み合わせて指定する」となっており、労働協約でもこれを追認する形となっている。専門職務に専念させて労働の質を維持させるはずのものが、その趣旨に反して本務以外の職務をも果たさなければならなくなっている。社員は会社と多数派組合の二重の支配を受けるが如くである。

3　鉄道経営の行きづまりと「副業」の拡大

自立不能な経営体質

　JR北海道は発足後、「JR会社法」にそって他社と同じように1990年代の完全民営化・株式の上場をめざしていた。そのために営業収入の当初目標870億円を一時は突破したものの、1996年の930億円（発足時から28％増）をピークに減少に転じた。いっぽう営業費用は人件費の大幅削減にもかかわらず96年で1309億円と高止まり、そのうえ経営安定基金からの運用益は前年から400億円を下回って337億円に減少した。経営安定基金とは、それ自体が赤字を補塡する仕組みではなく、その運用益によってその機能を果たさせようとするものであった。その結果、発足当初わずかながら黒字であった経常収支は42億円の赤字となり、低金利時代に入って基金運用益収入も増加を見込めないことから、鉄道事業単独での黒字化は困難な見通しとなった。

　全国一社の国鉄時代とは異なり、JR各社はそれぞれのエリア内部で採算を追求する仕組みとなっている。JR北海道の場合、自然環境の厳しさ、希薄な人口など経営上の悪条件から生ずる赤字を補塡すべき「経営安定基金」が十分に機能しなくなれば、それを補う別の収入源を探さなければならない。「株式会社」として経営自立をめざす限り、いつまでも経営安定基金の運用益に頼っていることはできないのだから、鉄道部門の赤字額を極力縮小して黒字を生みだす別事業部門を拡大し、「全体として経営を成り立たせる」道を選ぶことになる。JR北海道は、国鉄から受けついだ公共交通としての鉄道をいかにして維持するのかという難問に突き当たりながら、鉄道事業とともに他事業をも展開する多角的な経営グループとして自立的な経営体質の確立を目指すことになった。

　ただしそうした方策は、本来の鉄道部門における営業経費のさらなる削減、

そして他部門における収益拡大への衝動を抑えがたいものにする。その道は進めば進むほど、公共交通としての鉄道を維持発展させるという本来の任務を事実上棚上げしてゆくことになるのである。

事業の多角化と出向の拡大

　JR各社は鉄道を中心とした総合サービス産業体をめざして、鉄道以外の事業にも投資を拡大している。鉄道用地を活用する不動産、ホテル、各種小売販売店、広告業、旅行センター等々である。JR北海道もまた鉄道事業が将来的に厳しさを増すことを自覚しており、各方面に投資の場を求めているが、巨大企業の新規事業への進出は地元の中小企業や商店にとって大きな脅威となっている。また経営合理化のために内部業務を子会社に分離したり、関連企業を系列会社化することも盛んで、「余剰人員」の行き先にしたり、「出向」社員の受け皿にしている。鉄道事業の経営上の厳しさはしだいに他のグループ企業からの収益とその増大を不可欠なものにしており、鉄道営業費用の削減と関連企業への「出資」「出向」、そこからの収益増大のために、可能な限りの効率化と人員削減が労働組合の協力・黙認のもとで行われた。

　元国労組合員に言わせるとそのやり方は強引そのもので、大組合に所属する助役たちが一方では会社側と一体となって新入社員を囲い込んで支配し、他方では国労や他の組合からの脱退を強要、昇格試験を受けさせない、昇給やボーナスに差をつける、希望職場に行かせない、別会社に出向させるなどして差別し、反対に大組合に所属する社員には昇進の道を与えて組合員管理職を増やし、会社内部に浸透させる。職制クラスには特別昇給を当てたり、夏・冬のボーナスに割増しを与えたりする。国労系の社員をはじめそのようなやり方に嫌気がさした社員は辞めていき、異を唱える者は「目をつけられる」ので「出向」や「別会社行き」に同意せざるを得ず、どの勤務部署においても生産性向上と合理化一辺倒となり、管理職にも同僚に対しても「物も言えない職場」になってしまった。

鉄道事業体から総合サービス産業体へ

　運輸省鉄道局は2000年8月、JR北海道の完全民営化は困難とみて、株式上場の指導をうち切った。経営安定基金の存在が東京証券取引所に問題視され

たのだという[注4]。このとき国土交通省鉄道局とJR北海道との間で経営安定基金に依存するスキームについてどのような話しがあったのか明らかにされていない。しかしこの時期から経営陣は、経営安定基金に依存する不安定な体質から脱却するために、グループ全体として総合サービス産業体としての連結決算収益の増大に舵を切ってゆく。「JR会社法」がうたう完全民営化のために、鉄道会社は鉄道業以外の事業に本腰を入れ始めたのである。

　株式上場をめざして1994年から取り組まれていた「ステップアップ21」は、2002年から「スクラムチャレンジ21」に変わった。それはJRの安定した経営体質を確立するために、かつては「副業」視されていた高収益事業に資源を注ぎ、グループ全体として連結決算で最大の利益を生み出す3カ年計画であった。2004年度の目標値として鉄道運輸収入を5億円減らして744億円とし、鉄道以外の連結決算で営業収入を150億円増やし1650億円をめざす。鉄道部門の経費を40億円削減し連結決算利益を60億円にするという、鉄道会社の経営改革としては「画期的な」ものであった[注5]。「札幌駅総合開発（株）」が手がけた2003年開業のJRタワーの成功はこの方針をいっそう強め、「スクラムチャレンジ2006」に受けつがれて、さらに他事業の拡大と収益増大を目指し、「副業」の収益が鉄道事業のそれを上回るようになった。鉄道事業本部は主導力を失ったのである[注6]。

4　鉄道経費削減策の実態とその帰結

要員の削減と安全綱領の空文化

　鉄道営業経費の最大のものが人件費であるから、経費削減は人員の削減と給与の抑制となり、また保線費用や修繕費の節約となった。社員数は1987年の1万2720人から2015年の7167人へ44％も減った（表2-3-1）。なかでも鉄道従事者の減少が大きかった。全駅465の76％に当たる352が無人駅となった。JR北海道は鉄道部門の赤字を圧縮するために、一方では優良路線で既存の

注4　吉野次郎『なぜ2人のトップは自死を選んだのか』166ページ、日経BP社、2014年。
注5　北海道旅客鉄道会社『JR北海道20年の歩み』参照、2007年。
注6　JR北海道が公表した『平成28年度決算のポイント』付属資料によれば、2017年3月時点で本社は連結決算対象会社を22社持ち、内訳は運輸業10社、小売業2社、不動産賃貸業2社、ホテル業2社、その他6社となっている。

車両、レール、設備を使って列車をフル回転させて増収をはかり、他方では全線で列車運行費用を極小化するために車両、レール、設備の保守・点検・整備の回数を減らして、必要資材の供給を節約した。JR北海道のレールの上を走るJR貨物の車両は重くて長いため、異常にレールを痛めつける。にもかかわらずJR貨物のレール使用料は国策で低く抑えられている。鉄道部門の赤字を減らすために経営陣は経費削減に励み、最大組合もそれに協力的で「安全綱領」は空文化していった。現場は慢性的な資材・経費・要員不足に悩まされ続けた。

ディーゼル車用部品の新規購入を要求しても、腐食した枕木の取替えに言及しても、何時も「金がない」の一言ではねつけられる。必要をみたす数の新品は来ないので使いまわす。それだけ仕事が増えているのに、一気に仕上げるだけの要員もいない。労働組合もチェック機能を失っている。「何を言っても無駄、現に金がないんだから」という諦めの雰囲気が職場に漂い、「全員で安全を守る」という気概をそいでいった。管理部が現場の状況を把握せず、また現場が管理部に進言しない危険な状況が広がっていった。

国鉄「分割・民営化」の理念である「民間企業の発想」とは「営利性の追求」であり、それが営業収支の改善最優先となり、基金運用益の減少で資金が慢性的に不足してきたJR北海道の場合には、それが経費の削減主義となり、鉄道の安全輸送と安定輸送を侵食していった。民営化の矛盾は、営業利益優先の視点からは目につかない保線・設備の軽視と車両点検・保守の延伸、その結果としての重大事故の連続的な発生、そして鉄道そのものの存続の危機という事態の中に集中的に現われてくるのである。

表2-3-1　JR北海道の社員と鉄道事業従事者数の変化

	1987年当時（人）		1999年4月（人）		2010年4月（人）		2015年4月（人）	
	社員数	鉄道事業	社員数	鉄道事業	社員数	鉄道事業	社員数	鉄道事業
北海道	12720	11490	10300	7619	7269	6563	7167	6737

建交労全国鉄道本部『国鉄「分割・民営化」30年の検証』16ページ

労働強化・兼職の増大・年齢構成のゆがみ

鉄道要員の減少は1人当たり業務量を増やし「生産性」を高めた。労働時間は国鉄時代よりも増え、所定内時間外の超勤交番、会社のためのQC、増

収運動など強制的なタダ働きを含めると週当たり3〜4時間は増えた。1993年4月からの1週40時間労働の実施以降は、労基署からの「是正」が入るので不払い残業はチェックされている。しかし運転士や車掌の不規則勤務はいっそう弾力化されて歯止めがない状態で、健康をそこなう職員もいる。緊急時や事故のときなどの勤務時間は青天井になり、超勤手当ても「適当」になる。

　またどの職場でも本務以外の職務兼務が進んでおり、業務の量は確実に増えている。たとえばワンマンカーでは運転士が車掌をかね、無人駅では駅員の仕事もこなす。駅の業務は多いが、広告、案内、券売、改札、事務処理など何でもやっている。施設や工場なども同様でみな多能工化している。ただ複数の職務をこなすには経験が必要で、仕事をしながら覚えていくのだが、教える社員がいないところも多くある。発足当初10年くらい新人を採用しなかったので年齢構成がゆがんでおり、2016年4月時点の全社員数は、43歳77人、44歳60人、45歳53人、46歳47人、47歳45人、48歳40人、49歳27人、50歳40人、51歳45人と極端に少ない。鉄道職場ではもっと少なく臨時工・社外工で補っている。39歳から42歳までもそれぞれ150人弱であるから、この年齢の油の乗ったベテラン社員が極端に少ないということは、この10年くらい毎年200人規模で採用されて数を増している20歳台前半の新入社員に技能が十分伝わらないことを意味する。工場や現場で新しい機械が使いきれず、経験不足のせいで怪我をすることもある。熟練したエルダースタッフなどの協力を得てでも技術の継承教育と安全教育が必要になっている。

　全般的に言えることは、新人として希望を持って入ってきても、待遇の悪さと将来見通し、あるいは希望しない職種への配属や転勤などを機会に2〜3年でやめてしまう社員も多くでている。希望がもてて仲良く働ける明るい職場にしていくことが、人材確保のためにも安全運転のためにも大事になっている。

低い給与体系

　鉄道従業員の給与は、就業規則の「一般社員等級区分表」に掲げられている給与表（2001年度のものがそのまま使われている）によって等級・号俸として示されている。等級は職務試験合格ごとに高級職へと昇格し、号俸は経験を

つんで年毎に上昇する仕組みになっている。たとえば運転職の場合、最初に格付けされる車両係3級は1等給、車両係2級は2等給、車両係1級は3等給、運転士2級は4等給、運転士1級は5等給、主任運転士2級は6等給、主任運転士1級は7等給、助役は8等給、運転所長は最高の9等給へと昇格する。したがって1等級の1号俸（13万1000円）は9等級1号俸（31万1300円）へ約2.5倍の金額になる。

　普通の社員は約30年の経験をつんで主任クラス6等給まで昇格するが、それでも基本給は50歳台半ばになっても35万円程度、扶養手当と都市手当を含めた基準内賃金で37万円弱ときわめて低い。年間手当ては4カ月分であり本州三社の6カ月分に比べて大差がある。しかも54歳までは昇給するが55歳になる月から給与は2割カットされ60歳の定年まで8割支給が続く。したがって退職金は54歳時の最高給を基準にするとはいえ、そこから第2基本給なる相当な金額が差し引かれて計算されるから、40年勤続で60カ月分の退職手当としても1500万円から1800万円程度となる。

　60歳定年後に再雇用されたものは「パートナー社員就業規則」にしたがって、エルダースタッフとして65歳まで雇用される。2013年から用いられている「基本給表」によれば、定年退職時に1〜5等級にあった者は15万1700円、6等級にあった者は15万9300円、7〜9等級にあった者は16万6900円となっており、ここでも現役時の所属組合による昇格差別が再現している。2015年現在、鉄道に従事する社員6700人（別会社社員を含む）に対して、エルダーは1550人で23％を占めている。他にも正社員でない「スタッフ」がいろいろな場所で働いている。

業務の外注化

　鉄道従業員の削減には、特定業務のJR会社からの分離や別会社への外注化という方法もとられた。特に営業（駅）や施設（保線関係）で社員の削減が大きかったが、彼らの業務は従来からの関連会社や下請け会社、あるいは新たに立ち上げた関連子会社などに委託されていった（表2-3-2）。その理由はいうまでもなく営業経費の削減であったから、関連会社の労働者はJR本体の労働者以上に「安あがりに」使っている。JR社員（駅）をいったん辞めて、新たに関連会社（JRサービスネット）に職を求めた元国労組合員は、「同

じ仕事だったが給料は3割がた安かった」と証言している。駅業務は札幌近郊においても、1997年から2003年にかけて急速に子会社に委託されていった。JRの幹部にも関連会社に天下った人もいたが、委託契約金の中から利潤を搾り出すのに苦労したことであろう。

　外注会社の主だったものはみな連結決算対象会社となっており、外注当初はJRで当該業務に従事していた社員が委託先の会社に出向した。待遇がよいところではそのまま幹部として残った人も多かった。今では委託先で雇用された人がJRに出向して仕事を覚え、必要な資格を取って帰る例もある。たとえば古くから国鉄の保線業務を請け負っている「北海道軌道施設工業」は、各地の事業所をかつての保線管理室が使っていた「詰め所」に置いており、地元孫受け会社を擁してその作業員に仕事を下ろしており、現地の状況を本社以上に熟知しているという。したがって人事交流は欠かせなくなっているとはいえ、JR本社の安全に対する保線の責任が軽くなるわけではない。電気・信号関係を扱う別会社「ドウデン」も事務所をかつての「電気区詰め所」に置いて、さらに下請け会社を支配しつつJRの仕事をこなしている。車両の定期検査や修理を実施することになった委託会社も、みなかつての苗穂工場の中にある。以前は同じ国鉄で働いていた労働者たちが減員されてJR会社に移り、今はまた別会社に雇用されてその会社の職員とともにより厳しい条件の下で働いている例もある。

表2-3-2　鉄道事業の主たる関連会社　2015年

社名	業務内容	資本金 （万円）	社員数 （人）	利益金 （万円）
㈱北海道JR サービスネット	駅業務受託、旅行業等	3000	300	1442
北海道軌道 施設工業（株）	軌道施設工事、踏切施設、設計、測量	4500	258	23192
㈱ドウデン	電気設備、電気通信設備等の設計・工事・メンテナンス	7000	362	25156
札幌交通機械㈱	鉄道車両・部品の設計・製作・改造、検査・修理、地下鉄電車の定期検査・修理	6600	350	18034
札幌工営㈱	車両の入換、機械加工、鍛冶等	2800		286

宮里他『鉄道事業における業務外注化と労働問題』の表から作成

外注化と安全問題

営業経費節減のための外注化の拡大は、鉄道事業に基幹的な重要性をもつ要員の減少をもたらし、またその業務を行う労働者を別の会社の従業員としているため、その業務全体に対するJR会社の包括的な統制力を弱め、かつ主体的な技能力、客観的な技術力の発達を妨げている。それはまた公共交通の安全と安定を守る義務をもつJR本体が、その責任を果たすことを事実上困難にしている。JR本体の保線職員の大幅削減と外注化の進展が鉄道輸送にもたらす危険性について、鉄道の安全に詳しい安部誠治氏は次のように述べている。

「在来線ではレールの間にバラスト（石）を敷き詰めます。その際バラストを適度にたたいて固めるには熟練が必要で10年くらいやらないと適切にできない。20年くらい経験をつんで完璧な技能を身につける。熟練を上げるには経験をつむしかないが、今、JR各社のほとんどはこの作業を下請けに任せている。JRから若い監督者が来て下請けの作業を見ているが、適切に施行されているかどうかは判断できていまい。技術の継承では人づくりが大事になります。バラストを突き固める仕事であれば、それを行う人材を一定数、下請けではなく会社本体の中で育成する必要があります。そうした人を社員として10年20年と経験を積ませた上で、現場の監督ができるのです」[注7]。

また「重大インシデント」と報告された2011年6月石勝線・追分駅構内の信号工事ミスの原因を調査した「鉄道事業の労働・安全問題研究会」は、JR北海道の「監督者」が「主体的に作業内容及び結果を確認するという意識が欠落していた」実態を、次のように明らかにしている。

　　本重大インシデントの原因となった改良工事については、JR北海道の「監督者」（25歳、現職経験7年3カ月）は、ドウデンの作業者である「工事指揮者」（40歳、現職経験10年0カ月）と作業内容について打ち合わせを行ったものの、具体的な配線箇所の確認は行っておらず、その後はドウデンの作業員である「工事指揮者」とその協力会社の作業員である「作業責任者」（71歳、現職経験26年2カ月）および配線作業者だけで継電器室

注7　安部誠治「鉄道の役割と安全を考える」（『経済』270号25ページ、新日本出版社、2008年）。

内に入り作業を行っていた……実際に配線図を作るのはドウデンの協力
会社であり、JR北海道の「監督者」はドウデンの「工事指揮者」に任せ
きりであり、ドウデンの「工事指揮者」も協力会社の「作業責任者」に
任せきりであり、(JR本社)工務所の承認を得ていない配線図に基づいた
施行が日常化していた。これには特に電気工務関係でJR北海道による
外注化が進行した結果、JR北海道の「監督者」が現場では一番若く経験
もないという背景がある[注8]。

　JR社員の削減と外注化の拡大は、徐々に安全を蝕んでいった。

5　重大事故の続発

重大事故の急増

　北海道では「分割・民営化」後、鉄道事故が多くなり、冬期間の列車の遅
れも頻繁に起こるようになった。安部誠治氏は、車両故障など鉄道内部の原
因による輸送障害が、JR北海道とJR貨物において多いことを指摘していた
が、重大事故は2011年から急増した。しかし似たような事故は10年ほど前
から発生していた。

　「鉄道事業の労働・安全問題研究会」（宮里邦雄座長）が国土交通省運輸安
全委員会の報告書を基にまとめた一覧表によると、2001年から15年までに、
列車脱線事故19件（7件がJR貨物）、衝突事故3件、重大インシデント（事故に
なりかけた車両や信号の障害）6件、人身事故1件、合計29件であった。土砂災
害、雪害、車両や設備の老朽化に起因するものが多かった[注9]。また鉄道技術
者・島見佳法氏による「2017年北海道科学シンポジウム」における報告では、
2011年のトンネル内火災事故から2017年まで、上記以外に脱線2件（貨物1
件）、発煙・出火11件、土砂流出1件、その他2件、合計16件の事故があっ
た。ディーゼル車のエンジン・配電盤の老朽化によるものが多い[注10]。JR北海
道は、2013年4月と7月に連続した特急列車の発煙・出火事故後、同型車の

注8　宮里他『鉄道の安全問題と外注化』74ページ、一般財団法人国鉄労働会館、2017年。
注9　宮里他、前掲書51〜2ページ。
注10　島見佳法「JRの安全と技術問題」（『2017年北海道科学シンポジウム予稿集』9〜11ページ、
　　　日本科学者会議北海道支部、2017年）。

運行を一時停止し、すべての特急の最高速度を120kmに落とした。

　次に石勝線トンネル内での脱線・火災炎上事故と、大沼駅構内での貨物列車脱線事故を取り上げ、その原因と教訓を確認しよう。

2011年　トンネル内脱線・火災炎上事故

　2011年5月27日深夜、釧路発・札幌行きの特急「スーパーおおぞら14号」（乗客248人）が石勝線・占冠駅通過直後、6両編成の前から4両目と5両目の車輪が脱線、最後部が第1ニニウトンネル（長さ約700メートル）に70メートルほど入ったところで停車し、その直後に後部3両の床下から出火、煙が車内に入り込み始めた。運転士はすぐ札幌の指令センターに連絡して指示を仰ぎ、車掌は指示に従って乗客を前方の車両に移動させた。運転士は指示に従い列車を再発進させようとしたが動かなかったのでディーゼルエンジンを止めたところ、車内の照明装置はすべて消え真っ暗になった。車掌は列車の前方に避難すべきと判断し、確認のためにトンネル内を10分ほど歩いて出口にたどり着いた。トンネル内を歩いて列車に戻る途中で、自主的に避難してきた乗客と次々とすれ違った。運転士からの避難指示はなかったが、煙の勢いが強まってきたため乗客の一部が自主的に避難を始めたのだった。車掌は列車に戻って前方のドアを開け、煙の中で待機していた乗客は姿勢を低めながら必死で逃げ短時間で避難を完了した。その後列車は無残に全焼し、乗客78人と車掌が負傷したが、幸いにも死者は出なかった。「よく生きて出てこられた。乗務員の指示に従っていたら全員が死んでいたと思う」（『北海道新聞』2001年5月30日）。恐怖にさらされた乗客の怒りに満ちた率直な感想であった。

　運輸安全委員会の調査によると、脱線の原因は4両目ディーゼルカーの床下に取り付けられている機器類が複数脱落し、そこに車輪が乗り上げたためであり、また線路上に落下した減速装置の歯車が6両目の燃料タンクに穴をあけ、軽油が木製枕木の上に飛び散り、エンジン付近で生じた火が燃え広がったのであった。そして車両床下の機器類の脱落は「想定外の大きな振動」を受けた結果であり、その異常な振動の原因は4両目車両の後方台車の車輪の変形にある、と安全委員会は結論づけた。2013年の報告書では、JR北海道に対し「踏面擦傷、剥離の長さの範囲が使用限度を超えたとして扱う

べき車輪を使用することがないよう……適切な検査時期及び検査手法を確立し車輪踏面状態の管理を徹底すること」を勧告した[注11]。

　この勧告は、経費の節減を優先して鉄道の安全を軽視している会社の姿勢と、危険を感知しながら安全を優先することができない点検修理作業現場の従事者のあり方に対する警告でもあった。事故直後、JR北海道は2005年に続き、2度目の不名誉な保安監査と業務改善命令を受けた。当時の社長・中島尚敏はそれを「再発防止策」にまとめ上げて提出したあと、2011年9月、社員に安全を訴える遺書を残して自死した[注12]。

2013年　大沼駅・貨物列車脱線事故

　2013年9月19日18時ごろ、JR貨物が運転する熊谷貨物ターミナル行きの高速コンテナ貨物列車（ディーゼル機関車＋貨車17両）が函館線・大沼駅の副本線から上り本線へと合流するポイントにおいて、機関車および6両目、7両目、8両目、9両目の貨車4両が脱線して傾いた。原因はレールの間隔が整備基準を大幅に超過していたところに、進行してきた列車の著大な横圧が作用してレール間隔がさらに広がり、6両目の台車の左車輪がレールの間に脱線し、その衝撃が前後に及んだのだった。脱線したコンテナ車両は5トン積みコンテナ5個を満載し、重量は45トンを超えていた。JR貨物は、JR北海道の線路を使用しており、後者が旅客輸送に本線を使用しているときに貨物は副本線（側線）で待機し、本線の空きを待って運転している。JR北海道としては、線路の維持・補修にあたり本線を優先して副本線を後まわしにする。枕木の交換さえ思いにまかせない状態で、副本線は長く放置されていた[注13]。

　貨物列車の脱線事故は2012年2月16日、4月26日、9月11日、13年8月17日と続発しており、レールの点検・保守に問題があることは明らかであった。2013年9月事故発生直後、運輸安全委員会と国土交通省鉄道局は特別保安監査に入り、10月には鉄道局長名で、本社が保線現場の作業をチェックする態勢を整えるよう通達を出した。その後検査データ改ざんが発覚、事態を重くみた首相官邸の指示により3回目の監査を11月14日から実施、2014年1月21

注11　梅原淳『JR崩壊』25、26ページ、角川書店、2013年、宮里他、前掲書、69ページ。
注12　吉野、前掲書、6、8ページ。
注13　梅原、前掲書、50ページ。

日、再発防止策「JR北海道の安全確保のために講ずべき措置」を提示し、鉄道局が5年にわたり進捗状況をフォローアップすることになった。2月10日、鉄道局はJR北海道と関係社員を刑事告発、北海道警察は本社他5カ所を家宅捜査して、その後起訴した。混乱のさなか14年1月、「スクラムチャレンジ21」と新幹線を主導した2代目社長で当時相談役だった坂本眞一が自死した[注14]。

　このような事態の発生に対して最大労組は公式見解を発表せず、記者たちの厳しい質問に委員長は、レール異常の放置を「認識していなかった」と弁解した。これに対して国労北海道は以前に団体交渉においてデーター改ざんを指摘していたのである。また、国労中央は次のように批判している。「全系統、職種で共通するのは、物の言えない企業風土、労務管理の異常さ、労使協調の組合を絶対視、現場における人事権を含む一部組合の影響力がチームワークやコミュニケーションに悪影響を生じさせており、こうしたことが長年にわたって安全を疎外する企業風土となって放置されてきた」[注15]。

失われた経営の管理力と現場の監視力

　運輸安全委員会は、この事件がJR北海道の安全軽視の構造的問題点を浮かび上がらせた重大事故であるとし、「基準を遵守し検査結果に基づいてレールを整備するという基本的な認識が欠如していた」との判断を示し、国土交通省はJR会社法に基づき事業改善命令、監督命令を下した。2015年1月の運輸安全委員会報告書が示した「再発防止策」は次のようなものだった。

　①軌道の検査を確実に実施し、検査データを正確に記録・管理し、それに基づいた整備を確実に実施する、②検査の実施責任者が管轄する検査や整備の実施状況を適切な方法で把握・管理し、またそれぞれの段階における責任体制を明確に定め、最終的な確認を行う体制をつくる、③企画・管理部門である本社保線課は、実際に検査や整備を行う現業機関と保守・管理にかかわる情報を共有し、適切で効果的な方法で業務実態の把握や改善指導を主体的かつ定期的に行う、④当委員会が提出を求めた軌道変位検査の結果と一部検査データに改ざんがなされたことは、再発防止策提言に当たり大前提となる

注14　吉野、前掲書、12、16ページ。
注15　小池敏哉「JR北海道の事故はなぜ起きたのか」(『労旬』1822号、16ページ、旬報社、2014年。

事実をゆがめるものでありあってはならない、検査データが安易に改ざんされないような措置を講ぜよ、⑤実施基準を遵守することが列車の運行の安全を確保することを個々の社員が認識し、基本に立ち返った効果的な教育・実習体制を構築せよ、⑥枕木検査について整備を行うための必要な情報を記録して適切に残すとともに、枕木の交換基準を具体的に定めること[注16]。

　これらのことは皆、鉄道の安全保守にとって当然であり自明とも思えるが、運輸安全委員会がこれほど具体的で詳細な指示を下したのには、JR北海道の鉄道事業に対する管理能力が事実上空洞化していたこと、また鉄道の事業現場が資材不足、要員不足そして外注化によって事業を行う気力と能力、責任感を事実上失っていた事情があった。2014年3月、当時の野島誠社長はこの事件の責任をとる形で更迭され、4月1日JR北海道ホテルズ社長・島田修が就任、会長と副社長はJR東日本会社から招かれた。内閣指名の新社長は、軌道異常の放置やデータ改ざんについて「鉄道事業者としてあってはならないことで、深く反省している」とコメントした。

6　公共交通機関としての責任とJR北海道再生への課題

事業改善命令下での廃線提案

　JR北海道は2015年度から、国土交通省の指導による「事業改善命令・監督命令による措置を講ずるための計画」、および「安全投資と修繕に関する5年間の計画」を実施することになり、事故再発防止のために鉄道運輸機構を通じて一定の助成や貸付を受けた。緊急性を要する設備投資や応急手当てを講ずることができて現場は喜んだものの、JR北海道による公共交通としての鉄道経営は依然として危機的である。それは鉄道事業における経費を削減し、「副業」に励んでグループ全体の営業収益を拡大するという従来の方針を依然として維持しようとしているからである。

　鉄道事業の経費と人員を削減してきたこと、そのため鉄道現場での経費と要員が慢性的に不足していたことが安全運転に欠かせない基盤整備を怠らせ、また従業員の安全への熱意を鈍らせてきた。そうであれば公共交通機関

注16　宮里他、前掲書、66～67ページによる。

としての鉄道を健全に発展させるためには、経営安定基金制度に替わる安定的な資金補助制度を国が工夫したうえで、JR北海道は鉄道事業に専念しなければならないはずである。しかし国土交通省鉄道局の監督下にあるJR北海道が提案する「経営再建策」は、国策に沿う新幹線の札幌開業を別とすれば、「関連事業」であり、「観光地域づくり」であって鉄道事業を強めるものでない。このような方策はこれまでと変わらぬ「総合サービス産業体」つくりに他ならず、鉄道の赤字を補うという名目で公共事業としての鉄道を放棄していく道である。

2016年11月、JR北海道は全道28線区2464kmの収支状況が14年度、15年度に続き赤字になると発表、島田社長は13線区1237kmを「単独では維持困難」として沿線自治体と廃線を含む協議に入る方針を打ち出した。単独維持が可能としているのは、わずかに札幌を中心として北は名寄まで、東は釧路まで、南は長万部までであり、新聞紙上に公表された図では明治40年の鉄道路線への後退である。新幹線の札幌開業に合わせて函館から小樽までの在来線を経営分離する点では、地域住民の交通サービスをいっそう切り下げることになろう。

再建に向けての課題

国鉄改革法には「日本の基幹的輸送機関としての機能を効率的に発揮させ」（1条）、「利用者の利便の確保および適正な利用条件の維持」（4条）、「その役割を担うにふさわしい適正な経営規模の下において旅客輸送需要の動向に的確に対応した効率的な輸送の提供」（6条）が掲げられていた。しかし国鉄の「分割・民営化」から30年経ってみると、JR北海道は鉄道を基幹的な輸送機関として、利用者の利便を確保するために、効率的な輸送を提供することが満足にできないことが明らかとなってきた。

重大事故のたびに監査に入り、「数次にわたって支援を行ってきた」国土交通省は、「分割・民営化」後のスキームが北海道においては公共交通としての鉄道を健全に維持していくうえで欠陥があることを十分知る立場にあった。それを放置してきたのはJR北海道が形のうえで「民間会社」だったからである。また道民生活に責任を負う北海道知事が、大波による路盤流出によって日高本線が不通になっても国土交通省に本格的な復旧要請すること

もなく、JR北海道の努力不足を詰り続けることができたのも、「民間会社」だったからである。このような状況の下においての、JR北海道の民間会社形態を維持するための廃線協議提案である。北海道民としては、JR北海道会社、国あるいは地方公共団体が担うべき「公共の福祉」の責任について、公共の福祉の理念を堅持し研ぎ澄ませながら、心してこれに対処しなければならないだろう。

　JR北海道が鉄道の会社単独での維持が困難であると公表した以上、公共交通としての鉄道を守り発展させていくための新しいスキームを早急に作り上げていく必要がある。それを前提として、JR北海道の労使双方もまた新たに重い責任を課せられている。経営を担う管理職と現場で働く社員の間に、言いかえれば経営陣と労働組合の間に、鉄道の安全を中心として協力しつつもチェック機能を果たす健全な労使関係を築きあげることが求められる。運転士・車掌、車両設計・組み立て・修理・保全、保線、電気・信号など基幹的な職務を担う社員を自ら雇用して育成・訓練し、鉄道交通を担うに足る高いモラルと技能・技術、そして公共のために働くという強い使命感を、会社内に維持・継承する体制を構築していく責任がある。

第3章　JR各社の不採算鉄道の現状

下村仁士

1　JR九州の不採算路線

　JR九州は、2016年4月1日の改正JR会社法の施行に伴い特殊会社の枠組みから外れ、2016年10月25日の東京証券取引所への株式上場で完全民営化を果たした。

　JR九州の完全民営化の背景は、JR本州三社と大きく異なる。JR本州三社は、「分割・民営化」の時点で、鉄道事業単独で自立採算が可能であった。JR東日本は、首都圏内と首都圏発着の旺盛な旅客需要に支えられている。JR東海は、東海道新幹線の収益力が圧倒的である。JR西日本も、山陽新幹線や近畿圏では一定の収益力が期待できる。ところが、JR九州が国鉄から継承した29線区（特定地方交通線を含む）はすべて赤字であり、3877億円の経営安定基金による金利収入で赤字を補塡することで、ようやく鉄道経営が可能とされた。

　国鉄改革では、不採算路線の維持をJR各社の企業性・効率性に依存したことから、JR九州は①鉄道経営の「選択と集中」、②鉄道事業の合理化、③関連事業の強化、の三つの経営の方向性を示した。こうした経営の方向性は、とくに関連事業で大きな成果を示した。不動産部門や都市開発部門の「成功」は、株式上場を進める役割を果たすとともに、自己資金による資金調達へのインセンティブとなった。一方で、他のディベロッパーとの競争条件の観点から、JR九州への優遇措置を問題視する意見も聞かれるようになったという。

　JR九州の関連事業は、本来は鉄道事業を支援するために生まれた。しかし、関連事業の成功が完全民営化への入り口となり、不採算路線の維持を困難にする要素のひとつとなってしまったことは、ある種の矛盾と言っても差し支えないだろう。

　こうした、JR九州の経営の特異性を踏まえつつ、不採算路線について概

観する。

　JR九州は、路線別の収支を2020年1月時点で公開していないが、JR九州青柳社長は2018年7月25日の定例記者会見において、輸送密度[注1]2000〜4000人／日を下回る路線は「維持困難」と発言している[注2]。一方でJR九州は、2016年度分以降、各路線および主要区間ごとの輸送密度を「線区別ご利用状況」として公開するとともに、1987年度との比較を可能にしている[注3]（表3-1-1）。

表3-1-1　JR九州の各路線の利用状況

【新幹線】

線名	区間	営業キロ（km）	輸送密度（人／日）			増減率		
			1987年度	2017年度	2018年度	1987/2017	1987/2018	2017/2018
九州新幹線	博多〜鹿児島中央	288.9	—	19,012	19,275	—	—	101.4%
	博多〜熊本	118.4	—	27,579	2,7986	—	—	101.5%
	熊本〜鹿児島中央	170.5	—	13,062	13,226	—	—	101.3%

【在来線（幹線）】

線名	区間	営業キロ（km）	輸送密度（人／日）			増減率		
			1987年度	2017年度	2018年度	1987/2017	1987/2018	2017/2018
山陽本線	下関〜門司	6.3	26,352	18,795	18,961	71.3%	72.0%	100.9%
鹿児島本線	門司港〜鹿児島	281.6	25,138	34,649	34,292	137.8%	136.4%	99.0%
	門司港〜小倉	11.0	29,689	23,849	24,075	80.3%	81.1%	100.9%
	小倉〜博多	67.2	68,929	83,716	82,713	121.5%	120.0%	98.8%

注1　本稿での輸送密度は、1日1kmあたりの旅客輸送密度を指す。
注2　日本経済新聞電子版 2018年7月25日 19：59更新（https://www.nikkei.com/article/DGX MZ O33398390V20C18A7LX0000/：2019年12月15日閲覧）。なお、この数値の根拠は明確ではないが、旧国鉄の特定地方交通線の選定基準が輸送密度4000人／日とされていたことから、この数値を参考にしていると考えられる。
注3　ただし、JR九州のWebサイト上では前年度分しか公開していない（https://www.jrkyushu. co.jp/company/info/data/senkubetsu.html）。

	博多〜久留米	35.7	46,908	68,642	68,269	146.3%	145.5%	99.5%
	久留米〜大牟田	33.6	16,115	9,311	8,843	57.8%	54.9%	95.0%
	大牟田〜熊本	49.1	16,900	6,989	6,942	41.4%	41.1%	99.3%
	熊本〜八代	35.7	17,266	10,793	10,548	62.5%	61.1%	97.7%
	川内〜鹿児島中央	46.1	11,252	7,360	7,452	65.4%	66.2%	101.3%
	鹿児島中央〜鹿児島	3.2	9,962	11,900	11,917	119.5%	119.6%	100.1%
日豊本線	小倉〜鹿児島	462.6	10,249	※1 9,697	8,898	94.6%	86.8%	91.8%
	小倉〜中津	51.8	34,776	29,266	28,424	84.2%	81.7%	97.1%
	中津〜大分	81.1	13,455	14,726	14,074	109.4%	104.6%	95.6%
	大分〜佐伯	64.9	8,050	※2 6,948	5,308	86.3%	65.9%	76.4%
	佐伯〜延岡	58.4	**3,428**	**793**	**889**	23.1%	25.9%	112.1%
	延岡〜南宮崎	86.3	6,149	6,028	6,145	98.0%	99.9%	101.9%
	南宮崎〜都城	47.4	4,398	**3,624**	**3,584**	82.4%	81.5%	98.9%
	都城〜国分	42.2	**2,029**	**1,478**	**1,438**	72.8%	70.9%	97.3%
	国分〜鹿児島	30.5	9,875	11,329	11,319	114.7%	114.6%	99.9%
篠栗線	吉塚〜桂川	25.1	10,755	21,866	22,049	203.3%	205.0%	100.8%
	吉塚〜篠栗	10.3	13,712	32,538	32,975	237.3%	240.5%	101.3%
	篠栗〜桂川	14.8	8,698	14,439	14,445	166.0%	166.1%	100.0%
長崎本線	鳥栖〜長崎	148.8	12,646	14,805	14,469	117.1%	114.4%	97.7%
	鳥栖〜佐賀	25.0	24,187	31,546	31,057	130.4%	128.4%	98.4%
	佐賀〜肥前山口	14.6	19,732	21,434	21,001	108.6%	106.4%	98.0%
	肥前山口〜諫早	60.8	9,108	8,613	8,334	94.6%	91.5%	96.8%
	諫早〜長崎	24.9	14,988	18,702	18,220	124.8%	121.6%	97.4%
	喜々津〜浦上	23.5	**2,640**	4,765	4,666	180.5%	176.7%	97.9%
筑肥線	伊万里〜姪浜	75.7	7,557	9,959	10,181	131.8%	134.7%	102.2%
	伊万里〜唐津	33.1	**728**	**227**	**222**	31.2%	30.5%	97.8%

138

唐津～筑前前原	29.9	7,233	5,859	5,870	81.0%	81.2%	100.2%
筑前前原～姪浜	12.7	13,593	44,975	46,283	330.9%	340.5%	102.9%
佐世保線 肥前山口～佐世保	48.8	5,651	6,660	6,463	117.9%	114.4%	97.0%
宮崎空港線 田吉～宮崎空港	1.4	—	**1,841**	**1,918**	—	—	104.2%

【在来線（地方交通線）】

線名	区間	営業キロ (km)	輸送密度 （人／日）			増減率			特定地方交通線適用除外	観光列車有無
			1987年度	2017年度	2018年度	1987/2017	1987/2018	2017/2018		
香椎線	西戸崎～宇美	25.4	**3,299**	6,335	6,357	192.0%	192.7%	100.3%	○	×
	西戸崎～香椎	12.9	**2,921**	4,858	4,909	166.3%	168.1%	101.0%		
	香椎～宇美	12.5	**3,690**	7,860	7,852	213.0%	212.8%	99.9%		
筑豊本線	若松～原田	66.1	6,993	5,326	※1 **7,379**	76.2%	105.5%	138.5%	×	×
	若松～折尾	10.8	4,545	4,069	**3,980**	89.5%	87.6%	97.8%		
	折尾～桂川	34.5	10,177	8,608	8,443	84.6%	83.0%	98.1%		
	桂川～原田	20.8	**2,981**	**534**	※4 —	17.9%	—	—		
日田彦山線	城野～夜明	68.7	**2,057**	※3 2,514	※3 2,471	122.2%	120.1%	98.3%	○	×
	城野～田川後藤寺	30.0	**3,287**	**2,514**	**2,471**	76.5%	75.2%	98.3%		
	田川後藤寺～夜明	38.7	**1,103**	※4 —	※4 —	—	—	—		
後藤寺線	新飯塚～田川後藤寺	13.3	**1,728**	**1,309**	**1,315**	75.8%	76.1%	100.5%	○	×
久大本線	久留米～大分	141.5	**3,122**	※5 1,856	※6 2,482	59.4%	79.5%	133.7%	×	○
	久留米～日田	47.6	**3,040**	※4 —	※6 3,437	—	113.1%	—		

線名	区間									
	日田～由布院	51.5	**2,564**	**1,340**	**1,756**	52.3%	68.5%	131.0%		
	由布院～大分	42.4	**3,890**	**2,483**	**2,294**	63.8%	59.0%	92.4%		
唐津線	久保田～西唐津	42.5	**3,528**	**2,169**	**2,141**	61.5%	60.7%	98.7%	○	×
	久保田～唐津	40.3	**3,649**	**2,229**	**2,203**	61.1%	60.4%	98.8%		
	唐津～西唐津	2.2	**1,315**	**1,066**	**1,005**	81.1%	76.4%	94.3%		
大村線	早岐～諫早	47.6	**3,197**	5,246	4,968	164.1%	155.4%	94.7%	×	○
豊肥本線	熊本～大分	148.0	**2,963**	※7**3,550**	※7**3,591**	119.8%	121.2%	101.2%	×	○
	熊本～肥後大津	22.6	4,902	10,957	11,265	223.5%	229.8%	102.8%		
	肥後大津～宮地	30.8	**2,711**	※4—	※4—	—	—			
	宮地～豊後竹田	34.6	**1,028**	**99**	**101**	9.6%	9.8%	102.0%		
	豊後竹田～三重町	23.9	**2,384**	**947**	**951**	39.7%	39.9%	100.4%		
	三重町～大分	36.1	4,203	**3,943**	**3,877**	93.8%	92.2%	98.3%		
肥薩線	八代～隼人	124.2	**1,400**	**507**	**417**	36.2%	29.8%	82.2%	○	○
	八代～人吉	51.8	**2,171**	**603**	**455**	27.8%	21.0%	75.5%		
	人吉～吉松	35.0	**569**	**138**	**105**	24.3%	18.5%	76.1%		
	吉松～隼人	37.4	**1,109**	**719**	**656**	64.8%	59.2%	91.2%		
三角線	宇土～三角	25.6	**2,415**	**1,331**	**1,242**	55.1%	51.4%	93.3%	○	○
吉都線	吉松～都城	61.6	**1,518**	**474**	**465**	31.2%	30.6%	98.1%	○	×
指宿枕崎線	鹿児島中央～枕崎	87.8	**3,751**	**3,269**	**3,283**	87.2%	87.5%	100.4%	×	○
	鹿児島中央～喜入	26.6	8,253	8,474	8,555	102.7%	103.7%	101.0%		
	喜入～指宿	19.1	**3,687**	**2,551**	**2,537**	69.2%	68.8%	99.5%		
	指宿～枕崎	42.1	**942**	**306**	**291**	32.5%	30.9%	95.1%		
日南線	南宮崎～志布志	88.9	**1,423**	**774**	**752**	54.4%	52.8%	97.2%	○	○
	南宮崎～田吉	2.0	**2,129**	**3,726**	**3,770**	—	—	101.2%		
	田吉～油津	44.0		**1,189**	**1,160**	—	—	97.6%		

| 油津～志布志 | 42.9 | **669** | **210** | **193** | 31.4% | 28.8% | 91.9% | | |

【注】

1 輸送密度は、1kmあたりの利用者数を表わし、鉄道事業者が国土交通省に毎年報告する鉄道事業実績報告書にもとづき、下記計算式により算出することができる。
　【輸送密度】＝【当該路線の年度内の旅客輸送人キロ】÷【当該路線の年度内営業キロ】÷【年度内営業日数】

2 線名・区間・営業キロは2018年度末の情報であり、2017年度末と2018年度末とでは変更はない。

3 1987年度の輸送密度は1987年度当時の営業キロをもとに算出している。

4 日南線は、田吉駅が1996年度に新設されたため、1987年度は表中の記載とし、1987年度と2017/2018年度の増減率比較は行っていない。

5 特定地方交通線の選定対象基準に相当する輸送密度（4000人／日未満）の区間は、太字で表示している。

6 平成28年熊本地震・平成29年九州北部豪雨・平成30年7月豪雨の影響を受けている（もしくは受けていた）路線及び区間の扱いは以下のとおり。

※1：大分～佐伯間の値を除いた参考値。

※2：長期間の運転見合せ期間を除いた実績。

※3：田川後藤寺～夜明間の値を除いた参考値。

※4：一部で運転を見合わせている（もしくは見合わせていた）区間のため、JR九州が開示していない。（「－」と表示）

※5：久留米～日田間の値を除いた参考値。

※6：光岡～日田間は一時期運転を見合わせていたが、年間全区間で運転したものとみなして参考値として算出した値。

※7：肥後大津～宮地間の値を除いた参考値。

資料　JR九州の開示資料をもとに著者作成。

　JR九州は、2018年度末時点で、新幹線1線区、幹線8線区、地方交通線13線区の22線区を有し、営業キロは2273.0kmである。

　なお、JR九州発足時点では、幹線7線区、地方交通線13線区、特定地方交通線9線区で、営業キロは2406.3kmであった（特定地方交通線を含まない場合の営業キロは2101.1km）。

　1987年度末時点では、地方交通線13線区中12線区で輸送密度4000人／日を下回っていた。なお、そのうちの8線区は、バスによる輸送が適切ではないとして、特定地方交通線の対象から除外された路線である。幹線でも、日豊本線佐伯～延岡間・都城～国分間、長崎本線喜々津～浦上間、筑肥線伊万里～唐津間は、特定地方交通線レベルの輸送密度しかなかった。こうした区間は960.4kmと、特定地方交通線を除くJR九州全路線のうち、45.7％もの路線が維持困難な状態であった。

維持困難な不採算路線を多数抱えるなか、JR九州の不採算路線の経営に対するアプローチは、以下の3つの異なる手法が適用された。

その1：都市近郊輸送への転換

　主要都市近郊では、都市近郊輸送を担う路線への転換を図り、一部では沿線自治体等の支援を受けつつ、積極的な輸送改善が行われた。

　香椎線は、1987年4月時点では16往復の列車しか運転されていなかったが、1988年3月には終日20分間隔運転と大幅な増発が行われ、福岡都市圏の郊外輸送を担う都市近郊輸送路線へと変身した。沿線には国営海の中道海浜公園や、マリンワールド海の中道という観光地も擁することから、観光列車「アクアエクスプレス」を投入し、観光路線化も指向した。現在では、香椎線の輸送密度は1987年度と2018年度の比較で92.7％増加し、鉄道として維持困難とされるレベルから脱却するとともに、香椎～宇美間は幹線レベルの輸送密度に近づいている。

　長崎本線の喜々津～浦上間は、特定地方交通線レベルの輸送密度しかなかったが、長崎都市圏の都市近郊輸送を担う路線へと転換が図られた。輸送密度は1987年度と2018年度の比較で76.7％増加している。豊肥本線の熊本～肥後大津間では、1999年のくまもと未来国体を契機に、幹線鉄道活性化事業のスキームを適用した電化・高速化を行い[注4]、都市近郊輸送機能が強化された。輸送密度は、1987年度と2018年度の比較で229.8％もの増加を示し、幹線レベルの水準に至っている。

その2：観光路線化

　JR九州の不採算路線経営の特徴として、観光地を沿線に擁している場合は、観光列車（JR九州はD&S列車と称している：D&SとはDesign and Storyの略）の投入等によって、積極的な観光路線化を指向している点を指摘することができる。国鉄改革では、鉄道の特性を発揮できる分野として、都市間旅客輸送や都市圏旅客輸送が挙げられたものの、観光鉄道には触れられていない。少なくとも、不採算路線を観光路線化して収益性を改善するという視点はな

注4　事業の詳細については、例えば佐藤信之（2019）「JR九州の光と影 日本のローカル線は再生できるのか」p. 173 ～ p. 175を参照されたい。

かったといえよう。一方で国鉄改革は、不採算路線をJRの企業性・効率性で維持することを求める[注5]。不採算路線の観光路線化は、企業性・効率性に依拠した不採算路線維持という、国鉄改革の問題点を露呈した経営施策であり、そこからの批判は免れることはできない。しかし、観光素材の開発などを通じて地域社会と連携しつつ、不採算路線を持続的に維持しようとする姿勢には、一定の評価が可能である。

　こうした施策のロールモデルとしての役割を果たしたのが、久大本線である。

　久大本線の沿線は温泉地をいくつも擁するが、そのなかでもJR九州は湯布院に着目した。湯布院のまちづくりは、大衆化して歓楽街化した温泉地や、バブル経済期の「リゾート化」とは一線を画し、1980年代後半には、自然と環境を守るというコンセプトにもとづくまちづくりや、そのなかでのイベントが支持を受けた。こうしたトレンドが一種のブームと化すなか、JR九州は1989年に観光特急「ゆふいんの森」の運転を開始した。

　「ゆふいんの森」は、サービスの良さや湯布院の観光地としての成熟を背景に、成功を収めた。1987年4月時点では、久大本線の優等列車は博多〜別府間の急行列車が3往復だけだったが、2019年8月時点では、博多〜別府間（1往復は大分着発）の特急列車が4往復、博多〜由布院間の特急列車が2往復設定されている。クルーズトレイン「ななつ星in九州」も経由し、ハイエンド層にも訴求している。このロールモデルは、現在ではJR九州の他線区でも展開されている。肥薩線のように、特定地方交通線レベルの輸送密度でも、積極的な観光路線化が進められる事例も見られる。

その3：消極的経営

　JR九州は、主要都市近郊や観光地を沿線に擁する場合は、積極的な経営を行っている。しかし、そうではない路線では、経営に対して消極的であると言わざるをえない。これは、企業性・効率性に依拠した鉄道経営の負の側面そのものである。

　筑肥線伊万里〜唐津間、日田彦山線田川後藤寺〜夜明間、吉都線、指宿

注5　この部分の記述は、日本国有鉄道再建監理委員会（1985）「国鉄改革に関する意見－鉄道の未来を拓くために－」にもとづく。

枕崎線指宿〜枕崎間、日南線油津〜志布志間では、輸送密度が1987年度と2018年度の比較で70％近く減少している。日田彦山線添田〜夜明間では、大規模災害への直面後、自社単独での鉄道の復旧に消極的である。2018年のダイヤ見直しでは、著しく利用者の利便性を損なうとともに地域社会に大きな影響を及ぼした。

　JR九州の不採算路線経営は、光と影の格差があまりにも大きい。その原因として、不採算路線をJRの企業性・効率性に依拠して維持しようとする、国鉄改革の基本的な考え方に問題があることを指摘することができる。

　なお、JR九州の輸送密度4000人／日を下回る維持困難な路線・区間の総延長は、2018年度末時点では967kmである。JR九州全体で占める維持困難な区間の割合は42.2％と、1987年度末よりはやや改善された。しかし、維持困難な区間の総延長は1987年度末時点から改善されていない。2017年度と2018年度を比較すると、維持困難な区間が再び増加する傾向が認められるほか、一部の路線では利用者の減少が深刻化している。JR九州の不採算路線の維持方策は、その限界に直面している。

2　九州における不採算路線対策の具体事例

災害に起因する鉄道の存続問題の発生：日田彦山線

　日田彦山線は、城野〜夜明間68.7kmを結ぶ地方交通線であるが、運転系統上は小倉を始発・終着駅とする。また、平成29年7月九州北部豪雨による添田〜夜明間の長期運転見合わせ前は、日田を始発・終着駅としていた。現在の代行バスも、全便が日田駅に乗り入れる。

　この路線の現在の役割は、北九州都市圏と田川地域を結ぶ都市間輸送と、地域内輸送に特化している。また、添田〜夜明間では利用の低迷が深刻になっており、この区間の輸送密度は2016年度で131人／日と、全国的に見てもかなり低位に属する。

　日田彦山線では、2000年代に入り、地域と連携した活性化施策が行われてきた。日田彦山線活性化推進沿線自治体協議会や、ちくほうBEPPIN委員会、香春町観光協会は、D&S列車の車両を使用したツアー列車やイルミネーション列車の運行を企画し、利用喚起に取り組んだ。添田町は、道の駅に併

表 3-1-2　JR 九州の維持困難区間の総延長

	1987年度	2017年度	2018年度	増減率		
				1987 /2017	1987 /2018	2017 /2018
維持困難区間の 総延長（km）	967.8	956.2	967.0	98.8%	99.9%	101.1%
維持困難区間の割合	46.1%	42.1%	42.5%	91.3%	92.2%	101.0%

【注】
1　1987年度の数値には特定地方交通線を含まない。
2　四捨五入の都合上、数値が一致しないことがある。
資料　JR九州の開示資料をもとに著者作成。

設する形で「歓遊舎ひこさん駅」を2008年3月に整備し、駅が地域活性化の拠点となることを目指した。沿線自治体や観光協会とJR九州がタイアップしたウォーキングイベントは、好評を博す定例イベントに成長している。当時は、沿線自治体とJR九州との関係は良好であったと考えられる。

　こうした状況は、2017年7月5日から6日にかけての九州北部豪雨で一変した。日田彦山線は大規模な被災を受け、添田〜夜明駅間が運転見合わせに陥った。8月16日には、被災区間全線で代行バスが運行され、ひとまず代行輸送体制が整備された。その後の復旧に対するJR九州の姿勢は、自社単独での復旧に消極的であった。JR九州の青柳俊彦社長は、2017年10月2日〜4日に複数の報道機関から取材を受け、「復旧費は巨額になり、JR九州だけで負担するのはかなり厳しい。国の補助や地元の負担で復旧するのか、バスなどの輸送手段にするかを選択肢として協議し、一番ふさわしい結論を導きたい」（毎日新聞2017年10月5日付）と語っている。この発言からは、企業性・効率性に依拠した不採算鉄道維持そのものが限界に達していることを読み取ることができる。

　JR九州は、これまで多くの不採算路線で、観光路線化による維持という特徴的な経営モデルを適用してきた。しかし、日田彦山線では、鉄道を地域の観光のなかで活用する取り組みが示されてきたものの、経営モデルの適用という段階にまでには至らなかった。そこでは、豊肥本線のような積極的な復旧への取り組みは示されない。また、JR九州は上場企業であることから、株主からの企業価値向上へのプレッシャーにさらされている。それゆえ、不

採算路線の大規模被災に対して、鉄道の復旧に消極的姿勢を取ることも考えられる。企業の社会的責任の議論を適用するにしても、一定の利益の確保を前提とせざるをえない。

こうしたなか、2018年4月から5月にかけて、福岡・大分の両県、沿線自治体、JR九州は、日田彦山線を復旧し継続的な運行を確保することを目的として、日田彦山線復旧会議と日田彦山線復旧会議検討会の両会議体を設けた[注6]。この時点では、地域社会とJR九州が連携して、復旧を目指す方向性が示されたかのように思われた。

2018年4月から5月にかけて、復旧工事を沿線の砂防・斜面崩壊対策・河川改修などと連携して行い、費用の一部は国や沿線自治体が負担することで、おおむね合意が得られた。また、鉄道の利用が、沿線の人口減を上回るペースで減少していることも、県・沿線自治体とJR九州との間で共有化が図られた。そして、2018年7月時点で、復旧への課題は、復旧費用の精査と継続的な運行の確保の2つに整理され、2019年には解決することとされた。

ところが、この時点から、復旧への歩みは後退を始めた。問題となったのは、継続的な運行の確保である。継続的な運行の確保のためには、利用促進と収支改善の実現が欠かせない。利用促進策は、沿線自治体から各種の提案が行われたが、被災区間の収支はきわめて厳しく、その改善は喫緊の課題であった[注7]。

JR九州は、収支改善を図るべく、事業構造の変更を関係自治体に提案するようになった。線路などの鉄道施設を自治体が保有し、鉄道の運行はJR九州が行う公有民営方式による上下分離を適用するものである。この提案は、2018年8月下旬の報道によって明らかになったが、これに対して関係自治体は反発した。たとえば、福岡県の小川洋知事は「上下分離方式での復旧は考えてない」（産経新聞2018年8月28日付）と不快感を示している。

一方で、JR九州の青柳社長は、8月27日の定例会見で「鉄道を安全に維持するにはコストがかかる。真っ向から『一銭たりとも出さない』と言われる

注6　日田彦山線復旧会議と日田彦山線復旧会議検討会の議事概要や会議資料等は、JR九州のWebサイト上で公開されている（https://www.jrkyushu.co.jp/company/other/hitahiko/）。

注7　JR九州が、日田彦山線復旧会議と日田彦山線復旧会議検討会で開示した資料によれば、2016年度の添田〜夜明間の収支状況は、営業収入2800万円（うち旅客運賃収入2200万円）に対し営業費用が2億8300万円、営業係数は1046であった。

のは厳しい。モードの変更もある。BRT（バス高速輸送システム）などがある」[注8]（産経新聞2018年8月28日付）と述べ、鉄道以外での復旧が言及されるようになった。もっとも、JR九州の姿勢は、自社単独での復旧には消極的であるが、県や沿線自治体の支援があれば、鉄道として復旧するというものである。

　JR九州は、日田彦山線を鉄道として復旧する場合、2018年6月に改正された鉄道軌道整備法[注9]の活用を前提としていたと考えられる。改正後の制度では、地方自治体等が鉄道施設を保有する公有民営方式などを採用し、事業構造の変更による経営改善を図る場合、災害復旧事業費補助の補助率のかさ上げが可能となった。補助率のかさ上げが適用されると、国、自治体、鉄道事業者がそれぞれ三分の一ずつを負担し、鉄道事業者の負担が軽減される[注10]。JR九州は、これに期待したと思われる。

　さらに、2019年1月、JR九州は継続的な運行の確保に必要な収支改善の目標額として、毎年1億6000万円という金額を示し、関係自治体にその負担を求めた。その根拠は、JR九州によれば、2016年度の収支から算出した地上設備のメンテナンス費用相当という。すなわち、道路のように、公的部門が維持管理に関する費用を負担する考え方にもとづくが、それでもJR九州は赤字を負担することになる。第4回日田彦山線復旧会議検討会の資料から復旧後の収支状況を推定すると、沿線自治体が利用促進策に取り組み、関係自治体が収支改善の目標額を負担しても、JR九州の赤字は毎年7000万円（自治体試算）〜9100万円（JR九州試算）となる。

　こうしたJR九州の要求に対して、関係自治体は費用負担を拒む姿勢を続けた。さらに、福岡・大分両県は、JR九州に対してネットワーク維持に対する考え方を示すよう求めた。その回答は、2019年4月の日田彦山線復旧会議で示された。それは、生活の軸となる交通手段についてJR九州がネットワークとして確保し、そのネットワークは速達性、定時性、利便性に重点

注8　BRT（バス高速輸送システム）とは、Bus Rapid Transitの略で、送迎バス、PTPS（公共車両優先システム）、バス専用道、バスレーン等を組み合わせることで、速達性・定時性の確保や輸送能力の増大が可能なバスシステムをいう。

注9　改正された補助要件の詳細については、国土交通省ホームページ（http://www.mlit.go.jp/common/001246485.pdf：2020年1月3日閲覧）を参照のこと。

注10　なお、JR東日本只見線の復旧では、公設民営方式を採用して事業構造を変更することで、補助率のかさ上げが適用されている。

を置くとともにJR九州として継続的な運行が確保できること、というものであった。ここで注意すべきは、JR九州が言うネットワーク維持は、鉄道ネットワーク維持を意味しないことである。関係自治体が費用負担に否定的な姿勢を取るなか、JR九州は鉄道以外の交通機関も選択肢とする。そうなると、日田彦山線の「復旧」は、鉄道の復旧ではなく、生活交通の維持に変質してしまう。ここに、日田彦山線復旧会議と日田彦山線復旧会議検討会の趣旨は見失われてしまった。

その後、日田彦山線の災害復旧に対する関係自治体の姿勢は、BRTを支持する方向性が強くなった。すなわち、関係自治体のうち鉄道による復旧を求めるのは東峰村だけであり、福岡県・大分県・日田市・添田町はBRT案を支持する。

こうしたなか、2020年2月12日に第5回日田彦山線復旧会議が行われ、BRTによる復旧案のみ議論された。この会議では、3月末までに復旧の方向性の合意を目指すこととされたが、福岡県議会には「議論が不十分」という指摘もあった（西日本新聞2020年3月13日付）。

日田彦山線の災害復旧からは、公的部門、民間営利部門、市民部門との協働による鉄道の維持にも、問題が存在することが示された。平常時には有効に機能していた協働による鉄道の維持が、災害時には機能しなかった。本来、公的部門は、効率性基準とは異なる価値判断基準のもと、不採算であっても社会的に必要なサービスの維持に対して、費用の負担に積極的であることが期待される。ところが、日田彦山線の事例ではそうではなかった。

確かに、公的部門の財源の乏しさゆえに、鉄道に対する補助は難しい。鉄道の災害復旧に際して、公的部門が機動的・積極的に費用を支出できる仕組みづくりは、急務である。

しかし、より重要なのは、地域公共交通活性化再生法や交通政策基本法の考え方が、関係自治体に浸透していないことである。これらの法律の考え方は、新自由主義的な思想とは一線を画す。地域における生活・活動そのものを重視し、地方自治体は、その基盤となる地域公共交通の活性化・再生に主体的に取り組む。しかし、日田彦山線の関係自治体は、費用負担をせず（あるいは費用を最小化し）、JR九州任せで復旧させようとする姿勢を取り続けている。

表 3-1-3　日田彦山線の復旧案

	鉄道	BRT	バス
速達性（所要時間）添田〜夜明間の平均時間	約44分	約49分	約69分
定時性	—（鉄道を基準とする）	専用道区間は鉄道と同等の定時性が期待できる	鉄道と同等の定時性は期待できない
利便性	乗車機会が駅に限定される	鉄道に比べて本数の設定が柔軟にできる駅以外での乗車機会が提供できる	左記に加え、小石原地区で乗車機会が提供できる
ネットワーク維持のスキーム	改善が図れることを前提にJR九州が運行	運行主体はJR九州	運行主体はJR九州
イニシャルコスト	約56億円[※1]	約10.8億円[※2]	約1.8億円[※2]
ランニングコスト[※3]	約2.9億円／年	約1.1億円／年	約1.4億円／年
その他	利用促進による収益増加を前提とする		

※1　鉄道軌道整備法の補助申請を予定
※2　鉄道設備の撤去費は含まない
※3　被災前と同水準の本数とし、諸税（固定資産税等）、減価償却費は含まない
資料：第4回日田彦山線復旧会議資料をもとに著者作成

　公的部門が、効率性基準を重視し、費用最小化を指向するとき、不採算の地域交通への関与は限定的・消極的になる。日田彦山線では、JR九州と関係自治体双方がかかえる復旧に向けた消極性が、負の相乗効果をもたらしている。

行き過ぎた合理化施策と地域社会に及ぼす影響

　2018年3月17日のダイヤ改正では、JR九州発足後初の、大幅な列車本数削減を実施した。九州新幹線や主要都市近郊でも減便を行い、編成両数を見直した。輸送力の縮小規模があまりに大きいため、JR九州自身「ダイヤ見直し」と称している。このダイヤ改正は、内容が公開された時点で、地域社会の不安と不満を広範にもたらした。たとえば、福岡県地域交通体系整備促進協議会は、2018年1月30日に、JR九州に対して特別要望を行った[注11]。それ

注11　福岡県の記者発表資料による（http://www.pref.fukuoka.lg.jp/press-release/daiyakaisei-youbou.html：2019年12月22日閲覧）

以外にも、JR九州に対して、ダイヤ改正の内容に見直しを申し入れる動きが見られた。労働組合からも、会社側の提案に対して懸念を示す動きがあった[注12]。

　このダイヤ見直しの問題点は、不便を被った利用者がことに不採算路線に集中し、「地方切り捨て」といえる状況を呈したことにある。JR九州が消極的経営を行う不採算路線では、運転本数が少ないところに、列車本数と編成両数の削減を行った。その結果、鉄道で通学する高校生を中心に大混乱が生じ、地域社会の不安感は現実のものとなってしまった。積み残しが発生して登校できなくなったり、部活動や課外授業に参加できなくなったりと、JR九州が学習権を侵害する事態に陥った。

　鹿児島県ではダイヤ改正後に影響調査を実施、その結果をもとに鹿児島県鉄道整備促進協議会は、2018年5月24日、JR九州に対して一部列車の復活を求める要望書を提出した。九州地域鉄道整備促進協議会も5月25日、JR九州に特別要望書を提出。保護者による学校の送迎が必要になっているとして、減便の見直しを求めた（いずれも西日本新聞2018年5月25日付）。

　ダイヤ改正が地域社会に著しい悪影響を及ぼすなか、JR九州も一定の対応を示した[注13]。吉都線では、通学時に深刻な混乱が生じた。通学時間帯（吉松6：54発）の列車を1両編成にしたため積み残しが発生。ダイヤ改正1カ月後には改正前の2両編成に戻した。一部線区では定期試験時に輸送力が不足し、これに対しては、臨時列車を設定した。また、7月14日にダイヤを改正し混雑列車の輸送力を増強するとともに、2019年3月16日のダイヤ改正では行き過ぎた輸送力削減を修正した。

　このダイヤ見直しでは、特急列車のワンマン運転も大幅に拡大した。すでに、2017年3月のダイヤ改正で、日豊本線の特急「にちりん」「ひゅうが」の一部にワンマン運転を導入していたが、特急「きりしま」にもワンマン運転を導入し、大分～鹿児島中央間で、787系4両編成で運転される特急列車はすべてワンマン運転となった。このダイヤ見直しで拡大した特急列車のワンマン運転は、大きな問題を抱える。客室乗務員や車内販売は乗務せず、車

注12　JR九州労組新聞2019年3月1日付による。
注13　この部分の記述は、佐藤信之（2019）「JR九州の光と影　日本のローカル線は再生できるのか」p. 298～p. 299を参考にした。

<コラム> JR九州と日田彦山線の廃止問題

　2016年10月に株式上場したJR九州は、上場審議のさいに国会参考人質疑において「鉄道のネットワークの維持は当社の重要な役割」「想定される災害対しては予算を組み保険等による備えもある」と答弁していました。分割・民営化のさいの「経営安定基金」（3877億円）を、①九州新幹線貸付料一括前払い（2205億円）②長期借入金（無利子）償還財源への振替（800億円）③鉄道のネットワーク維持・向上に必要な鉄道資産への振替（872億円）などを行って上場を果たしました。

　ところがJR九州は、「完全民営化」以降、それなりに地域密着と鉄道のネットワークを維持してきた、これまでの方針を転換しました。

　この方針転換は、2018年のダイヤ改正において1日あたり117本の列車を削減し、無人駅を大きく拡大したことです。これらにたいして利用者、沿線自治体から大きな非難を浴びました。

　また、2017年7月に西日本豪雨災害により日田彦山線の添田〜夜明間29.2kmが甚大な被害を受けました。JR九州は当初から「災害が大きく始めから鉄道を引くようなもの」として鉄道での復旧に難色を示してきましたが、地域からの要求もあって鉄道での復旧を基本として鉄道復旧会議（JR九州・添田町・東峰村・日田市・大分県・福岡県）が出来ました。しかし、JR九州は復旧した鉄道の「鉄道維持費」年間1億6000万円について沿線自治体に負担を求め、会議は平行線のまま推移してきました。2020年2月復旧会議でJR九州より、①鉄道②バス③BRT（バス高速システム）による復旧案が示されて、東峰村を除いてBRTを受け入れるような報道がなされていました。

　当初復旧費として70億円が試算されましたが、県や自治体負担、「鉄道軌道整備法」の活用などによって17億円まで大幅圧縮されました。「経営安定基金・鉄道のネットワーク維持」872億円のうち、現在でも約207億円が残っており、その一部を使えば日田彦山線の復旧は可能です。しかし、最後まで復旧を求めてきた東峰村が「断腸の思いで鉄道断念」を強いられ、BRTを受け入れ廃線が決まりました。（国労九州本部執行委員　水流　彰）

両の構造上、運転士が車内を監視するのは不可能である。車内秩序の保持や津波など異常時・災害時の避難誘導の問題も、労働組合から指摘されている[注14]。

　行き過ぎた合理化施策の背景には、JR九州の株式上場が影響していると考えられる。JR九州は上場に伴い、株主や資本市場からの利潤追求へのプレッシャーに日々さらされるようになった。そこでは、鉄道事業の収益性確保も課題となる。

　JR九州は、株式上場時に経営安定基金を取り崩し、鉄道事業固定資産の減損処理を行ったため、鉄道事業は黒字を計上している。しかし、その効果を差し引くと、JR九州の鉄道事業は実質的に赤字である。2017年度は20億円、2018年度は8億円の赤字であったという[注15]。こうしたなか、JR九州は鉄道事業の収益事業化を目指していると見られる。実際、2018年3月17日のダイヤ見直しの結果、4億円の経費削減効果があったという。

　問題は、こうした行き過ぎた合理化施策が、地域社会に悪影響を及ぼしている点である。鉄道事業の収益性確保は避けて通れない道とはいえ、そこで地域社会に悪影響を及ぼすとき、鉄道事業の意義そのものが問われかねない。また、鉄道事業者の企業性・効率性に依拠した形で、不採算であっても社会的に必要なサービスを維持することができなければ、もはや持続可能ではない。このダイヤ見直しは、交通政策に対する問題提起ともなった。

3　JR四国の不採算路線

　JR四国は、国鉄から9線区（特定地方交通線を含む）と宇高航路を継承して発足した。

　JR四国の鉄道路線はすべて赤字であり[注16]、鉄道事業の収益力が期待できな

注14　たとえば、JR九州ユニオン大分地本ユニオン大分情報No.395（2017年6月8日付）を参照のこと。

注15　この部分の記述は、2017年度3月期決算は日本経済新聞電子版 2018年5月10日 21：29更新（https://www.nikkei.com/article/DGXMZO30336810Q8A510C1LX0000/：2019年12月23日閲覧）、2018年度3月期決算と2018年3月ダイヤ見直しによる収支改善効果は産経新聞電子版 2019年5月14日7：04更新（https://www.sankei.com/region/news/190514/rgn1905140025-n1.html：2019年12月23日閲覧）をもとにした。

注16　分割民営化当初のJR四国の黒字路線は、路線バスの松山高知急行線のみであった。鈴木文彦

い。JR四国の特徴として、分割民営化後の急激な高速道路網整備と道路交通
との競争の激化、四国4県の全体の人口減少と都市化の進行という、外部環
境の変化を指摘することができる。

　ここで、JR四国の不採算路線について概観する（表3-1-4）。

　JR四国は、各路線および主要区間ごとの輸送密度と収益を公開している。
また、輸送密度は、JR四国の鉄道網が現在の姿となった1989年度との比較
が可能である[注17]。

　JR四国は2018年度末時点で、幹線4線区、地方交通線5線区の9線区を有
し、営業キロは855.2kmである。黒字路線は本四備讃線だけで、残りはすべ
て不採算路線である。JR四国は、実質的に特定地方交通線レベルの輸送密度
にとどまる、「維持困難」な区間を多く抱える。しかもこうした区間の総延
長が増加している。

　1989年度末時点で輸送密度4000人／日を下回る線区は、地方交通線3線区
にとどまっていた。一部区間でこの輸送密度を下回る区間を含むと、総延長
は302.2km、JR四国全路線の35.3％であった。当時の「維持困難」な区間は、
都市間輸送機能が限定的にしか存在しない区間に限られていた。

　ところが、JR四国発足から30年後、事態は深刻化している。2018年度末
時点では、JR四国のすべての地方交通線で、輸送密度4000人／日を下回っ
てしまった。幹線である土讃線ですら、全線の輸送密度は2993人／日にとど
まる。輸送密度4000人／日を下回る区間の総延長は561.8km、JR四国全路線
の65.7％にまで拡大してしまった。しかも、高知県内のJR線は、全区間が特
定地方交通線レベルの輸送密度である。

　さらに深刻な問題は、JR四国は鉄道全体の輸送密度を低下させているこ
とである。1989年度と2018年度を比較すると、輸送密度が増加した区間は
存在しない。しかも、2017年度と2018年度を比較しても、輸送密度が増加
している区間は徳島都市圏のみである。

　こうした利用者の減少は、先述の外部環境の変化に起因する[注18]。

（1989）「高速バス大百科」p. 88。

注17　ただし、JR四国のWebサイト上では前年度分しか公開していない（https://www.jr-shikoku.co.jp/04_company/company/kukanheikin.pdf）。

注18　この部分の記述は、「四国における鉄道ネットワークのあり方に関する懇談会Ⅱ」の資料を
　　参考にした。当懇談会の資料は、JR四国のWebサイト上で公開されている（https://www.jr-

表 3-1-4　JR四国の各路線の利用状況

線名	区間	営業キロ (km)	輸送密度 (人/日)			増減率			線区別収支 (2013年～2017年の平均値)			
			1989年度	2017年度	2018年度	1989/2017	1989/2018	2017/2018	営業収益(億円)	営業費(億円)	営業損益(億円)	収支係数
本四備讃線(幹線)	児島～宇多津	18.1	25,095	24,583	23,990	98.0%	95.6%	97.6%	32.9	27.8	5.2	84
予讃線(幹線)	高松～宇和島	327.0	8,823	6,872	6,448	77.9%	73.1%	93.8%	－	－	－	－
	高松～多度津	32.7	30,372	24,769	24,441	81.6%	80.5%	98.7%	42.5	48.7	▲6.2	115
	多度津～観音寺	23.8	13,300	9,609	8,856	72.2%	66.6%	92.2%	14.7	15.5	▲0.8	106
	観音寺～今治	88.4	7,978	6,093	5,544	76.4%	69.5%	91.0%	35.9	41.5	▲5.6	116
	今治～松山	49.5	9,224	7,471	6,981	81.0%	75.7%	93.4%	22.2	27.2	▲5.0	123
	松山～内子	91.6	3,965	3,079	2,698	77.7%	68.0%	87.6%	21.9	34.3	▲12.4	157
	新谷～宇和島		1,072	442	381	41.2%	35.5%	86.2%	1.3	7.0	▲5.7	547
	向井原～伊予大洲	41.0							※予讃線松山～内子・新谷～宇和島は内子線と一括して計上			
内子線(地方交通線)	新谷～内子	5.3	4,445	3,693	3,281	83.1%	73.8%	88.8%				
高徳線(幹線)	高松～徳島	74.5	6,965	4,472	4,372	64.2%	62.8%	97.8%	－	－	－	－
	高松～引田	45.1		4,941	4,817	-	-	97.5%	13.2	19.1	▲5.9	145
	引田～徳島	29.4		3,753	3,690	-	-	98.3%	7.1	12.3	▲5.2	173
土讃線(幹線)	多度津～窪川	198.7	5,199	3,044	2,993	58.5%	57.6%	98.3%	－	－	－	－
	多度津～琴平	11.3	9,331	5,693	5,614	61.0%	60.2%	98.6%	4.1	7.1	▲3.1	175
	琴平～高知	115.3	4,818	2,928	2,886	60.8%	59.9%	98.6%	23.5	41.1	▲17.6	175
	高知～須崎	42.1	7,093	3,985	3,889	56.2%	54.8%	97.6%	8.3	16.6	▲8.3	179
	須崎～窪川	30.0	2,447	1,173	1,159	47.9%	47.4%	98.8%	2.4	6.7	▲4.3	299

線名（地方交通線）	区間										
徳島線（地方交通線）	佐古～佃	67.5	5,096	2,962	2,886	58.1%	56.6%	97.4%	9.9	21.4	▲11.6	218
鳴門線（地方交通線）	池谷～鳴門	8.5	2,454	1,917	1,930	78.1%	78.6%	100.7%	0.7	2.2	▲1.5	320
牟岐線（地方交通線）	徳島～海部	79.3	3,094	1,929	1,893	62.3%	61.2%	98.1%	－	－	－	－
	徳島～阿南	24.5	6,589	4,807	4,809	73.0%	73.0%	100.0%	5.4	9.9	▲4.5	183
	阿南～牟岐	43.2	1,817	753	690	41.4%	38.0%	91.6%	1.6	10.1	▲8.5	635
	牟岐～海部	11.6	467	232	212	49.7%	45.4%	91.4%	0.9	10.2	▲9.3	1159
予土線（地方交通線）	北宇和島～若井	76.3	575	340	312	59.1%	54.3%	91.8%				

【注】

1　輸送密度は、1kmあたりの利用者数を表わし、鉄道事業者が国土交通省に毎年報告する鉄道事業実績報告書にもとづき、下記計算式により算出することができる。

　　【輸送密度】＝【当該路線の年度内の旅客輸送人キロ】÷【当該路線の年度内営業キロ】÷【年度内営業日数】

2　線名・区間は2018年度末の情報であり、2017年度末と2018年度末とでは変更はない。

3　1989年度の輸送密度は1989年度当時の営業キロをもとに算出している。

4　特定地方交通線の選定対象基準に相当する輸送密度（4000人／日未満）の区間は、太字で表示している。

5　JR四国が開示していない部分、およびJR四国が開示していないため計算できない部分は「－」と表示している。

資料　JR四国の開示資料をもとに著者作成。

四国4県の人口は、1990年国勢調査では約419万5000人であったのに対し、2015年国勢調査では約384万6000人と、35万人近い人口減を示した。人口減少は、一般には鉄道の利用を減らす方向に作用するが、さらに都市部への人口集中傾向を考慮すると、JR四国が主な守備範囲とする都市間輸送や都市近郊輸送に負の影響が出ると考えられる。

　また、高速道路の整備は、JR四国の主な収入源となる都市間輸送分野に、深刻な影響を与えた。1987年4月の四国の高速道路総延長はわずか11kmに過ぎず、本州四国連絡橋は整備途上であったが、2018年3月には四国の高速道路延長は529kmに至った。しかも、本州四国連絡橋の整備も完了し、四国の高速道路網は本州と一体の高速道路網と化した。

　こうした厳しい外部環境のなか、JR四国の鉄道経営は、競合交通機関への対応、観光をはじめとした交流人口拡大、都市圏輸送の強化という三つの方向性で対応してきた。ことに、観光分野における取り組みと、特定地方交通線レベルの輸送密度しかない路線での活性化施策では、独特の施策が展開されている。

4　JR四国における不採算路線対策の具体事例

過疎地域の鉄道維持に向けた取り組み：予土線

　予土線は、北宇和島〜若井間76.3kmを結ぶ地方交通線であるが、運転系統上は宇和島と窪川を始発・終着駅とする。幹線交通ルートから外れ過疎地域を走る、輸送量の少ないローカル線である。特定地方交通線として選定される可能性もあったが、ある種の政治的圧力が作用した結果、存続に至ったという指摘もある[注19]。

　予土線の維持に際しては、国鉄時代から観光鉄道化の方向性が示されてきた。1984年に運転を開始した貨車改造のトロッコ列車は[注20]、現在に至るまで運行が続いている。その後、1997年から1999年にかけ、夏季から秋季の観

shikoku.co.jp/04_company/information/shikoku_trainnetwork.htm：2020年1月11日閲覧）。
注19　四国電力による窪川原子力発電所の整備構想に際して、予土線の存続が取引材料とされたという。高知新聞朝刊2002年6月10日付を参照のこと。
注20　国鉄初のトロッコ列車である。

光シーズンに臨時観光特急「I LOVE しまんと」が運転された。

　2010年代以降、予土線の観光鉄道化への取り組みは、活発さを増していった。2011年6月に運行を開始した「海洋堂ホビートレイン」は、フィギュアメーカーの海洋堂が高知県四万十町で運営するミュージアム「海洋堂ホビー館四万十」とのコラボレーションである。また、2014年3月運行開始の「鉄道ホビートレイン」は、0系新幹線を模した外観が全国的な話題になった。これらの列車は、定期の普通列車として運行されている。2013年には、トロッコ列車を「しまんトロッコ」としてリニューアルを図った。この列車では、地元のボランティアガイドによる沿線案内や、地元特産品の車内販売が行われている。

　また、予土線の沿線そのものを観光資源化すべく、JR四国と愛媛大学と連携した個人・小グループ向けの観光プランの開発や、JR四国が企画した予土線を活用したツアーに対する愛媛県の補助など、観光鉄道化は観光列車の運行にとどまらず、地域おこしの性格をしめすようになっている。

　こうした取り組みは、成果を挙げているのであろうか。

　1989年度と2018年度の輸送密度を比較すると、575人／日から312人／日と減少している。しかし、2010年代に入り、予土線が地域社会と連携を深める形で地域鉄道化を指向するようになってからは、輸送密度は増加傾向にある[注21]。そこからは、JR四国が地域社会と連携した不採算路線の経営を指向し、一定の成果を示していることが示される。現在のJR四国の取り組みは、積極的に評価することができるといえよう。

　しかし、予土線の観光鉄道化には問題もある。鉄道利用の増加が、経営の改善に直結していない。予土線の1人1kmあたり平均運賃は、2018年度で8.63円にとどまる。2018年度のJR四国の平均運賃は、見込み値ではあるものの16.01円である。予土線の平均運賃が低い要因としては、JR四国全線を利用できるフリーきっぷが影響している。予土線の利用のうち4割近くはフリーきっぷであり、観光鉄道として機能していくうえでその存在感は大きい。予土線の輸送密度は、フリーきっぷの影響を除去すると、2018年度は186人／日にとどまる。

注21　2018年度の輸送密度の減少は、平成30年7月豪雨の影響で、1カ月以上全線で運転を見合わせたためである。

鉄道の利用を促進するうえで、フリーきっぷの役割は大きい。しかし、企業性・効率性に依拠した鉄道経営を余儀なくされるなかでは、収入の増加も重要である。このとき、利用者への高負担を求めるのか、利用者の増加を目指すのか、JR四国の経営はもちろん、まちづくり・地域おこしのコンセプトにもかかわるだけに、難しい判断に直面せざるをえない。

高速バスと連携した活性化施策の推進：牟岐線

　牟岐線は、徳島〜海部間79.3kmを結ぶ地方交通線である。この路線は、徳島〜阿南間では徳島市と阿南市の都市近郊輸送・近距離都市間輸送を担う。徳島〜阿南間の普通列車の運行本数は、1987年4月時点では25.5往復であったが、2020年1月現在では31.5往復と増発が行われた。1986年と1990年に新駅を1カ所ずつ整備するなど、積極的な輸送改善が図られた。輸送密度は、2018年度は4807人／日と1989年度との比較では27％減少しているが、近年では利用者数の増加傾向も見られる。

　ところが、阿南〜海部間では状況が一変する。この区間は人口密度が希薄であることから、実態は閑散ローカル線である。輸送密度は1989年度で阿南〜牟岐間1817人／日、牟岐〜海部間467人／日と、特定地方交通線レベルであった。2018年度は阿南〜牟岐間690人／日、牟岐〜海部間212人／日と、1989年度より55〜60％近く減少した。とくに牟岐〜海部間は、全国的に見てもかなり輸送密度が低く、営業係数も635と、輸送密度・営業係数ともにJR四国のなかでも下位に低迷している。

　ところで、JR四国の牟岐線の経営の方向性は、積極性を示していた。1990年には、急行列車を特急列車に格上げするとともに、最高速度を110km/hに高速化。その後、普通列車にも新型車両を導入して、最高速度を特急列車と同じにした。2002年には「阿波室戸シーサイドライン」の愛称を使用し、観光輸送も意識するようになった。輸送密度がきわめて低い牟岐〜海部間ですら、国鉄時代よりも運転本数が増加している。

　ところで、2019年3月のダイヤ改正では、徳島〜阿南間で増発を行う一方で、阿南〜海部間では減便し、阿佐海岸鉄道との直通運転も中止された。特急列車の運転も1往復と大幅に縮小し、実質的にはホームライナー的な位置づけに変化した。一見すると、このダイヤ改正は企業性・効率性のもとでの

「選択と集中」であり、閑散区間では消極的経営が行われているようにも思われるが、実際は異なる。

　この改正では、列車の運行パターンを一定間隔で繰り返すパターンダイヤを導入した。徳島〜阿南間では、9時台から18時台にかけて30分間隔で列車が運行される。阿南〜牟岐間では、データイム2時間間隔で運行される。パターンダイヤには、利用者が列車の時間を覚えやすいという特徴がある。実際に、パターンダイヤを導入した鉄道では、利用者が増加している事例も多い。そこからは、パターンダイヤ化が攻めの経営施策であることを指摘することができる。

　一方で、阿南〜海部間では、パターンダイヤ化と同時に減便が行われた。しかし、これは単純な減便ではなく、高速バスと連携した利便性維持・向上が図られた点に、他に類例を見ない特徴を認めることができる[注22]。

　徳島バスは、室戸〜大阪梅田・なんば間に、高速バス「室戸・生見・阿南〜大阪線」を運行している。この路線は、阪神地区と徳島県南部・高知県室戸市を直結する唯一の交通機関であるが、阿南〜室戸間では空席が目立っていたという。なお、この高速バスは、阿南〜甲浦間で牟岐線・阿佐海岸鉄道と並行するが、徳島県・高知県内では、大阪方面行は乗車のみ、室戸方面行は降車のみとされていた。

　鉄道の減便による利便性の低下と、空席を抱えて走る高速バス。この組み合わせが、鉄道と高速バスとの連携を実現した。阿南駅で牟岐線の列車と高速バスが接続し、高速バスは、阿南〜甲浦間相互の乗車を可能とする。また、高速バスの時刻は、鉄道と乗換できるように変更する。この施策によって、徳島〜海部・甲浦間の利便性が向上することが期待される。

　この取り組みは、JR四国から徳島バスに提案され、徳島バスも快諾。2019年3月のダイヤ改正から運用が開始された。下りはダイヤ改正前の本数を実質的に維持し、上りは1本分の増発となった。徳島発の最終列車の時刻は、1時間近く遅くなっている。

　しかし、課題も多い。乗継運賃や共通運賃制度が導入されていないため、高速バスでJRの乗車券は使用できない。また、この施策は全国版の時刻表

注22　この部分の記述は、乗りものニュース2019年2月2日付の記事（https://trafficnews.jp/post/83195：2019年12月30日閲覧）を参考にした。

に記載されていないため、地元外の利用者がこのサービスを知るのは困難である。高速バスの利用はバスに空席がある場合に限られ、ダイヤが乱れた場合に接続を取らないことも問題である。

　牟岐線と高速バスの連携施策は、JR四国と徳島バスの経営判断で実現した。そこでは、現在の規制緩和と民営化を基調とした交通政策のもとでの、企業性・効率性を重視した経営が前提とされている。そこでの事業者間連携は、戦略的パートナーシップにとどまる。すなわち、地域社会に利益をもたらすものの、事業者の経営に貢献しない連携は実現しない。

　この点が、現在の事業者間の連携の限界であるといえよう。地域公共交通を安定的に経営する視点からは、鉄道をはじめとした公共交通の運営形態そのものの見直しが必要と考えられる。また、地域公共交通を通じて多様な価値判断基準と目的意識を反映していくという立場からは、関係自治体や沿線の市民を巻き込んで、公的部門、民間営利部門、市民部門の協働による活性化施策への発展していくことが望まれる[注23]。

注23　なお、JR九州とJR四国の詳細な路線経営状況は以下のHPで参照されたい。
　　JR九州　　https://www.jrkyushu.co.jp/company/info/data/senkubetsu.html
　　JR四国　　https://www.jr-shikoku.co.jp/04_company/company/kukanheikin.pdf

第2節　本州における不採算路線

下村仁士

1　JR本州三社の不採算路線の概要

　JR本州三社の不採算路線は、収益部門からの収益による内部補助で維持していく方向性が示され[注1]、収益性のある路線と不採算路線を一体とした事業エリアが設定された。なお、三社の収益力の格差が大きいことから、新幹線にかんする鉄道施設は新幹線保有機構が所有し、JR本州三社が使用料を払い借り受ける方式をとることで、収益力の調整が行われた。使用料を、収益性等を勘案し調整することでJR東海の収益をJR東日本・JR西日本に対して実質的に再配分するスキームとされていた[注2]。

　ところで、JR本州三社では、不採算路線を維持することができているのであろうか。ここではJR本州三社の鉄道路線廃止の状況（表3-2-1）について検討したい。

　JR本州三社のうち、JR東日本とJR西日本では一部の不採算路線を廃止している。他鉄道事業者に経営を継承した事例を除くと、326.6kmの鉄道ネットワークが縮小した。特徴的なのは、JR東日本とJR西日本では、不採算路線の廃止の契機と鉄道の廃止の姿勢が相違していることである。なお、JR東海は分割民営化時点の鉄道網を維持している。

　JR東日本の場合、不採算路線の廃止は、多くで大規模な被災に起因した。岩泉線は、大雨による土砂崩れによる脱線事故が、路線の命運を断った。気仙沼線と大船渡線は、東日本大震災による大規模な被災が影を落とした。一方で、鉄道の廃止後も、地域に対して一定の関与を示していることに注目することができる。横川～軽井沢間の代替輸送は、系列のJRバス関東が担当

注1　この考え方は、JR発足当初、新会社の経営陣からも示されていた。交通新聞1987年4月16日
　　　付のJR東日本住田正二社長（当時）の記者会見記事を参照のこと。
注2　その後、1991年10月に、新幹線保有機構は新幹線に関する鉄道施設をJR本州三社に売却し、
　　　このスキームは修正された。なお、JR本州三社各社の買取価格も、収益力に対する配慮がなされ
　　　ている。

表3-2-1　JR本州三社の廃止路線 (特定地方交通線を除く)

事業者名	路線名	区間	営業キロ	営業廃止年月日	備考
JR東日本	信越本線	横川〜軽井沢	11.2	1997.10.1	北陸新幹線の整備に伴う廃止鉄道廃止後はJRバス関東の路線バスで代替
JR東日本	岩泉線	茂市〜岩泉	38.4	2014.4.1	災害による長期運休後の廃止
JR東日本	気仙沼線	柳津〜気仙沼	55.3	2020.11.13	東日本大震災に伴い長期運転見合わせ
JR東日本	大船渡線	気仙沼〜盛	43.7	2020.11.13	JR東日本が運行するBRTで仮復旧〜代替
JR東日本合計			148.6		
JR西日本	片町線	京橋〜片町	0.5	1997.3.8	JR東西線の整備で代替
JR西日本	美祢線	南大嶺〜大嶺	2.8	1997.4.1	
JR西日本	七尾線	穴水〜輪島	20.4	2001.4.1	第三種鉄道事業の廃止第二種鉄道事業はのと鉄道が経営
JR西日本	可部線	可部〜三段峡	46.2	2003.12.1	可部〜あき亀山間1.6kmは、2017.3.7に再開業
JR西日本	三江線	江津〜三次	108.1	2018.4.1	
JR西日本合計			178.0		
総計			326.6		

注1：本表の廃止路線には、別鉄軌道事業者により経営が継承された路線は含まない。
注2：JR東海の廃止路線は存在しない。
資料　著者作成

している。気仙沼線と大船渡線では、JR東日本が仮復旧としてBRTを運行していたが、結局は鉄道として復旧されることはなかった。とはいえ、BRTは引き続きJR東日本が運行することから、JR東日本が地域交通の維持に関与し続ける[注3]。なお、岩泉線では代替輸送には関与していないものの、廃線後のトンネルを活用した道路整備に協力している[注4]。

　JR西日本では状況が異なる。JR西日本の不採算路線の廃止は、企業性・

注3　ただし、BRTの実際の運転業務は、地元バス会社に管理委託されている。
注4　国道340号線押角峠は離合が困難な交通の隘路であったが、岩泉線の押角トンネルを道路に転用することによって、道路の改良が図られた。岩手県沿岸広域振興局土木部岩泉土木センター発行の押角トンネル工事だより各号を参照のこと（https://www.pref.iwate.jp/engan/iwa_doboku/1014427/index.html：2020年1月11日閲覧）。

効率性の視点が重視された。可部線の可部～三段峡間の存廃では、JR西日本はこの区間を「沿線への廃止の影響が最も小さく、かつ、企業にとっては廃止により失う収入よりも回避できる費用が最も大きい区間」[注5]と認識し、それゆえ廃止が進められた。また、三江線の廃止では、企業性・効率性に依拠した考え方が示された。JR西日本は、鉄道としての特性を発揮できず、しかも利用者の減少に歯止めがかからないことを問題視し、大規模な被災と復旧を繰り返すことは社会経済的に合理的ではないと主張した[注6]。

　また、廃止後の地域交通への関与も、JR西日本は限定的である。JR西日本の姿勢は、廃止後の地域振興や代替交通にかんする費用の負担にとどまる。可部線では、地域振興協力金として10億円を負担し[注7]、三江線では、代替バスの初期投資費や運営費として、17億5000万円の支援金を負担したが[注8]、一時的な資金負担にとどまる。

2　JR東日本の不採算路線の現状

　JR東日本は、2019年3月22日時点で、新幹線3線区、幹線34線区、地方交通線32線区の69線区を有し、営業キロは7457.1kmである[注9]。

　JR東日本は、路線別の収支を2020年1月時点で公開していないが、1987年度から2007年度までは5年ごと、2009年度以降は毎年、各路線および主要区間ごとの輸送密度を「路線別ご利用状況」として公開している[注10]。ここでは、維持困難な不採算路線の判断基準として、旧国鉄の特定地方交通線の選定基準とされた輸送密度4000人／日を適用して、JR東日本の不採算路線の状況（表3-2-2）について検討する。

　1987年度末時点では、幹線1線区、地方交通線23線区で輸送密度4000人

注5　松永州正（2003）「国鉄改革後の不採算線対策、その意義と現状－可部線をケースとして－」『経営研究（大阪市立大学）』第54巻第2号、p. 86。
注6　2016年9月1日付JR西日本ニュースリリース「三江線鉄道事業廃止の意思表示について」
注7　堀内重人（2010）「鉄道・路線廃止と代替バス」p. 136。
注8　日本経済新聞電子版2018年2月15日 21：30更新（https://www.nikkei.com/article/DGXMZO 26971110V10C18A2LC0000/：2020年1月11日閲覧）。
注9　2018年度末時点の営業キロは7401.7km。
注10　JR東日本のWebサイト（https://www.jreast.co.jp/rosen_avr/：2020年1月13日閲覧）で公開している。

表 3-2-2　JR 東日本の主要不採算路線

線名	区間	営業キロ(km)	輸送密度（人/日）			増減率		
			1987年度	2017年度	2018年度	1987/2017	1987/2018	2017/2018
上越線	高崎～宮内（水上経由）越後湯沢～ガーラ湯沢	164.4	6,623	5,365	5,389	81.0%	81.4%	100.4%
	水上～越後湯沢		3,267	727	738	22.3%	22.6%	101.5%
奥羽本線	福島～青森（秋田経由）など	484.5	9,265	5,012	4,983	54.1%	53.8%	99.4%
	新庄～大曲		4,552	960	947	21.1%	20.8%	98.6%
	大館～弘前		4,175	1,171	1,139	28.0%	27.3%	97.3%
大糸線	松本～南小谷	70.1	5,779	3,185	3,140	55.1%	54.3%	98.6%
	信濃大町～南小谷		2,386	673	634	28.2%	26.6%	94.2%
弥彦線	弥彦～東三条	17.4	5,076	2,363	2,338	46.6%	46.1%	98.9%
	弥彦～吉田		1,429	504	503	35.3%	35.2%	99.8%
吾妻線	渋川～大前	55.3	3,304	2,376	2,327	71.9%	70.4%	97.9%
	長野原草津口～大前		791	379	364	47.9%	46.0%	96.0%
羽越本線	新津～秋田	271.7	5,862	2,211	2,194	37.7%	37.4%	99.2%
	酒田～羽後本荘		4,393	1,033	987	23.5%	22.5%	95.5%
磐越西線	郡山～新津	175.6	3,803	1,803	1,745	47.4%	45.9%	96.8%
	喜多方～五泉		1,764	466	416	26.4%	23.6%	89.3%
水郡線	水戸～安積永盛 上菅谷～常陸太田	147.0	2,762	1,697	1,666	61.4%	60.3%	98.2%
	常陸大宮～常陸大子		2,458	1,001	965	40.7%	39.3%	96.4%
	常陸大子～磐城塙		788	236	209	29.9%	26.5%	88.6%
磐越東線	いわき～郡山	85.6	2,314	1,431	1,385	61.8%	59.9%	96.8%
	いわき～小野新町		1,036	320	309	30.9%	29.8%	96.6%
小海線	小淵沢～小諸	78.9	1,898	1,213	1,194	63.9%	62.9%	98.4%
	小淵沢～中込		1,362	734	713	53.9%	52.3%	97.1%
久留里線	木更津～上総亀山	32.2	3,126	1,147	1,094	36.7%	35.0%	95.4%
	久留里～上総亀山		823	103	96	12.5%	11.7%	93.2%
陸羽東線	小牛田～新庄	94.1	2,411	925	906	38.4%	37.6%	97.9%
	鳴子温泉～最上		456	101	85	22.1%	18.6%	84.2%
	最上～新庄		1,273	394	363	31.0%	28.5%	92.1%
八戸線	八戸～久慈	64.9	2,513	907	883	36.1%	35.1%	97.4%
	鮫～久慈		1,650	507	493	30.7%	29.9%	97.2%
大船渡線	一ノ関～盛	105.7	1,547	–	–	–	–	–
	一ノ関～気仙沼		1,602	836	796	52.2%	49.7%	95.2%
	気仙沼～盛		1,349	※2254	※2272	18.8%	20.2%	107.1%
釜石線	花巻～釜石	90.2	1,917	785	764	40.9%	39.9%	97.3%
五能線	東能代～川部（五所川原経由）	147.2	1,402	659	631	47.0%	45.0%	95.8%
	東能代～五所川原		1,096	492	474	44.9%	43.2%	96.3%

飯山線	豊野〜越後川口	96.7	1,636	607	598	37.1%	36.6%	98.5%
	戸狩野沢温泉〜津南		822	124	126	15.1%	15.3%	101.6%
	津南〜越後川口		949	421	421	44.4%	44.4%	100.0%
大湊線	野辺地〜大湊	58.4	965	572	578	59.3%	59.9%	101.0%
津軽線	青森〜三厩	55.8	2,131	463	464	21.7%	21.8%	100.2%
	青森〜中小国		10,813	740	735	6.8%	6.8%	99.3%
	中小国〜三厩		415	106	115	25.5%	27.7%	108.5%
花輪線	好摩〜大館	106.9	1,545	383	382	24.8%	24.7%	99.7%
	好摩〜荒屋新町		1,561	441	440	28.3%	28.2%	99.8%
	荒屋新町〜鹿角花輪		915	89	86	9.7%	9.4%	96.6%
	鹿角花輪〜大館		1,646	579	580	35.2%	35.2%	100.2%
米坂線	米沢〜坂町	90.7	1,214	384	379	31.6%	31.2%	98.7%
	米沢〜小国		1,280	501	490	39.1%	38.3%	97.8%
	小国〜坂町		864	175	180	20.3%	20.8%	102.9%
陸羽西線	新庄〜余目	43.0	2,185	401	345	18.4%	15.8%	86.0%
北上線	北上〜横手	61.1	1,147	297	311	25.9%	27.1%	104.7%
	北上〜ほっとゆだ		1,413	424	442	30.0%	31.3%	104.2%
	ほっとゆだ〜横手		813	126	134	15.5%	16.5%	106.3%
只見線	会津若松〜小出	135.2	644	290	280	45.0%	43.5%	96.6%
	会津坂下〜会津川口		533	190	181	35.6%	34.0%	95.3%
	会津川口〜只見		184	30	28	16.3%	15.2%	93.3%
	只見〜小出		369	113	107	30.6%	29.0%	94.7%
気仙沼線	前谷地〜気仙沼	72.8	1,357	−	−	−	−	−
	前谷地〜柳津		1,311	246	227	18.8%	17.3%	92.3%
	柳津〜気仙沼		1,425	※2264	※2279	18.5%	19.6%	105.7%
山田線	盛岡〜釜石	157.5	1,119	※1195	※1・3199	17.4%	17.8%	102.1%
	盛岡〜上米内		844	375	360	44.4%	42.7%	96.0%
	上米内〜宮古		720	※1124	148	17.2%	20.6%	119.4%
	宮古〜釜石		1,719	※1281	※1・3257	16.3%	15.0%	91.5%

【注】

1　輸送密度は、1km あたりの利用者数を表わし、鉄道事業者が国土交通省に毎年報告する鉄道事業実績報告書にもとづき、下記計算式により算出することができる。
【輸送密度】＝【当該路線の年度内の旅客輸送人キロ】÷【当該路線の年度内営業キロ】÷【年度内営業日数】
なお、一部代行バス利用分を含む。

2　線名・区間は「鉄道事業基本計画」として、JR 東日本が国土交通省に届出しているものに準拠する（一部通称を使用）。そのため、実際の列車運行形態と一致しない場合がある。

3　区間・営業キロは 2018 年度末時点のデータであるが、過年度の輸送密度は当該年度内の区間及び営業キロを基に算出している。

4　区間別の輸送密度は 1988 年度のデータである。

5　東日本大震災等の影響を受けている路線及び区間の扱いは以下のとおり。

※1：振替バス輸送を行っている区間は、定期券及び回数券利用の乗客のみ計上。

※2：BRT輸送を行っている区間は、JR 東日本が国土交通省に報告する「一般乗合旅客自動車運送事業輸送実績報告書」を基に算出。

※3：山田線 宮古〜釜石間は 2019 年 3 月 22 日までの実績。

資料　JR 東日本の開示資料をもとに著者作成。

／日を下回っていた。なお、そのうちの17線区は、バスによる輸送が適切ではないとして、特定地方交通線の対象から除外された線区である。JR東日本全体では、輸送密度4000人／日を下回る区間は、2000.3kmであった。この頃のJR東日本の維持困難な路線は地方交通線が大半であり、不採算路線の経営問題は比較的局所的であった。幹線で特定地方交通線レベルの輸送密度しかない区間は、142.0kmにとどまっていた。

　30年後、状況は一変していた。2019年3月22日時点で輸送密度4000人／日を下回る線区は、幹線2線区、地方交通線27線区の計29線区に拡大していた[注11]。輸送密度4000人／日を下回る維持困難な不採算路線の総延長は、幹線1171.4km、地方交通線2052.1km、合計3223.5kmに拡大し、30年間で6割以上増加してしまった。なお、JR東日本全体の維持困難な不採算路線の割合は43.2%である。

　JR東日本の不採算路線の経営問題の特徴として、地方幹線の利用低迷が深刻化していることを指摘することができる。その背景として、新幹線をはじめとした高速交通網の整備による人的流動の変化を挙げることができる。そこでは、「分割・民営化」当初、主要都市間交通を担う基幹的交通網として機能していた幹線系線区から、都市間交通機能が失われた。都市間交通機能が存在しない線区の旅客輸送は、事実上ローカル線と類似してしまう。

　より大きな問題は、JR貨物との関係である。日本海縦貫線のルートは、JR東日本にとっては特定地方交通線レベルの輸送密度しか存在しない区間が多いものの、JR貨物にとっては基幹的かつ不可欠な鉄道路線である。鉄道貨物がJR貨物の経営問題にとどまらず、モーダルシフトという政策的課題を抱えるなか、そのインフラの保有・管理はJR東日本が担う。ところが、JR東日本には、不採算路線を維持するインセンティブは乏しいと考えられる。JR東日本の不採算路線の問題は、JR東日本の経営にとどまらず、交通政策・物流政策に影響していることに留意が払われる必要がある。

　いまひとつの問題として、極端に輸送密度が低い路線の問題がある。旧国鉄の特定地方交通線の選定では、第一次選定対象の基準値として輸送密度

注11　大船渡線と気仙沼線は線区の輸送密度が開示されていないが、各区間の数値から線区の輸送密度が4000人／日を下回ることが明らかであるため、ここでは線区数を計上する。

500人／日を設定していた^{注12}。JR東日本の路線のうち輸送密度500人／日を下回る区間は、2019年3月22日現在で1146.9km存在し、全路線中の15.4%にも及ぶ。輸送密度100人／日を下回る区間も90.0km存在する。JR東日本は、とくに災害からの復旧において、こうした鉄道を維持するための方法を模索しているように思われる。東日本大震災で被災した山田線宮古～釜石間は、JR東日本が費用を負担しつつ、三陸鉄道に経営移管する形で鉄道が復旧された。また、只見線は平成23年新潟・福島豪雨で被災し、2020年1月現在会津川口～只見でバス代行輸送を行っているが、公設民営方式で復旧される。そこからは、輸送密度が極端に低い不採算路線を、企業性・効率性に依拠した形で経営することがもはや不可能になっていることが示唆される。

3　JR東海の不採算路線の現状

　JR東海は、2018年度末時点で、新幹線1線区、幹線5線区、地方交通線7線区の13線区を有し、営業キロは1970.8kmである 。

　JR東海は、2020年1月時点で、路線別や主要区間ごとの収支や輸送密度を一切公開していない。そのため、不採算路線の存在の有無を定量的に判断するのが困難である。

　JR東海の路線のなかで、不採算路線と考えられるのが名松線（松坂～伊勢奥津）である。中日新聞2009年10月30日付は、「名松線の1日当たりの利用者数は700人。年間収益は約4000万円だが、約8億円の維持管理費が掛かっているという」と伝えている。報道で伝えられた数値をもとに営業係数を算出すると、2000程度である。営業係数が2000程度の路線は、JR四国には存在せず、JR北海道では根室線富良野～新得間（管理費を含む営業係数）だけである。全国的に見ても、名松線が不採算路線であることが示唆される。

　ところで、名松線は2009年の台風18号で甚大な被害を受け、JR東海が部分廃止・バス転換を提案したが、三重県と津市による治山治水工事の支援を受け、2016年3月26日に運行を再開している。JR東海も、復旧工事費とし

注12　厳密には、営業キロ20km未満かつ輸送密度2000人／日未満、または営業キロ50km未満かつ輸送密度500人／日未満の路線。

て4億6000万円を負担した[注13]。

　JR東海は、東海道新幹線が圧倒的な収益力をもつ。収益部門からの内部補助による不採算路線の維持が可能な環境であることが、名松線の復旧に寄与していると考えられる。

4　JR西日本の不採算路線の現状

　JR西日本は、2018年度末時点で、新幹線2線区、幹線24線区、地方交通線25線区の51線区を有し、営業キロは4903.1kmである 。

　JR西日本も、路線別の収支を2020年1月時点で公開していないが、2014年度以降、各路線の輸送密度を冊子「データで見るJR西日本」で公開している[注14]。なお、線区別の輸送密度は1987年度との比較が可能であるが、主要区間ごとの輸送密度の比較はできない。

　ここでも、維持困難な不採算路線の判断基準として、旧国鉄の特定地方交通線の選定基準とされた輸送密度4000人／日を適用して、JR西日本の不採算路線の状況（表3-2-3）を検討する[注15]。

表3-2-3　JR西日本の主要不採算路線

線名	区間	営業キロ(km)	輸送密度（人／日）			増減率		
			1987年度	2017年度	2018年度	1987/2017	1987/2018	2017/2018
小浜線	敦賀〜東舞鶴	84.3	2,712	1,035	1,023	38.2%	37.7%	98.8%
越美北線	越前花堂〜九頭竜湖	52.5	772	373	378	48.3%	49.0%	101.3%
大糸線	南小谷〜糸魚川	35.3	987	104	102	10.5%	10.3%	98.1%
山陰線	京都〜幡生　など	676.0	6,516	4,769	4,684	73.2%	71.9%	98.2%
	城崎温泉〜浜坂	39.9		801	768			95.9%
	浜坂〜鳥取	32.4		965	967			100.2%
	出雲市〜益田	129.9		1,292	1,257			97.3%

注13　2013年5月15日付社長会見。
注14　JR西日本のWebサイト上でも閲覧可能である。ただし、Webサイト上で公開しているのは前年度分だけである。（https://www.westjr.co.jp/company/info/issue/data/：2020年1月14日閲覧）。
注15　なお、JR東日本とJR西日本の詳細な路線経営状況は以下のHPで参照されたい。
　JR東日本　https://www.jreast.co.jp/rosen_avr/
　JR西日本　https://www.westjr.co.jp/company/info/issue/data/

線名	区間	営業キロ	1987					
	益田~長門市	85.1		296	266			89.9%
	長門市~小串 長門市~仙崎	52.8		362	358			98.9%
関西線	亀山~JR難波	115.0	29,541	33,030	32,788	111.8%	111.0%	99.3%
	亀山~加茂	61.0		1,162	1,101			94.8%
紀勢線	新宮~和歌山市	204.0	9,741	5,098	5,064	52.3%	52.0%	99.3%
	新宮~白浜	95.2		1,222	1,173			96.0%
姫新線	姫路~新見	158.1	2,211	1,581	1,545	71.5%	69.9%	97.7%
	播磨新宮~上月	28.8		938	910			97.0%
	上月~津山	35.4		439	391			89.1%
	津山~中国勝山	37.5		906	813			89.7%
	中国勝山~新見	34.3		343	310			90.4%
播但線	和田山~姫路	65.7	7,197	4,751	4,669	66.0%	64.9%	98.3%
	和田山~寺前	36.1		1,345	1,269			94.3%
芸備線	備中神代~広島	159.1	2,561	1,705	1,341	66.6%	52.4%	78.7%
	備中神代~東城	18.8		86	73			84.9%
	東城~備後落合	25.8		13	9			69.2%
	備後落合~三次	45.7		238	196			82.4%
	三次~狩留家	48.2		1,410	765			54.3%
福塩線	福山~塩町	78.0	2,885	2,254	2,181	78.1%	75.6%	96.8%
	府中~塩町	54.4		200	162			81.0%
因美線	東津山~鳥取	70.8	2,323	1,792	1,740	77.1%	74.9%	97.1%
	東津山~智頭	38.9		179	162			90.5%
木次線	備後落合~宍道	81.9	663	204	200	30.8%	30.2%	98.0%
三江線	三次~江津	108.1	458	163	—	35.6%	—	—
呉線	三原~海田市	87.0	14,582	9,318	7,979	63.9%	54.7%	85.6%
	三原~広	60.2		2,367	1,780			75.2%
岩徳線	岩国~櫛ケ浜	43.7	3,342	1,296	1,171	38.8%	35.0%	90.4%
山口線	新山口~益田	93.9	2,946	1,616	1,591	54.9%	54.0%	98.5%
	宮野~津和野	47.4		770	716			93.0%
	津和野~益田	31.0		612	585			95.6%
小野田線	小野田~居能など	13.9	1,478	460	457	31.1%	30.9%	99.3%
美祢線	厚狭~長門市	46.0	※1,741	636	541	36.5%	31.1%	85.1%

【注】

1 輸送密度は、1kmあたりの利用者数を表わし、鉄道事業者が国土交通省に毎年報告する鉄道事業実績報告書にもとづき、下記計算式により算出することができる。

　【輸送密度】＝【当該路線の年度内の旅客輸送人キロ】 ÷ 【当該路線の年度内営業キロ】 ÷ 【年度内営業日数】

2 線名・区間・営業キロは2018年度末の情報である（三江線は2017年度末の情報）。

3 1987年度の輸送密度は1987年度当時の営業キロをもとに算出している。

※ 南大嶺~大嶺間を含む。

資料　JR西日本の開示資料をもとに著者作成。

1987年度末時点では、幹線1線区、地方交通線15線区で輸送密度4000人／日を下回り、総延長は1128.6kmであった。なお、そのうちの11線区は、バスによる輸送が適切ではないとして、特定地方交通線の対象から除外された線区である。

　2018年度末時点で輸送密度4000人／日を下回る線区は、幹線1線区、地方交通線19線区の計20線区である。輸送密度4000人／日を下回る維持困難な不採算路線の総延長は、幹線802.8km、地方交通線1141.8km、合計1944.6kmに拡大した。JR西日本全体の維持困難な不採算路線の割合は39.7％である。なお、輸送密度が500人／日を下回る区間は574.8kmで、芸備線備中神代〜備後落合間（44.6km）は100人／日を下回る。東城〜備後落合間（25.8km）に至っては、輸送密度は9人／日である。

　JR西日本も、JR東日本と同様の不採算路線の経営問題を抱えている。注意すべきは、不採算路線に対する姿勢が、JR東日本と相違することである。JR西日本は、企業性・効率性に依拠した形で、不採算路線の廃止を進めてきた。現在の不採算路線鉄道に対する政策のままでは、JR西日本がさらなる不採算路線の廃止を進めてしまうことが懸念される。

＜コラム＞福知山線「大事故」の責任を問い続け—藤崎光子さん

「お母さん、私はなぜ死ななければならなかったの？　そう問う娘の声が、聞こえなくなったことがないんです」。藤崎光子さん（大阪市）は亡き娘・中村道子さんからの問いに、今も答えを探し続ける。

JR西日本社内で「天皇」と呼ばれた井手正敬会長は、労使関係健全化、自主自立経営に「市場原理の下で各社が自らの責任において取り組む」ことが国鉄改革の理念と明言した（「JRガゼット」1999年11月号）。違反やトラブルを起こした運転士を運転現場から外し、反省文を書かせるなどの懲罰的「日勤教育」の存在が事故後に明らかになった。

福知山線を管轄する大阪支社は、2005年支社長方針のトップに「稼ぐ」を掲げ、職場は萎縮して物が言えなくなった。JR史上最大の悲劇は起こるべくして起きた。

会社が機会あるごとに繰り返す謝罪、反省にも「誠意が見えず、口先だけで信用できない」と藤崎さんは言う。「娘は民営化に殺されたんです。人の命より銭儲けのJR西日本はもう国営に戻すしかない」。普段は柔和な顔が引き締まる瞬間だ。

井手、南谷昌二郎、垣内剛の歴代三社長に対する刑事裁判は無罪判決が確定し、誰ひとり責任を問われなかった。

藤崎さんは今、事故を起こした企業に高額の罰金刑を科せる組織罰法制化の実現に取り組む。モデルとなった「法人故殺法」制定後、英国では公共交通の事故が3割減ったとの報告もある。「一度の事故で会社がなくなるかもしれないとの危機感を経営者に持たせることができれば、事態は根本的に変わります」。娘と同じ犠牲者を二度と生んでほしくないとの思いを胸に、民営化と闘い続ける。（地脇聖孝）

第3節　整備新幹線と並行在来線問題

桜井徹

はじめに——問題の所在

　国鉄の「分割・民営化」前後に多くの地方路線が廃止され、その後も、前節までに見たように不採算路線が廃止されてきた。それと劣らず重要なのは、「並行在来線問題」である。

　つまり、東北本線、北陸本線、鹿児島本線など在来幹線の一部が整備新幹線開業にともないJR旅客会社から経営分離される問題である。多くが、第三セクター鉄道として経営されていることから、第三セクター鉄道と共通の問題を抱えているが、並行在来線問題はそれに還元されない、特有の問題がある。

　それは、これまでの在来幹線鉄道の一部が、運賃引上げを行ってもなお不安定な経営に陥っており、したがって、廃止される危惧があると同時に、全国貨物鉄道輸送網の一部を担っているという問題である。

　国鉄の「分割・民営化」までに開業した東海道、山陽、上越、東北（東京・盛岡間）の既設4新幹線は、並行在来線問題は生じなかった。しかし、全国新幹線鉄道整備法に基づき着工され、「分割・民営化」以後に開業された北陸（高崎～長野、長野～金沢）、九州（博多～鹿児島中央）、東北（盛岡～新青森）、北海道（新青森～函館北斗）では「並行在来線」が分離され、長崎新幹線、北海道新幹線（新函館北斗～札幌）でも路線分離が企図されている。本節では、この並行在来線特有の問題に焦点をあてることとしたい[注1]。その前に、整備新幹線開業でなぜ並行在来線問題が発生するのかという[注2]問題について簡単に述べなければならない。

注1　本稿は、国鉄労働組合2009に大幅に加除訂正したものである。
注2　管見の限りではあるが、外国において高速鉄道の開業に伴い並行在来線が分離・廃止されることはほとんどない。唯一の例外は台湾の場合である。台湾では、台北・高雄間の新幹線は台湾高速鉄道という民間企業が経営し、在来線は台湾鉄路管理局が経営している。

1 整備新幹線建設の財源スキームの推移

国鉄「分割・民営化」と整備新幹線凍結・凍結解除

　1970年の全国新幹線整備法に基づく北海道、東北、北陸、九州鹿児島ルートおよび同長崎ルートの5線の整備新幹線計画は、1973年11月13日に正式決定されたが、地元負担などの財源問題が議論されている間に、臨調答申をうけ1982年9月24日に同計画の凍結が閣議決定された。しかしながら、国鉄の「分割・民営化」が実施される3カ月前の1987年1月30日に整備新幹線凍結閣議決定の廃止を閣議決定することによって、整備新幹線計画が再び始動することとなった。整備新幹線計画の推進と国鉄の「分割・民営化」は、基本的には対立するのであるが、この両者を「妥協」させたのが整備新幹線建設の財源スキームと並行在来線の取扱いである。

　この財源スキームは、今日まで3度、変化する。

　最初のスキームは、1989年1月17日の政府・与党申し合わせ「整備新幹線の取扱いについて」において決定されたスキームである。

　1989年度からの北陸新幹線高崎・軽井沢間の本格着工とともに、整備新幹線の建設費をJR、国と地方で次の割合で負担することが明記されたのである。

　まず、整備新幹線の営業主体となるJRの負担比率を50%とし、財源として開業後JRが支払う整備新幹線貸付料および新幹線保有機構において生じる既設新幹線のリース料の余剰を当てる。国と地方の負担は国35%、地方15%となる。

1996年決定の整備新幹線第二次財源スキーム

　第二のスキームは、1996年12月25日の政府・与党合意「新幹線の取扱いについて」で採用された新しい財源スキーム（新スキーム）である。国は、従前通り建設費の約35%を負担する。次に、新幹線譲渡収入の全額を国の分と見なし、これに国の公共事業関係費を加えた分を国の負担分、その2分の1を地方公共団体の負担分とする。地方公共団体の負担分については、JRの固定資産税承継特例が廃止されることなどを勘案して、地方交付税措置を講じる。JRについては受益の範囲の限度額とし、その財源は整備新幹線の貸付

料を充当する。

　旧スキームに対するこの新スキームの特徴は、第一に、JR負担分＝貸付料が「受益」を限度額とするとされたこと、第二に、地方公共団体の負担が増加したことである。JR負担分の受益とは、新幹線を整備する場合に発生する利益から新幹線を整備しない場合の利益を引いたものである。これは、明らかに、貸付料負担がJRの経営に影響をあたえないようにという考え方に基づいている。この受益は「30年間で0となるように設定」（総務省行政評価局1999）されている。換言すれば、貸付料は30年に限られるし、なによりも整備新幹線建設費とは関わりなく決定されるのである。

財源スキームのその後の発展

　3回目は2004年12月16日の政府・与党申し合わせ「整備新幹線の取扱いについて」で決定された新・新スキームである。基本的な考え方は、1996年の財源スキームと同一である。変化した点の第一の特徴は、整備財源として、2013年度以降の「新幹線譲渡収入に限り前倒しして活用すること」を決定したことである。地方公共団体も、その前倒し活用の新幹線譲渡収入額の2分の1を負担するとされた。これは、2000年度以降に公共事業関係費が削減されるなかで、整備新幹線の建設を急ごうとしたからである。

　もう一つの特徴は、いわゆる「根元受益に関するJRの負担額」について言及したことである。根元受益とは、「新幹線が他会社管内に延伸した際に自社に直接的に生じる利益」をいう。「例えば、JR 北海道管内である新青森〜新函館で新幹線が営業を開始した場合、その根元区間である東京〜新青森の乗客数も増加し、JR 東日本に新たな利益が生じるものと見込まれる」（枝廣直幹2005、p. 115）ことを指している。

　さらに、2011年12月の「整備新幹線の取り扱いについて」という政府・与党確認事項の中で、貸付料収入を前倒しして、北海道、北陸、長崎新幹線を早期着工するための財源として活用されることになった。現在の貸付料収入は、年間で約690億円[注3]ほどであるが、2019年度の新幹線建設事業費予

注3　内訳は、政府答弁（2016）によれば東北新幹線は盛岡〜八戸間79.3億円、八戸〜新青森間70億円、九州新幹線は博多・新八代間81.6億円、新八代〜鹿児島中央間20.4億円、北陸新幹線は高崎〜長野間175億円、長野〜上越妙高間165億円、上越妙高〜金沢間80億円、北海道新幹線は新

表3-3-1　現行の新幹線財源スキーム

JRからの貸付料等	既設新幹線譲渡収入(724億円)	公共事業関係費	地方公共団体(注)

負担割合　　　　　　　　　　2　　　　　　　　　　　：　　　　　　　1

注)所要の地方交付税措置を講ずる。
出所) 国土交通省「新幹線鉄道の整備　財源スキーム」
　　　https://www.mlit.go.jp/tetudo/shinkansen/shinkansen5_2.html

算は3963億円であり、その内訳は、国からの補助金792億円、既設新幹線譲渡収入の一部163億円、貸付料等2531億円などとなっている。しかしながら、貸付料収入の前倒し活用にも限度があり、新幹線建設費が増加する中で、国と地方の負担額の増加が現在の焦点となっている。とりわけ、北海道新幹線の場合、新青森〜新函館北斗は言うまでもなく、現在、着工中の札幌までの延伸についても事業採算性に疑問が生じているのである（表3-3-1）。

2　整備新幹線開業に伴う並行在来線分離の現状と問題

並行在来線の定義とその問題点

　並行在来線は、法令上の用語ではない。国土交通省は、「並行在来線とは、整備新幹線区間を並行する形で運行する在来線鉄道のことです。整備新幹線に加えて並行在来線を経営することは営業主体であるJRにとって過重な負担となる場合があるため、沿線全ての道府県及び市町村から同意を得た上で、整備新幹線の開業時に経営分離されることとなっています。」（国土交通省「新幹線鉄道について」2020）と説明している。青森県の並行在来線対策室の説明では、「並行在来線については、直接的な法令上の規定はありませんが、一般に『新幹線の開業によって、それまでの優等（特急）列車の利用者が新幹線に移行することで、JR各社が所管する在来線をこれまでどおり維持していくことが同社の経営を圧迫することが懸念される区間』という意味で使わ

青森〜函館北斗間1.14億円およびJR東日本の根元受益分22億円。

第3章　JR各社の不採算鉄道の現状　175

れています」（青森県2007, p. 8）とされる。端的に言えば、並行在来線とは、新幹線開業に伴いJR各社の経営への圧迫が懸念される在来線ということになる。北崎浩嗣氏は「現実には、新幹線着工に伴い、JRが並行在来線と指定した路線が並行在来線とされているのが現状である」（北崎2005, p. 34）。信越線における篠ノ井〜長野間、鹿児島本線における西鹿児島〜川内間がJRから分離されなかったのは、その典型である。

並行在来線分離の経緯

整備新幹線開業に伴う並行在来線の分離が明記されたのは、1990年12月25日の政府・与党の申し合わせで「建設着工する区間の並行在来線は、開業時にJRの経営から分離することを認可前に確認すること」とされたのが最初である。ただし、並行在来線の廃止は、1989年1月17日の政府・与党の申し合わせ「整備新幹線の取扱いについて」において、北陸新幹線着工に伴い、「並行在来線横川〜軽井沢間については、適切な代替交通機関を検討し、その導入を図ったうえで開業時に廃止することとし、そのため、関係者（運輸省、JR東日本、群馬県、長野県）間で協議する」とされ、廃止を含めると、北陸新幹線開業に伴う横川〜軽井沢間の廃止が最初の事例となる。これ以降、政府・与党の申し合わせが踏襲され、並行在来線がJR旅客会社から分離され、第三セクター鉄道が、その経営を引き継ぐこととなったのである。

3　並行在来線鉄道の基本的性格

第三セクター鉄道

現在までのところ、北陸新幹線開業に伴い分離された①軽井沢〜篠ノ井間および長野〜妙高高原間を経営するしなの鉄道　②妙高高原〜市振間を経営するえちごトキめき鉄道　③市振〜倶利迦羅間を経営するあいの風とやま鉄道　④倶利迦羅〜金沢間を経営するIRいしかわ鉄道、東北新幹線盛岡〜新青森間開業に伴い分離された⑤盛岡〜目時間を経営するIGRいわて銀河鉄道

⑥目時〜新青森間を経営する青い森鉄道、九州新幹線鹿児島〜八代間開業に伴い分離された⑦川内〜八代間を経営する肥薩おれんじ鉄道、そして北海道新幹線開業に伴い分離された木古内〜江差間の廃止と⑧木古内〜五稜郭間

表 3-3-2　並行在来線鉄道第三セクター主導の資本金と出資者構成

	資本金	出資者と出資比率	
しなの鉄道	23億9245万円	長野県	73.64%
		市町村	16.86%
		民間等	9.5%
IGRいわて銀河鉄道	18億4970万円	岩手県	54.53%
		市町村	42.29%
		民間	2.18%
青い森鉄道	29億円	青森県	68.8%
		市町村	19.92%
		民間	7.82%
		JR貨物	3.45%
えちごトキめき鉄道	66億7710万円	新潟県	93.09%
		市	5.76%
		民間等	1.15%
IRいしかわ鉄道	20億60万円	石川県	70%
		市町村	20%
		民間	10%
あいの風とやま鉄道	40億円	富山県	63%
		市町村	27%
		民間	10%
肥薩おれんじ鉄道	15億6000万円	熊本県	42.5%
		鹿児島県	42.5%
		市町村	15.0%
		JR貨物	6.4%)
道南いさびり鉄道	4億6600万円	北海道	64.7%
		市町村	16.2%
		日本貨物	17.4%
		民間	1.7%

出所）那須野育大（2017）「整備新幹線並行在来線における新たな利用促進策に関する方策」『公益
　　事業研究』69巻1号）および各鉄道会社『事業計画書』等による。

を経営する道南いさりび鉄道が、並行在来線鉄道である。

　公私混合の第三セクター鉄道[注4]であるが、実際の出資者構成をみると、表
3-3-2のように、沿線自治体、とりわけ、道・県が過半を出資し、沿線市町村

注4　第三セクターとは、欧米では、公共部門と民間部門のどちらでもないという意味で、NPO（非
　　営利民間部門）を意味するが、我が国では公私混合企業を指している。

るため、旅客輸送密度は低下の一途をたどることになる。輸送密度を見ると、IRいしかわ鉄道は1万5000人、あいの風とやま鉄道やしなの鉄道は7500人前後と、地方鉄道の中でも比較的高いほうである。しかし、IGRいわて銀河鉄道、青い森鉄道、えちごトキめき鉄道は2000人前後、肥薩おれんじ鉄道および道南いさりび鉄道に至っては、752人、575人と、極めて低い。IGRいわて銀河鉄道の輸送密度は2006年の3390人から2016年に2803人となった。しなの鉄道や肥薩おれんじ鉄道も輸送密度はこの10年間で低下している。

貨物路線の一部

並行在来線の3番目の性格は、JR貨物が運行する貨物列車が利用する線路であるということである。しかも、しなの鉄道を除いて、ほとんどの路線では貨物列車本数が多く、場合によっては、旅客列車本数よりも貨物列車本数が多いという場合も存在する。

JR貨物時刻表（2017年版）の列車本数と各社の旅客列車本数を比べてみよう。例えば、道南いさりび鉄道では、五稜郭〜上磯間の旅客列車は上り20本、下り18本、上磯〜木古内間は上下各9本であるのに対して、同路線を通過する貨物列車は、上下各25本である。この他、肥薩おれんじ鉄道では貨物列車は上下各5本、IRいしかわ鉄道とあいの風とやま鉄道に相当する金沢〜富山間は上下各17本、盛岡〜八戸間は24本に達している。

JR貨物がこれらの路線を利用していることは、JR貨物が支払う線路使用料の大きさにも表われている。8社の線路使用料合計は、2016年度でみると、149億円であり、旅客収入合計額の11億円を大きく上回っている。

なお、JR貨物鉄道がJR旅客会社に支払う線路使用料は、JR貨物の負担軽減の観点から、いわゆるアボイダブル・コスト（回避可能原価）方式で算出されている。第三セクター鉄道に支払う線路使用料も当初は、同方式で算出されていたが、青い森鉄道なども発足する中で、2012年度から、フルコスト方式が適用されることとなった。これによりJR貨物に生じた新たな負担額は、鉄道建設・運輸施設整備支援機構を通じて新幹線貸付料からJR貨物に貨物調整金として支払われる。だが、第三セクター側からは線路使用料が実際の費用負担を反映していないのではないか、との疑念が出されている。何よりも貨物調整金制度が2030年度で期限が切れるのである（並行在来線鉄道事業者

協議会の意見〔北國新聞2019〕、参照）。

　えちごトキめき鉄道社長の鳥塚亮氏は、鉄道貨物輸送を支える並行在来線第三セクター鉄道の問題点を次のように指摘している。「JR貨物から線路使用料の名目で過剰設備を当面維持運営するだけのお金は支払われていますが、あくまでも並行在来線にとって不要な設備を貨物輸送だけのために、自社で維持管理していくことに合理性があるのかという点で疑問が残ります。そして、そういう並行在来線にとって、今後10年程度の期間で発生する大きな問題が設備更新という問題なのです」（鳥塚2019）。多くの路線が昭和40年代（1965年以降）に電化・複線化されたので、50年の設備更新期が現在到来しつつあるが、その費用は誰が負担するのかと同氏は問題提起するとともに、環境問題を含めて鉄道貨物輸送を維持する役割が国にあることを強く主張しているのである。

4　並行在来線第三セクター鉄道の危機的経営状況と改善策

危機的経営状況

　8つの路線の旅客運賃は、那須野（2019）によれば、JR経営時と比較して、値上げされている。IGRいわて銀河鉄道で1.7倍、しなの鉄道で1.45倍、道南いさりび鉄道で1.3倍である。2016年度の『鉄道統計年報』で1人1キロあたり収入（旅客収入÷旅客人キロ）を算出すると、道南いさりび鉄道が19.1円、しなの鉄道15.2円、IGRいわて銀河鉄道は15.0円と高く、あいの風とやま鉄道10.6円が最も低い。これには運賃水準だけでなく定期と定期外、近距離客と遠距離客との比率が関係している。

　このような運賃引き上げをしても鉄軌道事業営業損益は、しなの鉄道、あいの風とやま鉄道を除いて赤字である。青い森鉄道は黒字であるが、青森県に資本費負担をしてもらっているので、その4452万円の黒字は、線路保有事業者である青森県の赤字1億2371万円と合算すると、全体としては赤字になる。償却後の営業係数（営業収入÷営業費×100、100を超えると赤字）でみると、肥薩おれんじ鉄道とえちごトキめき鉄道および道南いさりび鉄道は償却後の営業係数は110から140となっている。

　この基本的要因は、上で述べたように、沿線人口の減少を背景として、低

い旅客輸送密度が、さらに低下していくということにある。もちろん、各社は、増収策を講じている。定期収入関係では乗り継ぎ利便性向上のためのダイヤ改正、定期外収入では、観光列車の運行（えちごトキめき鉄道の「雪月花」、しなの鉄道の「ろくもん」、肥薩おれんじ鉄道の「ゆうゆうトレイン」、道南いさりび鉄道の「ながまれ海峡号いさりびおでん列車」など）、各種グッズの販売、さらにはサポーター制度の導入も図られている。しかしながら、輸送密度の低下に現われているように沿線人口の減少が避けられないとすれば、経営危機が今後とも続くことは、これまで多くの研究が指摘しているところである。

経営危機の原因としての狭隘な再建策

　沿線自治体の支援にも限界があるとすれば、政府が補助する必要があるが、並行在来線は「地域の力」で維持することが基本であるとの姿勢を、今日まで政府は維持している。国土交通省官僚は2008年に次のように述べている。

　「大口政府参考人　地元の同意を得て経営分離をした後の並行在来線は、鉄道事業者の経営努力を基本にしまして、地域全体として利用促進に取り組み、新幹線効果を波及することなどを含めまして、地域の足として、基本的には地域の力で維持していただきたいというふうに考えております[注5]」。

　2019年6月21日に提出された「並行在来線の設備更新に関する質問主意書」に対する同年7月19日の内閣答弁書でも「地域の足として、当該地域の力で維持することが基本となる」という考え方を政府は堅持しているのである。もちろん、並行在来線に独自な財政措置としては、固定資産税・都市計画税の半額減免や、すでに新幹線貸付料を財源とした貨物使用料の引き上げくらいである。

　しかしながら、すでに述べたように、並行在来線の性格を考慮すれば、単に都道府県単位で、経営を維持することにはならないはずである。とくに、貨物輸送の重要な一端を担っており、今後、環境問題からも鉄道貨物輸送が重視されてくる今日、貨物調整金という不安定な措置ではなく、例えばガソリン税などを活用した安定的な財源による支援策が必要である。

注5　衆議院第169回国会決算行政監視委員会第4分科会第1号、2008年4月21日。

図3-3-4　並行在来線維持方策

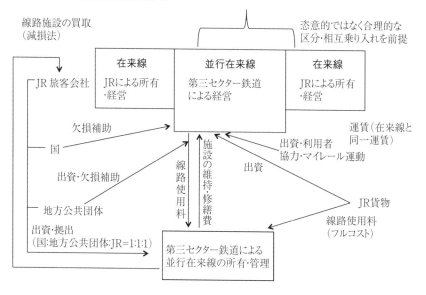

出所）国鉄労働組合（2009）「整備新幹線開業と並行在来線分離問題:並行在来線維持・活性化方策
　　　に関する提言」

並行在来線存続のあるべき方策

　並行在来線を今後とも維持していくには何が必要なのだろうか。一つは、
JR旅客会社が経営に関わると同時に、国が積極的に関与することである。

　まず、JR旅客会社の関与という点で、注目されるのが、JR九州と長崎〜
佐賀両県の間で合意された「長崎方式」である。長崎方式とは、現在、建設
中の九州新幹線長崎ルート開業時に分離される予定の肥前山口〜諫早間の並
行在来線の経営方式として、上下分離のもとで、JR九州が20年間を限度に
路線維持をすることとなったのである。これは、沿線自治体の一部が経営分
離に反対したことから採用された方式と言われている。上下分離はすでに青
い森鉄道だけではなく、並行在来線ではない第三セクター鉄道でも実施され
ている。

　この長崎方式を修正して、次の維持方策を提案したい。並行在来線部分の
資産（線路・信号施設・駅）を保有・管理する第三セクター鉄道を設立し、そ

の線区での旅客輸送サービスおよび施設の維持・修繕をJRに委託する。JR旅客およびJR貨物は、第三セクター鉄道に線路使用料を支払う。また、国が、貨物鉄道を維持するという物流政策の一環として、積極的な資本補助をおこなうことが必要である（図3-3-4）。

【参考文献】

青森県（2007）「新幹線・鉄道問題対策特別委員会　次第」2007年10月4日配布。

枝廣直幹（2005）「平成17年度国土交通・環境予算について」『ファイナンス』2005年2月）。

北國新聞（2019）「国の支援拡充が欠かせぬ」2019年7月20日。

北崎浩嗣（2005）「苦悩する並行在来線第三セクター鉄道の経営」『経済学論集』第64号、pp. 33-47。国鉄労働組合（2009）「整備新幹線開業と並行在来線分離問題：並行在来線維持・活性化方策に関する提言」。

国土交通省（2016）「北海道新幹線（新青森～新函館北斗間）の貸付料の額について」2016年3月26日（https://www.mlit.go.jp/report/press/tetsudo03_hh_000071.html）。

国土交通省（2020）「並行在来線について」（https://www.mlit.go.jp/tetudo/tetudo_fr1_000041.html）。

総務省行政評価局（1999）「日本鉄道建設公団の財務調査結果の概要」1999年5月12日、http://www.soumu.go.jp/hyouka/990513d.htm）。

政府答弁（2016）「内閣衆質190号第191号」（田島一成衆議院議員の質問に対する答弁書）。

鳥塚　亮（2019）「令和の時代の『ローカル線問題』はこうなるという未来予測」2019年5月18日付けブログ（https://news.yahoo.co.jp/byline/torizukaakira/20190518-00124790/）。那須野育大（2017）「整備新幹線並行在来線における新たな利用促進策に関する方策」『公益事業研究』69巻1号、pp. 1-28。

＜コラム＞三セク「道南いさりび鉄道」と函館本線

　並行在来線とは、整備新幹線が延伸開業する際に、JRが並行するとみなした在来線を新幹線の運行主体から経営分離し、地元設立の第三セクター鉄道かバスに転換するかを求める線区のことであるが、その根拠は法令ではなく「政府与党申し合わせ」にある。個々の線区の輸送実態は、他の道内維持困難線区と同様なのに、協議方針は全く別物とされている。

　北海道新幹線の新青森〜新函館北斗開業の際、本州側の津軽線は、経営分離区間にはされなかったが、道内側の木古内〜五稜郭間は経営分離区間とされた。同区間の検討過程ではバス転換も視野に入ったが、本州直通の貨物列車が旅客列車（新幹線13往復／日）を大きく上回り（約25往復／日）、函館圏近郊輸送の一定の実績を背景に、「道南いさりび鉄道」が2014年に設立された。同社は、北海道庁が67.4％、沿線自治体、JR貨物、JAホクレンが残余株式を保有する第三セクターである。その収入は、旅客収入が1割に満たず、9割以上が線路使用料に依存している。

　新幹線札幌延伸にあたって、JR北海道は経営分離区間を函館〜小樽間とした。多数の旅客を見込める小樽〜札幌間が経営分離対象外としたのは、並行在来線の指定がいかにも恣意的であることを示している。現在、函館〜札幌間で特急と貨物が走行するルートは室蘭〜千歳線（「海線」）経由であり、ニセコ経由の「山線」は普通列車のみの運行ローカル区間である。一方、函館〜小樽間が経営分離対象としてJR側に押し切られた。同区間の協議会は、北海道庁主催のもと長万部以北（「山線」、貨物列車無）と以南（貨物列車有）とで分離されて開催され、新幹線開業の5年前に第三セクター鉄道かバス転換かの方向性を出すとされている。しかし沿線人口が希薄で、現在でも普通列車の輸送量が極めて少ないため、現行制度での鉄道存続はかなり厳しく、地元負担に耐えられない場合、バス転換や貨物専用鉄道化区間が生じる危険性がある。また、在来線倶知安駅は新幹線工事に伴い、「行違」が出来なくなり、経営分離以前に迂回路としての機能が果たせなくなる恐れがある。（武田　泉）

第4章　地域から見た鉄道

奥田仁

1　北海道における過疎化の進展

過疎とJR・鉄道問題

　地域を考えるさいには、産業や人口とならんで、交通は常に最も重要な課題のひとつである。地域の交通手段としては道路、港湾、空港、鉄道などが考えられるが、このうち海上交通と航空をいったんわきにおけば、陸上交通としての道路と鉄道が地域にとってとりわけ注目されることになる。北海道開拓の歴史をたどると、早い時期から函館、小樽の二大港湾が本州または海外への玄関口となるとともに、道路開発が進むまえの開拓初期には石狩川や十勝川などの河川交通が大きな役割を果たし、その流域にそって開拓が進んでいった。しかし、農業や林業、鉱業などの産業の発展に伴い北海道内陸部の開発が進み、数多くの町や村が形成されていくうえでは、なんといっても道路と鉄道が決定的な役割を果たしたといえる。北海道の開拓の歴史、地域の歴史は道路と鉄道の歴史であったといっても過言ではないであろう。いま北海道が直面しているのは、地域の歴史を支えてきた、この二つの柱のひとつが存続の危機にあるということである。

　道路については、国道、道道、町道といった区分が存在するように、幹線道路から個別の住宅・事業所までdoor to doorの通行可能性が不特定多数の利用に供されている。しかしながらそれは多くの場合、通行の可能性であって、実際にそこでの車両運行サービスが一般的に保証されているわけではない。北海道の歴史をみると内陸部の開拓にあたって、最初は歩行のための、ついで車両が通行可能な道路が整備されていった。その意味で道路は集落の形成にあたって必ず何らかの形で存在した普遍的なサービスであったといえる。これに対して鉄道は、その敷設の段階から地域にとっての位置づけや将来像がつねに問われる存在であった。鉄道敷設には地域の未来に夢を託した誘致運動が、時としては反対運動がおこり、その結果地域のあり方や市街地

表 4-1-1　ブロック別過疎地域の概要

	市町村数			人口（千人）			面積（km²）		
	全市町村a	過疎地域b	割合(b/a)	全市町村a	過疎地域b	割合(b/a)	全市町村a	過疎地域b	割合(b/a)
北海道	179	149	83.2%	5,382	1,594	29.6%	83,424	65,422	78.4%
東北	257	152	59.1%	11,287	2,674	23.7%	79,531	51,918	65.3%
関東	398	93	23.4%	45,929	591	1.3%	50,456	16,107	31.9%
東海	160	37	23.1%	15,031	373	2.5%	29,346	11,512	39.2%
北陸	51	20	39.2%	3,007	304	10.1%	12,624	5,135	40.7%
近畿	198	59	29.8%	20,725	732	3.5%	27,351	11,882	43.4%
中国	107	79	73.8%	7,438	1,201	16.1%	31,922	21,466	67.2%
四国	95	66	69.5%	3,846	747	19.4%	18,803	13,050	69.4%
九州	233	144	61.8%	13,016	2,561	19.7%	42,231	27,776	65.8%
沖縄	41	18	43.9%	1,434	101	7.0%	2,281	1,199	52.6%
全国	1,719	817	47.5%	127,095	10,879	8.6%	377,971	225,468	59.7%

出所：総務省「過疎対策の現況　H28」

の発展にも大きな影響を与えることとなった[注1]。そして現在再び鉄道の存廃
が問われているが、その背景と影響は単にJR会社の経営問題にとどまらず、
地域の現状と未来に深くかかわってくる。そこでの中心的な問題は、急速に
進みつつある地域の過疎化とその克服の展望であるといえよう。

全国でも最も深刻な北海道の過疎化

　1970年、高度成長の過程を通じて深刻化してきた過疎問題に対応するため
に「過疎地域対策緊急措置法」が制定され、現在の「過疎地域自立促進特別
措置法」に至るまで、都合4次にわたっていわゆる「過疎法」が立法・改訂
されてきた。半世紀にわたって継続してきた過疎法の歴史は、それ自体日本
における過疎問題の根深さを物語るものである。ここで注意しなければなら
ないのは、過疎問題はけっして人口密度の低さを問題としたものではないと
いうことである。北海道の人口密度は2015年の国勢調査によれば68.6人と全
国の340.8人の約5分の1である。しかし「過疎法」における過疎指定の要件

注1　例えば現在JR北海道によって廃線が提起されている留萌線の建設にあたって、その始点とし
　　て当初は妹背牛町が想定されていたが、農地の分断や減少を危惧する農業関係者らの反対により、
　　現在の深川市に決定したといわれる。このことが北空知の中心都市としての深川市の地位をゆる
　　ぎないものとした大きな要因となったといわれ、現在も深川市は官民挙げて留萌線存続運動に積
　　極的に取り組んでいる。

は、基本的には「人口の急激な減少により地域社会の基盤が変動し、生活水準及び生産機能の維持が困難となっている地域」[注2]という考え方にもとづいて、人口の減少率に注目したものとなっている。

　このような定義にもとづいて、過疎地域の全国比較を行うと、表4-1-1のように北海道は過疎市町村数、過疎地域人口、過疎地域の面積の全ての割合が全国7ブロックで最も大きくなっている。前述のように過疎地域の定義は人口の絶対数や密度ではなく、人口の減少率であるから、もともと人口が少なかった北海道の多くの地域で、さらに大幅な人口減少が進んでいることを示している。

　次に1970年の過疎法制定以後の過疎地域の人口動向を示したものが図4-1-1である。ここから、北海道の過疎地域はとりわけ1970年以来全国の他の過疎地域と比べて最も激しい人口減少を経験してきたことがわかるであろう。

札幌一極集中と地方中小都市の衰退

　このような北海道の過疎化は、150年にわたる北海道開拓の成果が後退の危機にさらされているということを示している。またもう一つ注目されるのは、北海道における札幌への人口集中が全国の中でも際立って高いということである。表4-1-2は、日本の21大都市の人口がそれぞれの地方ブロックにおいて占める割合を示したものであるが、北海道の人口に占める札幌市の割合は36.2%であり、首都圏の6大都市が関東地方の人口に占める割合に匹敵し、他のブロックを大きく凌駕している。こうしたことから北海道では、全国の中でも最も厳しく「過疎化」と「一極集中」が同時進行しているといえるのである。

　高度成長期、全国的に大規模な農村から都市への人口移動がみられた時期には、北海道においても農村部からの人口流出が進んだ。表4-1-3によると、1970年代の前半には郡部市町村の大部分が人口を減少させ、市部でもエネルギー転換にさらされていた産炭都市を中心にいくつかの市で人口減少がみられた。しかしながら当時31あった市のほぼ半分にあたる15市は人口を増加

注2　総務省「過疎対策の沿革」 https://www.soumu.go.jp/main_content/000476760.pdf
　2019.9.1　閲覧。

図 4-1-1　ブロック別過疎地域の人口推移（1970 年＝100）

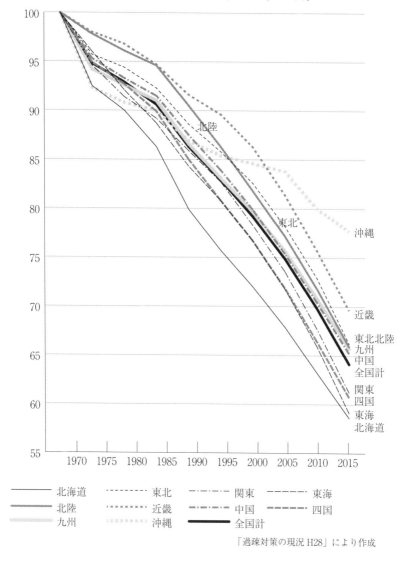

「過疎対策の現況 H28」により作成

させ、その増加数の合計は約14万人にのぼっていた。つまり、当時は地方
中小都市の多くが周辺の農村からの人口流出の受け皿の役割を担っていたと
いえる。

　しかし最近の2010年から15年にかけては、少子化による自然減の要因も

表4-1-2　21大都市地方人口がブロック人口に占める割合　　　　　　　人、%

	総人口	21大都市人口	割合
北海道	5,348,768	1,937,785	36.2
東北	11,188,511	1,852,090	16.6
関東	44,602,331	16,750,700	37.6
東海	14,654,623	3,685,800	25.2
北陸	2,965,012	―	―
近畿	20,151,584	6,213,611	30.8
中国	7,327,179	1,878,421	25.6
四国	3,797,221	―	―
九州	12,838,185	3,153,372	24.6
沖縄	1,410,487	―	―
全国計	124,283,901	35,471,779	28.5

2015年国勢調査から算出

表4-1-3　人口増減別市町村数及び増減数

		1970〜75年		2010〜2015年	
		人口増減数	市町村数	人口増減数	市町村数
札幌市		230,436	1	38,811	1
札幌を除く市	人口増加市	140,760	15	3,632	3
	人口減少市	(89,746)	16	△96,631	31
	純計	51,014	31	△92,999	34
町村	人口増加町村	32,100	18	1,541	4
	人口減少町村	(159,631)	163	△72,039	140
	純計	(127,531)	181	△70,498	144
北海道計		153,919	213	△124,686	179

国勢調査

あるとはいえ、札幌近郊市などいくつかの例外を除いて、札幌市をのぞくほとんどすべての市町村が人口を減少させている。つまり大幅な農村地域の人口減少の結果として、地方中小都市が本来もつ地域中心都市の機能そのものが衰退し、地域全体の人口・労働力の吸収・保持能力が低下していると考えられる。そして、このことは実は札幌市とも無関係ではない。札幌市の人口は現在も若干の純増は継続してはいるが、かつてに比べればその幅は大きく減少しており、北海道の地方地域全体の停滞または衰退が、中核都市としての札幌の機能にも陰りをもたらしつつあるといえる。

　JRの経営見通しを含め、さまざまな将来計画の多くが道央圏の発展また

は機能維持を前提として考えられているが、北海道における地方圏域の衰退は、タイムラグをもって道央都市機能の衰退をももたらすことを忘れてはならない。そしてそれは、遠からず全国の地方圏域と首都圏の関係でも起きると考えられるのである。

2　80年代の廃線以後の過疎化の進展

廃線と過疎の因果関係

　1980年に「日本国有鉄道経営再建促進特別措置法（国鉄再建法）」が制定されて以降、3次にわたって特定地方交通線が指定され、路線の廃止や転換がなされた。このうち国鉄所管であった時代に廃止・転換がなされたのは1438kmであったが、そのうち635km、44.1％が北海道の路線であった。また、JR各社所管となってからの廃止・転換1857.1kmのうち821.5km、44.2％がJR北海道であった。つまり1980年代の国鉄再建法に基づく全国の廃止・転換路線のほぼ半分近くが北海道に集中していたのである。すでにそのような大幅な廃止・転換を経験している北海道にとって、今回の「維持困難路線」の廃止・転換方針は北海道の鉄道輸送からの全面撤退に等しいといっても過言ではない。

　80年代当時の北海道では「1セン、2テツ、2タン、3ザン」という言葉がささやかれていた。これは造船（1セン）、鉄鋼、国鉄（2テツ）、炭鉱、減反（2タン）、林産、水産、鉱産（3ザン）といった、開拓期から高度成長期にかけて北海道経済の発展を支えてきた産業・経済活動が軒並み大きな困難に直面し、北海道経済の停滞が顕著になってきたことを表わす言葉であった。そして、これらの諸産業を輸送面で支えていたのが鉄道であり、路線廃止は産業としての鉄道の衰退と同時に地域経済全体に極めて大きな負の影響をもたらしたのである。

　このように、80年代に進んだ北海道の鉄道の廃止・転換は、地域産業の衰退と相まって北海道経済の停滞を招き、これまで述べたような地方地域の人口減少をもたらした。すなわち鉄道の廃止と北海道の過疎化の進展には強い因果関係が存在すると考えられる。もともと廃止・転換の目安とされた輸送密度の低下は過疎化の結果もたらされた側面がある一方、鉄道の廃止・転換

は直接的な雇用者とその家族にとどまらず、維持管理や保線などの関連企業の雇用にも大きな影響をあたえ、過疎化を促進する。それだけではなく、例えば駅周辺店舗の売上減少や廃業、利便性の低下による住民や企業の転出または誘致の困難化、否応なく進展するモータリゼーションの進展を含めた交通体系の変化による商圏の変動などの都市、市街の地理的位置づけの変化など、極めて多方面にわたって直接間接に負の影響が現われてくる。

　すでに述べたように、鉄道が地域に与えてきたインパクトの大きさから「北海道開拓の歴史は鉄道敷設の歴史である」ともいわれてきたが、80年代以降この関係が逆回転をはじめる事態が起きてきているのである。とはいえ、鉄道と地域経済・地域人口との関係は多岐にわたって錯綜しているため、直線的因果関係を一般化して数量化して確定することは困難である。

地域人口動態の事例比較

　このように、地域の動向と鉄道の関係をそれぞれ独立変数として数式化することは難しいが、鉄道と地域経済や人口動向との間に密接な関係があることはまちがいない。このことを北海道内のいくつかの自治体の動向について事例的に見てみよう。

　図4-1-2は紋別市（名寄本線1989年廃止、渚滑線1985年）、羽幌町（羽幌線1987年）、足寄町（地北線1989年ふるさと銀河鉄道に転換、2004年同廃止）、浜頓別町（天北線1989年、興浜北線1985年）、喜茂別町（胆振線1986年）の廃止によって鉄路がなくなった5市町の1970年代後半以降の人口動向を示している。これら5市町は廃止された路線の中でも比較的長大な路線の中にあって沿線地域の中心的小都市機能をもった市町である。またこれと対比して、現在も幹線の駅が残っている名寄、富良野、遠軽の3市町を実線で表示している。これらの市町についてもかつて接続していた線区の廃止の影響があり、また機関区の廃止など、鉄道事業縮小の影響を大きく受けている。

　これらの市町の人口動向を見ると、先の5市町のうち紋別市を除く4町は北海道の過疎市町村平均よりも激しく人口を減少させていることが明らかである。紋別市については1978年に大学が設置されたのち、96年、2005年の2回に分けて移転撤退するという経緯を経た。こうした経過の中で1975年から80年にかけて唯一人口を増加させていることが注目される。もともと紋別は

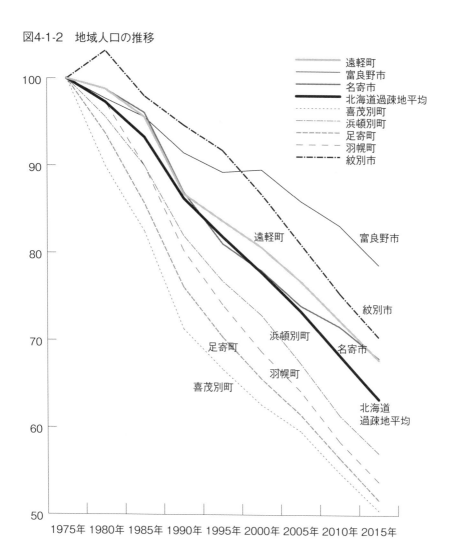

図4-1-2　地域人口の推移

凡例：
遠軽町
富良野市
名寄市
北海道過疎地平均
喜茂別町
浜頓別町
足寄町
羽幌町
紋別市

豊かなオホーツク海の資源に基づく漁業生産の中心地であり、潜在的な成長力を持っていた都市であるとみなすことができるが、それでも鉄道廃止後の1990年代以降は急速な人口減少を経験している。また、大学の設置・撤退の経緯そのものにも鉄道の存廃が大きな影響を及ぼしたと考えることができるであろう。

　また図4-1-2のうち、幹線が残って実線で示された遠軽、名寄、富良野の3

市町は北海道の過疎市町村平均よりも人口減少は小さい。とはいえ、かつて鉄道の分岐拠点として発展した名寄市と遠軽町については名寄本線、深名線の廃止の影響を大きくこうむっている。これに対して富良野市はこれら8市町のうち最も減少率が低いが、その要因のひとつとして観光産業の発展が指摘しうる。たしかに現在、観光入込客のなかでバスや自家用車（レンタカー）を利用する割合は高いが、富良野市・新得町周辺における観光資源の開発と施設立地において鉄道の存在が重要な意味を持ってきたことは確かである。さらに近年インバウンドの個人旅行客の増加に伴い、鉄道利用が注目されつつある。現在JR北海道が強行しようとしている根室線富良野～新得間の廃止はこうした動きに大きなマイナスの影響を与えるであろう。

　先に述べたように、地域人口と鉄道事業の因果関係を数量的に立証するのは困難であるが、これら8市町の動向を見るならば鉄道が地域を支える機能を果たし、その存廃が人口動向に大きな影響を与えていることは明らかであろう。

3　過疎問題の趨勢と国際比較

北海道と日本の人口移動の推移

　北海道は、明治以降多くの移民を受け入れることによって人口が増加し現在に至ったが、その経過は決して一様ではない。図4-1-3は北海道への移民が本格化する1885年以降の北海道の人口動向を、5年ごとの自然増減（出生−死亡）と社会増減（転入−転出）に分けて表示している。これによれば1920年頃までの開拓期には5年ごとにほぼ20万人の転入超過があったが、昭和期にはいると転入超過はほぼ止まり、日本資本主義の関心が内国植民地としての北海道から満蒙開拓などの海外植民地へと移っていったことを反映して、戦前戦中の人口はむしろやや流出基調で推移した。これが一転するのが戦後期であり、石炭と鉄鋼への傾斜生産、戦後開拓など北海道への人口流入は45年から50年にかけて30万人以上の流入超過となり、かつての開拓期をも上回る勢いとなった。

　しかしこれが高度成長期にはさらに一転し、60〜65年にはマイナス18万人、65〜70年マイナス28万人、70〜75年マイナス16万人と急激な人口流

図 4-1-3　北海道人口動態の推移 (5年ごとの増減)

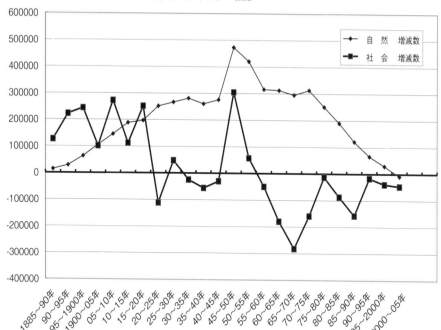

『北海道統計100年の歩み』、国勢調査、人口動態統計により作成

出に見舞われる。この人口流出は全国でほぼ共通したものであり、「民族の大移動」などという表現も見られたような3大都市圏への人口移動が進み「過密・過疎」が問題とされて、先にみた最初の「過疎法」が制定された時期であった。北海道についていえば、農業や炭鉱など、戦前来、東北を中心とした労働力の受け入れ地帯であったものが、農業機械化や産業構造の変化の結果、日本の他地域と同様の労働力の供給地帯に転化したといえる[注3]。

　しかしこれが70年代の後半になると様相が変わってくる。いわゆる「地方の時代」という言葉が語られ、「Uターン」という言葉も生まれ、地方人口の流出に歯止めがかかったかに見えた。事実1975年から80年にかけて、47都道府県のうち人口を減少させたのは唯一東京都のみであり、他の46道府県は人口を増加させている。そして、人口学の分野でこの時期に提起された

注3　北海道の人口動向等については奥田『地域経済発展と労働市場』(2001年、日本経済評論社)
　　を参照。

のが、いわゆる「人口移動の転換理論」である[注4]。この理論は簡単に言えば近代化の初期には地方地域から大都市への人口流出が激しく進むが、近代化が一定の段階に到達すると流出は緩やかになり、逆に大都市から地方への還流が拡大するようになるとするものであった。まさしく70年代の「地方の時代」はそのような意味での転換期であったかのように見えた。しかし図4-1-3を見ると、80年代には北海道では再び大幅な人口流出が進み、90年代初頭、一時的に「新地方の時代」と呼ばれた流出が低下した時期をはさんで、90年代半ば以降は自然増減がマイナスに転じるとともに、乾いた雑巾を絞るようなとめどない過疎化の進行が続いている。

　このような推移は、基本的には全国の地方地域に共通している。高度成長期における過疎化の進展が80年代の鉄道廃止の大きな原因となり、それがまた地方の衰退を助長して、今ふたたび北海道を先頭として地方鉄道廃止の動きにつながっているようにみえる。では、このような過疎化の進展は必然的なものなのであろうか。この点を、ヨーロッパを中心とする他の先進資本主義国と比較して検討してみよう。

ヨーロッパにおける人口移動の推移

　EUではESPONという組織が地域計画に関する調査研究を行っているが、ここから「Shrinking rural regions in Europe（人口減少にみまわれるヨーロッパ農村）という報告書が出されている[注5]。この報告書の表題が示すように、今日のヨーロッパにおいても農村の人口減少は政策課題の一つとされていることは確かであるが、状況は日本とはかなり異なっているといえる。

　図4-1-4は農村、都市、中間地域にわけて、人口が減少した地域の割合を西欧・中東欧別に示したものである。ここで明らかなことは全般的に農村地域の人口減少が低下していることである。なかでも西ヨーロッパに関してはかつて1960年代にはほぼ7割の農村地域が人口を減少させていたものが、現在では4割を切るまでに低下して都市部の3割弱と大きな差がなくなってきている。

注4　黒田俊夫『日本人口の転換構造』1976年、古今書院。
注5　ESPON（European Spatial Planning Observation Network）"Policy Brief : Shrinking rural regions in Europe" 2017

図 4-1-4　ヨーロッパにおける人口減少地域の割合

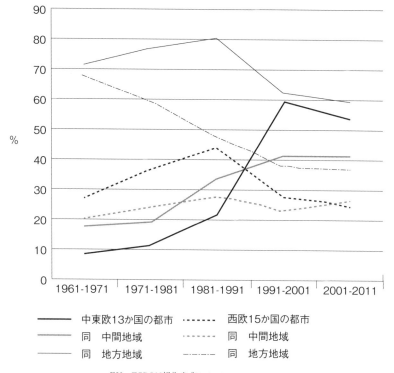

EU　ESPON報告書 "Shrinking Rural regions in Europe" 2017 による

　ヨーロッパの人口研究によれば、かつては西ヨーロッパにおいても農村か
ら都市への人口移動が強くみられていたが、イギリスでは1960年ごろ、仏独
では70年ごろ、南欧諸国では1980年前後からタイムラグをもっていわゆる
カウンターアーバニゼーション（地方分散）の傾向が顕著になってきたとい
われる[注6]。これは資本主義の発達（近代化の進展）にともなって時間差はあっ
ても農村から都市への人口集中が修正され、地方分散の傾向が生まれるとい
うものであり、とめどない過疎化と一極集中が、先進資本主義国にとって決
して必然的なものではないことを意味している。

　A. J. Fielding 'Migration and Urbanization in Western Europe Since 1950' "The
　Geographical Journal" Vol. 155, No. 1 (Mar., 1989).

70年代の「人口移動転換」と80年代後半以降の日本の特異性

　このカウンターアーバニゼーションの現象とそれをめぐる議論は、先に述べた黒田ら70年代半ばの日本における「人口移動の転換論」に明らかに照応している。

　しかしながら問題はそれ以後の経過にある。西ヨーロッパにおいては、そして基本的にはアメリカにおいても同様であるが、こののち農村回帰または農村人口の下げ止まりが見られるのに対して、日本においては80年代以降ふたたび農村人口の流出・減少と東京一極集中が進み現在もなお継続している。ここで詳細なデータは省くが、地域の人口動向の国際比較には地域範囲の設定など技術的に難しい問題はあるものの、EUROSTAT（欧州統計局）のデータと日本の地域データを比較すれば、その相違は明らかである[注7]。

　すなわち日本は先進資本主義国の中でも例外的に地方地域の深刻な過疎化が継続しており、その中でも北海道がもっとも激しく進んでいるといえるのである。こうした事態は、日本とりわけ北海道において、地域社会の再生産が困難になっているという意味で、社会的持続可能性の危機であるといわなければならない。この点は、ヨーロッパと比較して地方の鉄道を考えるうえで、とくに留意しておかなければならない点である。

4　社会モデルの選択と過疎・鉄道

過疎化への歯止めと4つの要因

　では、西ヨーロッパと比較して、日本、特に北海道の過疎化がとめどなく進んでいる理由は何であろうか。鉄道との関係でいえば、すでにみたように鉄道事業の後退と過疎化は相互に因果関係があると考えられるが、その背景には日本における国や社会のあり方が、一方で過疎と一極集中をもたらしつつ、他方で鉄道事業の切捨てを容認する状況を生み出していると考えるべきあろう。のちの第3節で述べられるように、欧州の地方鉄道の多くが政策的

注7　例えば、EUの地域政策の基礎的単位である244のNUTS2地域のうち特に西ヨーロッパ諸国のものと、ほぼ同じ人口規模の日本の47都道府県の人口動向を比較してみれば、過疎化と一極集中の違いは明白である。

に維持されているが、このこととヨーロッパの地方地域の過疎化に歯止めがかけられ、地域社会の持続性が保たれていることの背景には、現在の日本とは異なる社会状況——いわば社会モデルの相違——が存在すると考えられるのである。このことについて、ここでは以下の4つの側面から検討したい。

まず第一は、福祉国家システムについてである。西ヨーロッパにおける都市集中の是正、農村回帰の背景には、第2次大戦以降進んだ福祉国家システムの整備があると指摘される。欧州内部でも国によってもちろん差はあり、90年代以降大きく様相を変えつつあるが、例えば北欧において福祉、医療、教育の普遍主義的な整備が地方における生活条件を整えるとともに、高度な教育を受けた専門的雇用の地方分散を進め、そうした労働者の生活・文化需要に対応する地方市場を形成して、地方の衰退を押しとどめる重要な役割を担ったといわれる。

なかでも顕著な例としては大学の地方分散があげられる。高等教育の急速な普及に伴い、70年代を中心に次々と地方に総合国立大学が設置されたが、これが直接的な雇用・経済効果をもたらしたのはもちろん、その後の地域開発においても地域連携のかなめとして極めて重要な役割を果たしつつある。この点、高等教育の大部分を私学に依存し、結果的に大都市集中を加速させた日本の状況は対照的である。また北欧の普遍主義的生活条件整備の重要な一環が交通権の保証であり、多くの地方鉄道がそれを担っているといえよう。

第二には、人々の生活における価値意識の問題である。もともと人口移動の転換理論が転換の理由として最も重視したのが生活意識と職業観の変化であった。これらUターン（I、Jターン）の動きの要因には、ヨーロッパとアメリカの農村回帰の動きの背景と共通したものがあると考えられる。それは農村や緑、伝統的景観や文化に対する人々の価値比重が高まり、それが人口動向の趨勢に大きな影響を及ぼしているといわれる。筆者が2000年代初めに北西イングランド地域開発局で行った聞き取りでは、現在は農村部の過疎化はすでに政策上の重要課題とはなっておらず、むしろ移住してきた都市住民による家屋購入と価格高騰の結果、地元の若者が伝統的集落の中に住むことが困難になっていることが問題とされているとのことであった。日本における農村回帰は、現在のところ過疎化の歯止めとなるまでには至っていないが、社会状況全般の変化の中でそうした価値意識がより高まっていくことが期待

される。この点でも、イギリスの保存鉄道のように、地域と密着した鉄道は重要な要素となるであろう。

　第三は、産業・経済と労働のあり方についてである。日本において過疎地域の再生を論ずるとき、必ず問題とされるのは若者の就業の場についてであるが、これは日本の産業・就業構造の特質が大きくかかわっていると考えるべきであろう。日本においては、従来から労働者の技術や熟練が企業内で形成されるなど企業主義的な労使関係が強く、他方で急激に進む非正規不安定雇用の増大の結果もあって、働く者の企業に対する自律性はきわめて弱いといえる。中小企業についても、従来からの地域産業がグローバルな競争のもとで衰退し、大企業の下請けや系列化の傾向が強まっており、また市場開放のもとでの一次産業の地位低下はいっそう進んでいる。こうした状況から、日本における就業の場は大手企業を中心とした産業の立地配置にきわめて強く規定されることとなり、人々が自らの価値意識にもとづいて仕事と生活の場を選択することが困難な状況にあるといわなければならない。

　また地域における企業立地は大企業の国際的立地戦略に振り回され、独立・起業もさまざまな格差構造のもとでその意欲は低く抑えられている。とはいえ、企業の進出・立地または新規の独立・起業においても、地域における鉄道の存在が重要な意味を持つことには留意しなければならない。端的に言えば「廃線の町」に立地・開業するリスクはより大きなハードルとなるといわざるをえないであろう。

　第四は、自治と地域政策ついてである。この点について、日本にはEUの地域政策と同様な意味での地域政策は存在してこなかったと筆者は考えている。日本に存在するのは省庁縦割りの部門政策である。確かに、5次にわたる全国総合開発計画のなかでは「国土の均衡ある発展」を掲げて一極集中の是正と地方分散をうたうことはあったが、それはあくまでも資本と労働の効率的な立地配置を目指した「国土政策」であって、地域住民の立場から格差是正を明確な目標として掲げたものではない。

　これに対して、Cohesion Policy（結束政策）とよばれるEUの地域政策は、格差の是正をEU存立の根底にかかわる問題と位置づけ、EU予算の3分の1が振り向けられている。ここで重要なのは、これが単純な財政移転ではなく、「補完性の原則」に示されるような地域の自治と自律性を前提とした地域発

展政策だということである。このような観点からすれば鉄道についても、現在の路線を維持すると同時に、鉄道を地域の将来にどう結びつけるかを地域が主体的に展望し、それを国が積極的に支援することが求められているといえよう。

選択の場としての北海道

　エスピン・アンデルセンが『福祉資本主義の三つの世界』のなかで、自由主義、社会民主主義、保守主義の三つのレジームを提起したことをきっかけに、各国において歴史的に形成された政治・経済・社会の構造的な特質が注目されるようになった。日本は自由主義と保守主義の二つのレジームが混在しているとされるが、ここでは立ち入ったレジーム論は課題ではない。しかし言えることは、鉄道の存廃の背景にある歯止めのない過疎は日本社会の構造的特質に原因があり、そこからの転換はいわば社会モデルの選択の問題であるということである。そして、鉄道をめぐる選択はこの選択の重要な一部であって、鉄路は一度廃止すれば再開は困難であることから、その存廃はそれぞれの地域の将来展望にかかわる極めて重要な分岐点になるといえるのである。

　このように、鉄道問題は一私企業としてのJR会社の経営問題ではなく、地域と日本のあるべき「かたち」をどのように考えるのかという選択の問題である。そしてその選択を真っ先に突き付けられているのが北海道であるといえよう。もともと北海道は、内国植民地として国内の矛盾がもっとも集約的にあらわれるとともに、様々な局面でいわば「社会実験の場」としても位置付けられてきたといえる。その端的な例のひとつが1997年の拓銀破綻である。他地域と相対的に切り離された北海道経済の中で圧倒的な比重を占めていた北海道拓殖銀行を経営破綻させたことの背景に、当時の日本経済の最大の課題であった不良債権問題処理への実験的モデルケースとされたとする論者は多い。この結果主要な金融機関の破綻処理の影響の大きさが認識され、こののち本州では避けられることとなったといわれている。事実、拓銀破綻後、北海道経済の長期にわたる沈滞は決定的になったともいえるのである。

　80年代の日本の鉄道路線廃止のほぼ半分が北海道に集中し、いままにJR北海道が大規模な廃線を進めようとしていることは偶然ではない。すでにみ

たように、北海道はとめどない過疎化と一極集中という、先進資本主義国の中でも特異な日本の特徴が最も激しく現われている地域である。北海道における選択は、日本の明日をめぐる選択にほかならない。

＜コラム＞札沼線（北海道医療大学～新十津川間）の廃止

札沼線は、札幌（桑園）から石狩沼田までの路線で、石狩川右岸縦貫路線として昭和初期に東武道会議員らにより構想された。しかし、戦時中に「不要不急路線」として中間部分が休止・バス代行となった（樺太国境付近の鉄道へレールを転用するため）。戦後、地元による熱心な復元運動によってレールが復活した。その後、道路整備が進んだことにより、同線の輸送量が伸び悩み、1972年には国鉄の赤字線82線廃止施策で、まず新十津川～石狩沼田間が廃止された。

1980年代になると、大学前（現北海道医療大学）、あいの里教育大等に大学の移転に伴なって新駅が設置され、1991年に愛称線区名「学園都市線」が採用された。また、札幌市北部の都市化に対応して、新川・百合が原等の新駅が多数設置され、一部高架化と複線化（2000年まで）、交流電化（2012年）等が図られ、都市近郊路線に大きく変化した。

JR北海道が維持困難路線を表明した際、札沼線は北海道医療大学～新十津川間の輸送密度200人未満の廃止・バス転換相当（赤線区）とそれ以外（桑園～北海道医療大学）とに区分された。

前者の区間では沿線自治体等により協議会が設置されたが、JRとの個別交渉が始まり、廃止受入れ（2018年12月）がなされた。JRにより代替バス等の運行費用の補塡20年分（14億8600万円）と沿線まちづくり支援金（3億3000万円）の拠出が決まった。

代替バスは、「通し」ではなく月形駅乗継の「ブツ切り」運行となり、使用車も小型・中型車となった。

沿線では、新十津川駅でのような草の根的な活動が試みられないまま、コロナウィルスに伴う感染防止と活動自粛の広がりの中で、2020年5月に予定されていた最終運行が4月17日に繰り上げられ、最後まで不遇なまま廃止に至った。

（武田　泉）

小坂直人

1　多発する自然災害

　2018年、わが国を襲った連続的な自然災害は、甚大な人的被害、建物被害をもたらした。6月18日の最大震度6弱を記録した大阪府北部地震（死者4名、重傷者15名、全壊9棟、半壊87棟を含む約2万7000棟の建物被害）、6月28日〜7月8日にかけての西日本豪雨（死者221名、行方不明者9名、全壊6206棟、半壊9764棟、床上浸水9006棟）、9月4日の台風21号（死者14名、重軽傷943名、全壊26棟、半壊189棟、床上・床下浸水1514棟など）、そして9月6日の最大震度7（M6.7）の北海道胆振東部地震（死者42名、重軽傷762名、住宅全壊462棟、半壊1570棟、一部破壊1万2600棟、非住宅被害2456棟）などである[注1]。

　この数字には表われない農地被害や経済被害などがもたらされたのはいうまでもないし、生活および産業にとってのライフライン機能を担う道路・鉄道・水道・電気・通信等の設備も大きな被害を受けることになった。台風21号の直撃を受けた大阪湾地域では関西電力管内で最大170万戸の停電、関西空港A滑走路および駐機場の高潮浸水被害とともに、空港連絡橋へのタンカー衝突とJR西日本ならびに南海電気鉄道空港線の不通によって、旅行客などおよそ3000人が空港島に取り残されるという、近代海上空港の思わぬ脆弱性が露呈される事態も発生した。さらに、胆振東部地震に際して、北海道全域が停電する、いわゆる「ブラックアウト」を経験することになったのは記憶に新しいところである。

　このような2018年災害からの復旧も十分進まないうちに、翌2019年9月9日未明の台風15号は、千葉県を中心として、停電、断水等のインフラ被害をもたらし、また10月12日の台風19号は、東日本一帯の多発的洪水などによって全国で102名の死者行方不明者を出し、さらに北陸新幹線をはじめ、

注1　それぞれの被害状況は、2019年8月25日時点での消防庁発表数字によるが、最終確定したものではない。

三陸鉄道リアス線、阿武隈急行線など第三セクターを含む多数の在来線にも壊滅的打撃を与え、今なお、多くの路線が復旧途上にある。

　生活と生業の再建のためにも、これらライフラインの復旧が急がれるのは当然であるが、復旧主体と責任の在り方によって復旧が必ずしも一様かつ円滑に進まない事情があるようである。ここでは、JR北海道日高線の護岸復旧問題からみえるライフラインとしての鉄道路盤の建設・所有・管理の在り方を模索する中で、地域にとっての鉄道の社会的価値・公共性について考えてみたい。

2　わが国の災害関係法規について

　地震、津波、火山噴火、風水害、地すべり、がけ崩れ、土石流、豪雪災害など、置かれた自然環境ゆえといえるような様々な災害にわが国は見舞われてきた歴史がある。これらの災害から国民の生命と安全を守る一義的・最終的な責任が国にあり、その責務を明確にしているのが「災害対策基本法」である。

　同法が制定されるきっかけとなったのが、1959年の伊勢湾台風であった。伊勢湾台風による被害が甚大なものとなり（死者4697人、行方不明者401人、物的損害7000億円超）、また国・政府においては、大規模災害に対応する体制が整備されておらず、災害関係の法律も体系化が遅れ、省庁間の事務体制もばらばらで、責任の所在も不明確であり、これらのことが被害を拡大した面があったとされ、その反省に立って、国・地方公共団体・公共機関等の統一的かつ計画的な防災体制を整備する目的をもって制定されたのが同法であった[注2]。同法第1条は、「この法律は、国土並びに国民の生命、身体及び財産を災害から保護するため、防災に関し、基本理念を定め、国、地方公共団体及びその他の公共機関を通じて必要な体制を確立し、責任の所在を明確にするとともに、防災計画の作成、災害応急対策、災害復旧及び防災に関する財政金融措置その他必要な災害対策の基本を定めることにより、総合的かつ計画的な防災行政の整備及び推進を図り、もって社会の秩序の維持と公共の福祉

注2　西田玄「災害対策関係法律をめぐる最近の動向と課題―頻発・激甚化する災害に備えて―」『立法と調査』2018.9　No.404所収、参照。

の確保に資することを目的とする」と謳っている。

　とはいえ、このような法制度が整えられればそれで終わりということにならないし、自然災害への人間社会の対応にはおのずと限界があり、人知の及ばない「想定外」の規模と力によってもたらされる災害をあらかじめ予想することはできない。それゆえ、人間社会の側で「絶対大丈夫」だという事前対応をすることはもちろん不可能である。むしろ、「想定外」の事象が生ずる可能性を排除してはならないし、災害対応の真価は、「想定外」の事象が生じたときにこそ発揮されるものであろう。たしかに、われわれは予測される自然の猛威に備え強固なインフラ等を準備しなければならないが、万一災害が発生したならば、住民避難やその後の復旧についても速やかに進められるよう対応策を構築しておく必要がある。

　それでも、ハードによる自然災害対応にはこれで十分という安心レベルは存在しないし、河川氾濫については、ひたすら堤防内に河川水を閉じ込めるのではなく、あらかじめ遊水地を整備し、河川水を逃がす対応が有効な場合もある。また、ハードの整備に安住することなく、住民避難などを中心としたソフトな対応策を整えておくことが、被害を小さくするうえで効果的であることを、この間の災害の歴史が教えてくれていることを肝に銘ずべきであろう。また、2018年西日本豪雨に際して実施された愛媛県肱川水系の野村ダムの「ダム操作」が問題視されているなか、2019年台風19号による洪水被害をうけ、ダムの「事前放流」がにわかに脚光を浴びているが、議論が放流の技術的操作のレベルに終始している印象が否めない。しかし、問題の本質は発電などの利水機能と洪水調節・治水機能との矛盾という点にあるのであり、この点を、13年に及ぶダム建設反対運動を通じて喝破した「蜂の巣城」の室原知幸の知見はまだ生きているというべきである[注3]。

　ともあれ、災害対策基本法の制定により、国・都道府県・市町村・指定公共機関等が全体として有機的な体制を構築するとともに、災害の発生に対しても、それぞれの責任や役割分担にしたがって行動するという方向性が明確にされたとはいえる。しかしながら、基本法制定は、あくまでも、対策理念の確立と対策実施のための基本的枠組みを整えたにとどまるものであり、現

注3　下筌・松原ダム問題研究会編『公共事業と基本的人権─蜂の巣城紛争を中心として─』帝国地
　　方行政学会刊、1972年参照。

実の災害は法律が想定する事象をはるかに超える規模と質をもって現象して
くることになる。したがって、災害対応が実効性を持つためには、さらに具
体的な法律や規則の制定が求められることになるのである。基本法制定以後、
大規模自然災害発生のたびごとに各種の対応法規が策定され、また改正され
てきた経緯自体がそのことを物語っている[注4]。

東日本大震災と災害関連法制の見直し

　その後、2011年3月11日に東日本大震災が発生するが、この地震・津波・
原子力災害という未曾有の複合災害によって、これまでの災害対策関連法体
制が根本的に見直されることになるのは必然的であった[注5]。2013年災害対
策基本法改正（被災者援護措置の追加）、2013年大規模災害からの復興に関する
法律、国土強靭化基本法、南海トラフ地震に係る地震防災対策の推進に関す
る特別措置法、首都直下地震対策特別措置法、消防団を中核とした地域防災
力の充実強化に関する法律などであるが、結局は、各種災害の発生のたびに、
個々の災害に対応する必要に迫られ、新たな法律が制定され、また既存の法
律が改正されたりする経過をたどっており、「泥縄式」のそしりは免れない
所である。この点について、生田長人は次のように指摘している。

　「我が国の防災法制は、大規模な災害が起こる度に、問題となった事象を
解決するため、対症療法的な改正を繰り返してきており、その基本構造に手
が入れられることがほとんどないまま、東日本大震災を迎えた。未曾有の都
市災害と言われた阪神大震災の時でさえ、多くの法改正が行われたにもかか
わらず、それらの殆どは防災の基本法の災害対策基本法の外側で行われ、基
本構造にはほとんど触れられないままであった。……しかし、東日本大震災
を受けて行われた平成25年の災害対策基本法改正には、これまで行われて
こなかった防災法体系の構造に変化をもたらす内容が含まれていることが注
目される。この改正で、基本法の中に『災害対策の基本理念』規定が新設さ

注4　田村栄一「災害関係法の主な体系」『電気設備学会誌』Vol.26No.4 2006年4月参照。
注5　福島第一原発事故は地震・津波という自然災害に連動はしているが、放射能汚染による被害と
　　その対策は一般の自然災害とは全く異なる内容と体制が求められる。本節では、課題を自然災害
　　に限定して議論を進めることとしたい。なお、福島原発事故と電力会社の公共性問題については、
　　小坂直人『経済学にとって公共性とはなにか―公益事業とインフラの経済学―』日本経済評論社、
　　2013年参照。

れたが、特にその中で『災害のリスクの程度を踏まえた対策の必要性』という考え方が明確にされたこと等は、今後の災害対策の展開において極めて重要な意味を持つと考えられる。周知の通り、東日本大震災では、1000年に一度という滅多に生じない津波により甚大な被害が生じたのであるが、それまでの防災法制は、一言で言えば、我が国社会において頻繁に生じる中規模一過性の災害を念頭に置いたものとなっており、滅多に生じることのない大規模・長期災害に対応する仕組みは殆ど組み込まれていなかったと言える。その背景には、そもそも滅多に生じないような大規模災害に常時対応できるような防災体制を整備し、これを維持するのは、無駄が多く、現実的でないという考え方があったからである。……頻発する中規模一過性の災害を念頭にハードな防災施設の整備を中心に対応してきたこれまでの防災対策では、大規模災害には対応できないことを踏まえ、そのような大規模災害の場合でも国民の生命だけは守るという仕組み、つまり万一に備えた避難の仕組みや街づくりを進めることを重要な防災施策として位置づけ、重点が置かれることになると考えられる」[注6]。

　しかし、「東日本大震災を契機として、災害復旧・災害復興の分野においても多くの法令の整備が行われたが、その殆どは現実の被害からの復旧・復興を促進する対症療法的なものであり、防災体制の基本構造に係る改善は行われなかった。……なぜ構造的な改善が行われなかったのかという背景には、災害復旧や災害復興は基本的に被災した側の責任で行うべきものという考え方が我が国に存在するからだと考えられる。……現行法上災害復旧の分野で助成制度の対象とされているのは、社会的に公共性が高く、迅速な復旧が必要とされるものに限定されている（公共公益施設の災害復旧制度等）。災害によって打撃を受ける範囲は広いが、被災者の生活再建、被災地の地域社会の再建、被災地経済の再建などについては、法律上の『災害復旧』概念に該当するかどうかは不明確である。……災害復興の分野においても、災害復旧同様、被災した側の責任で行われるのが原則であり、国等が特別に支援を行っているのは、社会的、経済的に全国的な影響をもたらす恐れがある大規模災

注6　生田長人「防災法制度の構造的課題と展望」『日本不動産学会誌』第29巻第4号、2016.3、41－43ページ。

害の場合にかぎられている」[注7]。

　以上、生田がいうように、1961年制定の災害対策基本法自体が「既存の法制度を残しながら不足を補い、空白を埋め、そして有機的に関連づけ、体系化・総合性・計画性を図り、防災責任の明確化を意図して制定された」[注8]ものではあったが、その後の災害関連法規についても、その間に様々な自然災害等に遭遇することをきっかけにして、災害対応の在り方を「災害予防」「災害応急」「災害復旧」という時系列で整理するとともに、それぞれの局面で国・都道府県・自治体等が果たすべき役割などについて体系化が図られてきた経緯があったことが確認できよう。もちろん、現行の「災害対策基本法」を基軸とした災害法体系には、なお多くの欠陥があり、それらを国民本位の体系へと改める課題が残されている。とりわけ、基本的な復旧責任が被災者の側にあるという根本の見直しが必要であろう。

災害とインフラ復旧

　こうした、これまでの努力が焼け石に水であるかのように、阪神淡路大震災、東日本大震災を始め、20世紀末から21世紀初めの今日まで、わが国国土と国民に甚大な被害をもたらす災害が相次いでいる。鉄道についてみると、根室本線、日高線、三陸鉄道北・南リアス線、只見線、日田彦山線、豊肥本線など、地震・台風・豪雨等の自然災害によって全国で鉄道路線網が寸断される事態が続いている。

　先述したように、2019年の台風19号は、東日本地域を中心に北陸新幹線、両毛線、水郡線、箱根登山鉄道、阿武隈急行線、三陸鉄道リアス線など鉄道網に壊滅的打撃を与えた。三陸鉄道リアス線は、東日本大震災からの復旧と共に、JR山田線から移管された宮古・釜石間の併入実現によって久慈から盛までの一本化が達成され、2019年3月に三陸鉄道リアス線として新たに開業したばかりであった。同じ生活インフラでも、電気・ガス・水道などの供給サービスインフラについては、時間単位、日単位の速度で復旧作業が行われるのが一般的であるが、鉄道については、大都市部の通勤通学路線を別と

注7　同上、44－45ページ。
注8　下山憲治「災害・リスク対策法制の歴史的展開と今日的課題」『法律時報』81巻9号、2009年8月参照。

すると、復旧まで年単位の時間が必要とされるケースが多い。それどころか、岩泉線のように復旧を断念し、結局、廃線に至るケースも出ている。後にみる日高線を含め、被災した地方路線にたいし、赤字ゆえにJR各社が復旧活動に二の足を踏むケースが続出している。これまでみてきた災害対策法体系から、鉄道は一人除外された存在になっているかのようである。

　人命と生活にとっての緊急性レベルの違いが復旧速度の差になるのは明らかであるが、それにしても、その差には愕然とする思いである。鉄道の復旧が遅れる背景には様々な要因があると思われるが、最大の問題は、JR各社が「民間会社」と位置付けられ、被害復旧は自らの責任においてなされるべきであり、当該会社にたいしては災害復旧支援費であれ何であれ、公的資金を投入することは適正とはいえないという基本的判断があることである。JRに限らず、生田が指摘するように「災害復旧は基本的に被災した側の責任で行うべきもの」という考え方がわが国ではまだ根強いものがある。

　もちろん、自然災害が大規模となり、その復旧を社会・国家的にも早急に進める必要があると判断されれば、補助金等の形で公的資金が投入される道が用意されていないわけではない。しかしながら、都市型の供給インフラである電気・ガス・水道の復旧に比べ、鉄道インフラの復旧は遅れがちである。同じ交通インフラである道路復旧は迅速に進められるのにたいして、都市鉄道は別として、鉄道は常に後回し状態である。とりわけ地方鉄道への軽視姿勢は復旧局面だけではなく、新幹線以外の鉄道の建設・運営・管理全般についていえることではあるが、災害復旧という非常事態の局面において、より如実にあらわれてくるといえるのである。以下、一例として鉄道護岸の復旧問題について考えてみよう。

3　JR日高線の護岸復旧問題

　2019年1月末、路線存続をめぐって膠着状態ともいえる事態になっていた日高線について、次のような報道が駆け巡った。

　「不通が続くJR日高線鵡川―様似間を巡り、沿線7町長会議が28日、日高管内新ひだか町で開かれ、7町が同区間の廃止に合意することを条件に、JR北海道が海岸保全などを目的として、被災した鉄道護岸の復旧に着手する意

向であることが分かった。JR側は会議に出席しておらず、代わりに道幹部が説明した。

　会議は非公開で約1時間半行われた。度重なる台風や高波で被災した鉄道護岸は、1987年の分割民営化で国鉄から用地を引き継いだJRが復旧事業を担うが、JR側は経営難などを理由に応急措置にとどめてきた。このまま放置すれば鉄道護岸の土砂がさらに浸食され、海へ流出することなどが懸念されている。

　出席者によると、鉄路の廃止時期が遅れると現時点で約40億円と見込む護岸の復旧費用が一段と膨らむとし、道側は町長らに早期決断を促したという。鉄路廃止を引き換えとしたJR側の提案に、一部の町長は『護岸復旧の前向きな姿勢が見えた』と評価する一方、ある町長は『もともとJRが復旧すべきものだ』と話す[注9]。

　その後、2019年11月12日の沿線7町長会議で事実上の廃止容認が多数決で決められたが、鉄路存続を望む浦河町長をはじめ、地域全体の「円満合意」を得たわけではない。

鉄道護岸と海岸法

　たしかに、現行法制の下では、鉄道護岸はJR北海道の「責任」となっているが、鉄道会社が鉄道護岸を復旧するのは、鉄道を安全に通すためであって、一般的な護岸責任によるものではない。路線廃止と引き換えに「鉄道護岸」工事するというのは逆立ちした議論としかいいようがない。加えて、この説明をJR北海道ではなく、道庁幹部が行ったのである。責任あるJR北海道に成り代わった道庁はいかなる立場なのか、大いに疑問である。直接責任ある当事者が出席せず、路線存続問題から常に距離を置いてきた道庁が越権的な重大発言を行ったのである。「廃止する」という方向については、道庁もJR北海道も一致しており、その結論を地元自治体に押し付けるべく、動いたことになる。これにたいして、沿線住民や自治体がいかに対応してきたかは、第2章第2節（地脇聖孝）で詳しく紹介されている。

　この「鉄道護岸」の位置づけについては、それ以前から議論されてきた経

注9　「北海道新聞」2019年1月29日。

緯がある注10。「鉄道護岸」はJR北海道など、鉄道の所有管理者が「責任」を有するというのが法的な理解であるが、本来、海岸は国有地として国が所有し管理責任を負うものである。「海岸法（1956年制定、1999年改正）」は、第1条で「この法律は、津波、高潮、波浪その他海水または地盤の変動による被害から海岸を防護するとともに、海岸環境の整備と保全及び公衆の適正な利用を図り、もって国土の保全に資することを目的とする」と規定している。そして、保全対象となる海岸延長を海岸保全区域約1万4500キロに限定している。日本の海岸延長はおよそ3万5400キロであるので、その他海岸（一般公共海岸を含む）2万キロ余りは国または地方公共団体の保全対象とはならないことになる。ただし、一般公共海岸は1999年の海岸法改正に際して、公共海岸のうち、積極的な施設等による防護対象となる保全区域と区別する意味で設けられた表現であり、その範囲の海岸等を国または都道府県が管理放棄することを意図してはいない。保全区域と一般公共海岸の区別は、あくまでも、堤防や護岸等の施設整備の対象となるか否かの差異である。したがって、国が積極的に施設設備によって海岸保全する海岸を海岸保全区域とするとともに、一般公共海岸以外で当該海岸を国以外の機関が護岸を任される例外的措置が鉄道護岸、道路護岸、飛行場等ということになる。

　われわれにとっての当面の問題からすると、鉄道護岸が国から委託される意味を考えておく必要がある。JR誕生前は「日本国有鉄道」であり、公社形態をとってはいても、国鉄が国の機関の一部であることは疑いないところであり、その国鉄に鉄道護岸が任されたとしても、同じ国の機関である限り、護岸責任が国にある事実には変わりがない。道路護岸も同様であるが、道路については一般国道等が依然として国・自治体の所有管理下にあることから、JR鉄道護岸のような問題が現状でも生じないことになる。もっとも、株式の上場を果たしていないJR北海道は、会社形態としては株式会社ではあるが、株主が国である限りは、依然として「国有」鉄道であって、これを通常の民間会社と同等に扱うのは、そもそもおかしいし、公共輸送機関として「公益的役務」を鉄道会社に課しているという意味でも、単なる民間会社になりえないのは当然である。

注10　「北海道新聞」2019年1月7日参照。

鉄道護岸制度の不条理性

　JR北海道に護岸責任があるとされる海岸延長は日高線12キロ、函館線18キロ、室蘭線3キロ、根室線4キロの合計約37キロとなっている[注11]。このわずか37キロの護岸責任をJR北海道に課すことによって海岸保全という国の責務を代行させる形になるのであるが、このような代行が行われるには、それ相応の根拠が必要である。逆に、代行によって護岸機能が発揮されない、あるいは低下する事態となれば代行そのものを停止するのが、本来の海岸所有者たる国及び管理責任者たる北海道が当然とるべき措置である。さもなければ、護岸によって住民の生命と安全を確保するという本来の目的が達成されないからである。鉄道護岸は一義的には鉄道を安全に運行するための設備ではあるが、同時にそのことによって海岸保全の機能をも担っているのである。したがって、鉄道護岸の責任が現行法制上はJR北海道にあることは認識しつつも、現に発生し、拡大しつつある護岸施設の機能低下・破壊に危機感を持った沿岸住民が、JR北海道を越えて、直接、道や国に護岸工事の実施を訴えていったのは、住民の立場からは当然のことである。村井直美は、この問題について次のように述べている。

　「まず、日高線の問題としてわたしたちが第一に訴えたいのは、『護岸』の問題です。日高線では、海岸沿いの線路が複数個所被災したまま放置されており、その結果、漁業被害（タコ漁・コンブ漁）や国道の浸食、事業所が危険にさらされるなどさまざまな被害が発生しています。特に、新ひだか町静内駒場では、防波堤に大きな亀裂が入るなどして非常に危険な状態にあり、そのすぐ脇に事業所がある静内地方自動車整備協同組合の理事長は、『あと一度強烈な高波が来たら、護岸もバラバラに壊れてまた大きな被害を受けるかもしれず、大変恐ろしい』と述べています。

　たしかに、現行制度上これらはJR北海道の管轄です（海岸法施行規則第1条の3）。しかし、JR北海道が『お金がないから直せない』として護岸の管理責任を放棄する場合、だれも責任を負うことなく、私たち住民はその被害と危険を甘受しなければならないのでしょうか。そもそも海岸保全の責任は、一

注11　「北海道新聞」2017年3月2日、2019年1月7日参照。

企業ではなく国や都道府県が負うものです。1986年の第107回国会・参議院日本国有鉄道改革に関する特別委員会では、『水害・雪害等による災害復旧に必要な資金の確保について特別な配慮を行うこと』という附帯決議もなされています。この附帯決議の存在も踏まえ、現行の制度で直せないのならば、その制度を見直し、もって住民の生活を守ることは、政治の役割なのではないでしょうか。住民の生活と安全に政治的責任を持つ人々には、優先順位を間違えることなく、まずこの足元の問題から取り組んでほしいと思います」[注12]。

　以上のような村井の指摘から、われわれは次の点を確認すべきであろう。

　第一に、護岸責任があくまでもJR北海道にあるということを海岸法に則して主張するのであれば、国と道は徹底してJR北海道に破壊された護岸の修復を命じなければならないという結論になる。しかし、これまでのところ、海岸法の規定を厳格に適用しようとした形跡はみられない。その点、表面的には、復旧費用の増大とそれを直接負担することになるJR北海道は、自らの経営悪化を懸念し、そこに踏み込めないでいるかのようにみえなくはないが、経過からみる限り、赤字路線として切り捨てを狙っていた区間の廃止決定を地元自治体と住民に迫るための取引材料として災害を利用している、というのが真相であろう。しかし、公共海岸や公共交通インフラについては、国や道であれ、費用がかかるから災害復旧しないという選択肢は国土保全と国民の安全確保という使命からしてありえないことである。

　第二に、たしかに、被災状況によってはこの復旧費用が膨大となり、JR北海道単独では負担しきれない事態となる恐れがある。その場合、「鉄道防災事業費補助」制度など、JR北海道を支援する公的制度を活用するなどの道がある。そもそも、国鉄「分割・民営化」を進めた「国鉄改革関連8法」の枠組み設定の時点から、災害復旧にあたりJR各社を国が支援することは当然のこととされていたのであるから、JR北海道は路線の保全のために、国にたいして積極的に働きかけるべきだし、国・北海道はその要請にこたえる責任があるのである。

　第三に、1、2で指摘したように、自然災害による護岸等の設備被害から復

注12　村井直美「JR日高線復旧を　黒字赤字論を超えて鉄道存続の願い」『住民と自治』2018年7月号。なお、日高線の復旧費用は約86億円とJR北海道は試算している。

旧するという課題についていえば、それ自体には決して複雑な要素は存在しない。海岸法の規定は、鉄道護岸についてはJRにまず復旧責任があると定めていることになるが、災害の大きさとJRの負担能力の比較衡量によっては、国や都道府県が復旧責任を果たすことを同時に予定しているのである。ここにJR北海道の経営問題と路線収支問題を絡ませることが問題を混乱させる原因がある。「路線廃止に合意すれば鉄道護岸工事を実施する」という支離滅裂な対応がこの混乱の最たる例である。

　もともと、不採算路線を多数抱えているJR北海道は、被災の有無にかかわらず経営的に厳しいのは当然で、復旧費用の追加的負担はこの厳しさをより高めているだけである。住民の生活と安全を確保するための護岸施設について、護岸工事をして欲しければ路線廃止に合意せよと当該自治体と住民に迫るのは、国と都道府県が果たすべき公共責任を忘れた行為というしかない。海岸保全は、JR北海道という「会社」の路線が赤字かどうかにかかわりなく、速やかに実施されるべき国と都道府県の本来的責務なのである。「わが国の海岸は、原則的には国土保全の目的から国が管理することを前提としながら、海岸保全区域の管理を都道府県知事・市町村長による機関委任事務（地方分権化によって、海岸保全区域は法定受諾事務、一般公共海岸区域は自治事務へ）としてきた。」[注13]のである。

　次に、鉄道の整備・復旧助成と鉄道軌道整備法改正の意味について検討しておこう。

4　鉄道軌道整備法（2018年6月15日改正）と被災路線の復旧

　鉄道軌道整備法は、鉄道事業に対する特別の助成措置を講じて鉄道の整備を図り、産業の発達及び民生の安定に寄与することを目的（第1条）として、1953年に制定されたものであるが、当初は災害復旧が必ずしも優先された法律とはなっていなかったものである。その点は、同法第3条に挙げられた助成対象鉄道が、

(1)　天然資源の開発その他産業の振興上特に重要な新線

注13　小川一茂「海岸地域における土地利用と『海岸法』(1) ―陸地、海岸、水域の連続性の法制度への反映―」『神戸学院法学』第37巻第3・4号、2008年3月。

(2) 産業の維持振興上特に重要な鉄道であって、運輸の確保または災害の防止のため大規模な改良を必要とするもの

(3) 設備の維持が困難なため老朽化した鉄道であって、その運輸が継続されなければ国民生活に著しい障害を生じる虞のあるもの

(4) 洪水、地震その他の異常な天然現象により大規模な災害を受けた鉄道であって、すみやかに災害復旧事業を施行してその運輸を確保しなければ国民生活に著しい障害を生ずる虞のあるもの

となっていることに明瞭に示されており、災害復旧は最後の(4)となっている。

しかも、この(4)の規定によって災害復旧費の補助を受ける場合、①復旧に要する費用が対象路線の年間収入の1割以上であること、②対象事業者が過去3年間赤字であること又は今後5年を超えて赤字になると見込まれること、③被害を受けた路線が、復旧に要する費用を含めると赤字になると見込まれることが要件となっている。

しかし、この基準でいくと、補助対象が赤字の鉄道事業者に限定されており、黒字の鉄道事業者の赤字路線が被災した場合の支援制度がなかったため、復旧が進まないという問題があったことになる。2018年の改正によって、黒字事業者の赤字路線についても補助対象となったのである。赤字事業者に対する補助要件に比べて、当然厳しい面があるが、黒字事業者とはいえ、被災した赤字路線の復旧に消極的であった事業者が復旧に向け背中を押される形となったことは明らかである。

さらに、同法の附則で、「1　この法律は、公布の日から起算して三月を超えない範囲内において政令で定める日から施行する。2　改正後の第八条第五項の規定は、鉄道事業者が平成二十八年四月一日からこの法律の施行の日の前日までの間のいずれかの日から施行した災害復旧事業についても、適用する」と規定されており、2016年以降に始まった災害復旧についても遡及されることになるので、只見線や日田彦山線にもこの規定が適用されると考えられる。

したがって、JR東日本、JR九州としても災害復旧費の肥大化を理由に地元自治体・住民に対して廃線やバス転換を迫る手法はとりにくくなったとはいえる。それでも、このプロセスが自動的に進むわけでないのは明らかであ

り、地元自治体・住民、県の連携協力によって当該JRと国・政府を突き動かすことが必要である。

この間、2011年7月の豪雨被害により不通となっていた只見線（会津川口～只見）の復旧について、2017年6月19日、福島県（県及び会津17市町村を代表）とJR東日本との間で鉄道での復旧に合意した。県が運休区間の鉄道施設及び土地を保有し（第三種鉄道事業者）、JR東日本は保有する車両を用いて運行を実施する（第二種鉄道事業者）。復旧工事はJR東日本が実施。費用は県が三分の二、JR東日本が三分の一を負担。県は鉄道施設等利用料をJR東日本に請求するが、減免によって実質無料となる見込みである[注14]。この「合意」は鉄道軌道整備法改正前に行われたものであるが、附則に則し、国費補助が行われれば、地方負担はその分だけ軽減されることになる。

また、2009年10月の台風18号で被災し、一部不通となっていたJR東海名松線は6年5カ月の復旧工事を経て2016年3月26日に運行再開した。総額17億1000万円の復旧費用については、三重県5億円、津市7億5000万円、JR東海4億6000万円の割合でそれぞれ負担している[注15]。

さらに、2017年7月の福岡・大分豪雨で被災し一部不通が続くJR九州日田彦山線の復旧問題で、日田市の沿線住民に対する2回目の説明会が2019年8月6日開かれた。JR九州は、鉄道、バス高速輸送システム（Bus Rapid Transit=BRT）、バスによる復旧三案を提示し、住民側に選択を迫った。復旧費用と運行費用の面で鉄道復旧は困難であるとの誘導提案であることは明白であろう[注16]。これにたいして、沿線の日田市、添田町、東峰村3首長が、鉄道による復旧方針を堅持し、JR九州が必要とする復旧後の運行経費の財政支援（年約1.6億円）には応じられないことを、8月13日段階では確認している[注17]。この日田彦山線の復旧問題については、下村仁士（第3章第1節）が詳しく紹介している。

注14　「只見線（会津川口~只見間）の鉄道復旧に関する基本合意書及び覚書」2017年6月19日参照。なお、只見線の復旧費用は、約81億円とみこまれていた。

注15　「JR東海が『不通路線』を復旧した本当の理由」（大坂直樹）「東洋経済ONLINE」2016年4月2日参照。

注16　「大分合同新聞」2019年8月7日参照。

注17　「大分合同新聞」2019年8月14日参照。JR九州は、復旧費用を約70億円と算定するが、自治体側はこの数字にも疑念をもっている。

このように、現行制度を踏まえるとしても、復旧に当たって決まった方策があるわけではないが、少なくとも運行再開までこぎつけるためには、関係自治体（県と市町村）とJR会社との粘り強い交渉が必要であることは疑いないところである。その際、鉄道軌道整備法が本来意図していた赤字JR会社の路線復旧を含め、鉄道問題に国・政府が積極的な役割を果たしていないことが問題の根本にあることは本書のいたるところで指摘済みである。

5　鉄道の存続と地域社会の存続

　鉄道を復旧することが地域にとっていかなる意味があるかを最後に確認しておこう。

　第一に、自然災害から国土と国民を守るという「公共的課題」は一会社の赤字・黒字といった経営問題にはかかわりなく国が遂行しなければならない、という点である。災害対策基本法以来の国土保全法体系の整備過程に注目したのは、わが国国土と国民の生活と安全を確保する一義的・最終的責任が国にあることを再確認し、鉄道や道路といった交通インフラの構築と災害復旧についても、その責任が本来国にあることを明示するためである。その意味では、鉄道軌道整備法が改正され、鉄道復旧により取り組みやすい環境が構築されたのは、基本的には歓迎されるところであるが、インフラ災害復旧という課題は、インフラごとの個別課題ではなく、国として総力を挙げて取組むべき総合的な国土保全課題である。少なくとも、復旧にあたって鉄道が除外されるような法体系は正さなければならない。

　第二に、自然災害によって被災した鉄道を復旧することは、たしかに、当該地域の住民や自治体にとって日々の生活と生業を再開するうえで悲願ともいえる課題となる。しかし、それは地域と地域住民にとって重要であるということにとどまらず、全国が鉄道によって結びつくことが有機的な国土形成の一環をなしているという意味では、国民的課題であるという点である。それゆえ、すべての国民にとって北海道をどうすべきなのか、また、その際に鉄道をいかに位置付けるかという課題なのである。自分にとって北海道がどうなろうと関係がないという立場であれば、JR北海道の経営問題や路線復旧問題は最初から存在しないのであり、直接関係する地域と住民が対応すれ

ばよいということになる。しかし、鉄道の地域社会的価値とは、当該地域住民の基本的人権（交通権など）を保障するための国民的合意の体系であり、その表現であるが、同時にそれは、他地域の人々が当該地域へと繋がるための保障でもある。したがって、安藤陽の言を借りるならば、かつての国鉄に求められた「公共性と企業性の調和」を、「鉄道の社会的価値・公共性」をより重視したものへと転換することが期待されているのである（第1章第1節）。

　第三に、JR北海道を「民間会社」であると解し、もっぱら、収支に基づいて路線の存廃を議論する手法は、有機的組織としての国土全体にたいする認識を欠いたものである。人間の血液循環が心臓と主要な動脈・静脈だけで成り立っており、末端の毛細血管はなくてもよいといっているに等しい考え方であろう。幅広い国民負担によって全国一律的な基本サービスを達成するために実施されているNTTユニバーサルサービス制度と同様な仕組みが、鉄道分野においても実現される必要があるという、大塚良治の提言はこの点に関わっている（第5章第1節）。そもそも、赤字・黒字で全国の鉄道をふるいにかけるとき、どれほどの黒字鉄道が残るであろうか。JR東日本ですら、在来線全66線のうち、黒字となるのは18路線のみであり、基本的には首都圏路線である。したがって、それ以外の地方路線は赤字路線ということになる。ちなみに、只見線は営業係数257.5（2014年）であった。JR北海道には黒字路線はない。北海道新幹線も赤字である。

　このように考えるならば、赤字廃止論は鉄道それ自体の自己否定であり、北海道には新幹線を含め鉄道は無用であり、本州でも首都圏以外の鉄道は廃止すべきという結論になる。鉄道存続問題は三島JRだけの特殊問題ではなく、人口減少に遭遇しているわが国にとっては、現在および近未来の共通の国民的課題なのである。したがって、今、問題に直面している地域・自治体とJR会社の間だけで対応を決めれば済む話ではないのである。

　にもかかわらず、鉄道存続が当該地域住民と自治体にとってのローカル課題であるかのような議論が多いのは残念である。原発や廃棄物処理施設など「迷惑施設」は周辺地域におしつけながら、地域が求める「必需施設」は無駄といってはばからない態度は、都市優先のご都合主義でしかない。もちろん、当該地域住民が自ら課題に取り組むことは当然であるが、当該地域をいかなる役割を持った地域として全国的構想のなかに位置づけるのか、また、

奥田仁がいうように、「地域と日本のあるべき『かたち』をどのように考えるか」（第4章第1節）、その全体像に沿って国民が一致して動いていける、希望ある政策プランを提示するのが為政者の任務であろう。

　その際、桜井徹が紹介する、鉄道の公共性と社会的価値に即し、政府と自治体が最終責任を負うスウェーデンなどヨーロッパの鉄道制度をモデルにしつつも（第4章第3節）、荒井聡が示唆している、全電力会社による負担金と政府財政支援を組み合わせた原子力損害賠償・廃炉等支援機構による東電救済スキームと類似のスキームがわが国独自の鉄道網維持制度として考慮されるべきである（第5章第2節）。電気料金であれ、税金であれ、何兆円になるか予測もつかない国民負担によって東電は救済されるが、数十億単位とされるローカル線復旧費は負担できないというのは、理不尽としかいいようがない[注18]。

　〈付記〉本節脱稿後の2020年10月6日、日高管内7町長は臨時会議を開き、JR日高線鵡川〜様似間（116km）について、2021年4月をもって廃止し、転換バスを運行することでJR北海道と最終合意したが、高波で崩れた護岸の復旧費用の負担をめぐっては、JR北海道と道の間で依然として調整が続けられている（「北海道新聞」2020年10月7日参照）。

【参考文献】

岸田弘之「海岸管理の変遷から捉えた新しい海岸制度の実践と方向性」国土交通省国土技術政策総合研究所『国総研資料』第619号、2011年1月。

小池潤・市古太郎「東日本大震災における駅を中心とした復興まちづくりに関する研究―三陸鉄道を対象として―」『地域安全学会論文集』No.31, 2017年11月。

国土交通省港湾局海岸防災課津波対策企画調整官・佐溝圭太郎『海岸行政の新しい方向性について』2017年7月25日。

国土交通省東北運輸局鉄道部『甦れ！みちのくの鉄道―東日本大震災からの復興の軌跡―』東北の鉄道震災復興誌編集委員会、平成24年9月。

小林茂：太平洋金属社外監査役「『JR北海道問題』に抜け落ちている重要な論点―北海道の将来に対する『国の考え』が見えない」『東洋経済』2017年6月1日。

「三陸鉄道、国費100億円投入して全線復旧　霞が関から漏れる『鉄道はムダ、BRTで十分だった』の声」J-CASTニュース、2014.4.7。

「四国における鉄道ネットワークのあり方に関する懇談会II」第3回懇談会議事要旨平成30年9月5日。

注18　「我が国の原子力損害賠償制度の概要」内閣府原子力委員会第1回原子力損害賠償制度専門部会（配布資料1-6)、平成27年5月21日参照。

武田文男「災害対策法制度の見直しと課題」『比較防災学ワークショップ』No.15 、2015年1月。

鉄道ジャーナル編集部「三陸鉄道に移管『JR山田線』復旧工事は順調か—宮古～釜石間には実質的な新線建設区間も—」『東洋経済』2018年8月24日。

内閣府「平成30年北海道胆振東部地震に係る被害状況等について」平成31年1月28日。

西田玄（前国土交通委員会調査室）「災害対策関係法律をめぐる最近の動向と課題—頻発・激甚化する災害に備えて—」『立法と調査』2018.9、No.404。

Harbor Business Online,2019.4.5.

早川伸二「ビーチの観光活用における維持管理費用の負担のあり方について—沖縄のプライベート・ビーチ調査からの考察—」『運輸政策研究』第14巻第4号、2012年冬。

藤本昌志「現代日本の海の管理に関する法的問題」『神戸大学海事科学部紀要』第2号、2005年7月。

三好規正「海岸・海域の公物管理法制と司法審査に関する考察」『山梨学院ロージャーナル』第5号、2010年7月。

向井忍「原子力災害における広域避難とその支援のための基本法の必要性について」『災害復興研究』第6号。

村田和彦（国土交通委員会調査室）「東日本大震災の教訓を踏まえた災害対策法制の見直し—災害対策基本法、大規模災害復興法—」『立法と調査』2013.10、No.345。

山崎正人・横内憲久・岡田智秀「プライベートビーチを活用した海岸空間の環境管理手法に関する研究—沖縄県における海岸環境管理の現状と公共・民間の見解—」日本都市計画学会『都市計画論文集』38.3巻、2003年。

＜コラム＞根室本線（富良野〜新得間）と災害復旧問題

　根室本線（滝川〜根室間）は、道央方面から道東の主要都市の帯広・釧路等を結ぶ幹線である。当初は、旭川から官設鉄道十勝線として現在の富良野線のルートで建設され、狩勝峠を経て1907年に釧路までつながった。その後、1913年に滝川から空知川沿いの区間が開業し、1921年に根室まで全通した。輸送の隘路だった狩勝越えの区間は1966年に付け替えが行われた。

　この路線は、道央から道東太平洋側へのメインルートとして、迂回にもかかわらず優等列車が走行していたが、1981年に短絡する石勝線が開通すると、優等列車の多くが占冠経由の新ルートとなり、札幌方面からは43km、1時間以上の短縮が実現した。その結果、以前からの富良野経由の根室本線は、凋落の一途をたどった。その際、1981年に旧ルートの沿線では根室本線対策協議会を立ち上げたが、継続した取り組みにはなり得なかった。

　2016年11月に、JR北海道は「維持困難線区」を発表したが、その中で根室本線富良野〜新得間がバス転換相当（赤線区）、同線の滝川〜富良野と富良野線は地元支援相当（黄線区）と色分けされた。地元自治体は休眠状態の対策協議会を再開させ、また新得町を構成員に加えて再発足した。

　その直前の同年8月末に、同線の通る南富良野町方面が集中豪雨で被災したが、JR北海道は復旧工事をせずに放置し、東鹿越〜上落合信号場間は不通・バス代行のままとなっている。この区間は、輸送密度は必ずしも高くはないが、道央と道東を結ぶ迂回・代替ルートとしての機能を有している。

　また滝川〜富良野間でも、2019年11月には芦別市内の国道において、同線橋梁を道路走行車両が傷付け、列車の運行が数カ月にわたってできなくなった。特に貨物列車の運行停止で、農産物輸送等、物流にも大きな影響を与えた。協議会では、貨物輸送など同線の多様な可能性を考慮すべきだとする議論がなされているが、JR側との隔たりが大きく、復旧が進まないまま、こう着状況が現在でも続いている。

（武田　泉）

第3節　欧州における鉄道改革と路線維持

桜井徹

1　はじめに——欧州における鉄道の復権

日本国有鉄道が6つの旅客会社と1つの貨物会社に「分割・民営化」されてから30年以上を経過する。最大の問題は、各社間の経営格差の進行と、結果としての、路線廃止である。そのことを端的に表現しているのが、路線縮小を宣言したJR北海道である。路線の維持が「JRの公共性」[注1]であったとすれば、今日の事態は、この公共性さえも、大きく損なわれていることになる。

「分割・民営化」の下では、鉄道路線の廃止はやむを得ないことなのだろうか。本節では、スウェーデン、イギリスおよびドイツの欧州3カ国を取り上げ、この問題を考えたい。3カ国とも、1990年前後から民営化を含む鉄道改革が行われ、とくにドイツやイギリスでは路線の廃止も行われた。しかしながら近年、いずれの国も、旅客輸送という点ではわが国よりも不利な条件にあるにもかかわらず、とくに、スウェーデンは、北海道よりも人口密度が低いにもかかわらず、鉄道旅客輸送の増加や路線の維持など、「鉄道の復権」が見られるのである。

なぜ、そうなのか。結論を先取りして言えば、これらの3カ国における民営化を含む鉄道改革のあり方、公共輸送の重要な担い手としての鉄道、また地球環境からみた鉄道の優位性にたいする考え方が、濃淡の差はあれ、わが国と異なっているからである。

注1　路線維持に関して、JR東日本の元会長住田正二氏は「旧国鉄から引き継いだ七五〇〇キロの路線を使い、いかによいサービスを提供するかということ」がJR東日本の追求すべき公共性と述べた（住田〔1992〕、p. 159）。JR東海の名誉会長葛西敬之氏も「分割民営化を決めた当時の国会答弁で、政府は国鉄から継承された路線はすべて維持されると約している」（葛西〔2001〕、p. 325）と指摘している。

2 欧州鉄道改革の特徴

(1) 欧州3カ国共通の特徴：インフラ整備の国家責任と地域輸送の共同経済

　欧州鉄道改革の特徴の第一は、線路・信号・駅などの基盤設備であるインフラと旅客・貨物の列車運行であるキャリアとが分離（上下分離）されていることである。

　わが国では、JR貨物は線路を保有せず、JR旅客6社や第三セクター鉄道の路線を借りて輸送業務を行うという点では上下分離が行われたが、JR旅客会社の旅客輸送では整備新幹線を別にすれば基本的には上下一体である[注2]。

　これに対して、欧州3カ国は、導入の程度に若干の差はあるものの、基本的にEUの共通鉄道政策にそって、上下分離とオープン・アクセス（自由開放）を導入している。オープン・アクセスとは高速道路と自動車との関係、空港と航空会社の関係のように、線路（インフラ）の上を異なる輸送会社の列車が走行する、つまり線路上で競争するというものである。

　上下分離の形態には、会計的分離（同一企業内での別事業化）、組織的分離（持株会社内での別会社化）および制度的分離（資本関係のない別会社化）がある。欧州では後二者が多い。上下分離が採用された背景には、自動車と鉄道との競争の平等化（外部費用を含むイコール・フッティング：equal footing）と、オープン・アクセスが併用される場合には、線路の効率的利用を実現するという目的がある。

　第二は民営化のあり方である。わが国の鉄道改革は、全株式が上場・売却されたJR4社にみられるようにJR各社の完全民営化を目指している。確かに、JR北海道、JR四国、JR貨物の株式は政府（国鉄清算事業団、現、独立行政法人鉄道建設・運輸施設整備支援機構）が全額保有しているが、現在でも、政府は完全民営化を目指している[注3]。これに対して、欧州3カ国は部分的民営化ま

注2　新幹線のうち、「分割・民営化」以後に開業した整備新幹線は、鉄道建設・運輸施設整備支援機構が建設し、JR旅客各社に貸し付けられ、しかも貸付料はJRの受益の範囲内に設定されている（同機構「整備新幹線の建設」http://www.jrtt.go.jp/02Business/Construction/const-seibi.html）。

注3　「これらの新会社は当初は、国鉄が全額を出資する特殊会社とするが、できる限り早期に純民間会社に移行することとした」（国土交通省「国鉄改革について」http://www.mlit.go.jp/tetudo/

図4-3-1 欧州3カ国における鉄道改革モデル：国家責任・自立経済・共同経済分野

自立経済分野		共同経済分野
貨物輸送	幹線（遠距離） 旅客輸送	地域（近距離） 旅客輸送
国家による整備責任分野 インフラ（線路・信号・駅など）		

たは不完全な民営化である[注4]。とくに、鉄道インフラ保有・管理については、スウェーデンは官庁組織、ドイツは政府全額出資株式会社という違いはあれ、3カ国とも民営化されていない。各国とも鉄道インフラを民営化しないのは、道路との公平な競争に加えて、ドイツでは「生存配慮」義務と関連してインフラ整備の国家責任があるからである。イギリスは、後述するように、民営化当初は、インフラ領域も完全民営化されたが、後に、再国有化された。

　第三に貨客分離と旅客輸送の地域分割である。貨物輸送会社と旅客輸送会社に分割されたのは、日本も欧州3カ国もほぼ同一である。相異は旅客輸送の地域分割にある。

　スウェーデンとドイツは、旅客輸送については幹線（遠距離）輸送と地域（近距離）輸送に分割されたが、我が国のように幹線輸送は分割されていない。また、地域輸送は、共同経済的任務であるという観点から、地方や州の担当となっている。後述するように、公共サービス義務（PSO）の対象である。イギリスでは、旅客輸送は分割されたが、地域毎にフランチャイズ制が採用されている。

　以上に述べた欧州3カ国共通の特徴をモデル化していえば、鉄道の事業領域は、国家による整備責任分野としてのインフラ、自治体が責任を持つ共同

kaikaku/01.pdf）。
注4　不完全民営化の概念に関しては、桜井（1996）序章を参照されたい。

経済（公共サービス）分野としての地域旅客輸送、自立経済分野としての幹線旅客輸送と貨物輸送に分けられる（図4-3-1参照）。

　しかしながら、このモデルは、あくまでも制度の形式である。地域輸送が維持されうるか、インフラ＝路線が維持されるか、端的にいえば、制度が実質化されるかどうかは、公的資金の投入の程度によると思われる。地域輸送の費用は、運賃収入と公共資金を原資とするし、インフラ整備の資金は、国家責任とはいえ、やはり独立化されているので、インフラ利用料金と政府資金から成り立っているからである。

　3カ国とも、図4-3-1のモデルでは共通するとしても、「民営化」の程度、公的資金投入の程度に応じて、異なるのである。

(2)　スウェーデンの特徴

　スウェーデンでは1988年の新交通政策によって鉄道改革が行われたが、そこでは、スウェーデン国鉄SJは線路を保有する全国鉄道庁（Banverket）と地域間旅客鉄道と貨物鉄道を担う新SJに分離され、低採算の地域旅客輸送は州輸送庁が経営責任を取り、新SJに経営委託されものであった（桜井[1989]、p. 82）。その後、輸送部門に競争が全面的に導入されるが、線路保有部門は政府組織のままである。2010年に建設・維持修繕部門は国有の別法

図 4-3-2　スウェーデンの鉄道改革

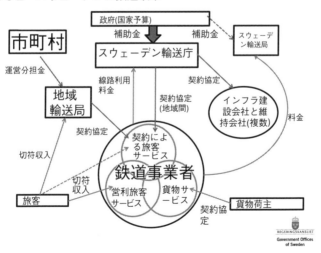

人（InfraRed）として分離・独立するとともに、全国鉄道庁は道路庁と合併し、道路をも管理する全国輸送庁（Trafikverket）に再編された（Gunnar/2016/）。とはいえ、鉄道路線の保有・管理は、政府組織が担っていることに変わりはない。むしろ、道路庁との統合は、総合交通政策の表われと言える（図4-3-2参照）。

　こうした制度の下で、スウェーデン政府は、とくに温暖化防止など、環境保護の観点から、おおむね鉄道投資に積極的である。OECDのDatasetによれば、鉄道投資額は、1995年の11億4124万ユーロであったが、その後、徐々に減少し、2001年には5億5684万ユーロまで低下する。だが、その後、増加に転じ、2007年以降から2015年まで12億ユーロから14億ユーロまでの間にある。国内交通インフラ投資・維持経費に占める鉄道インフラ投資・維持経費の割合を算出すると、1995年から2014年までは42％であった。

(3)　イギリスの特徴

　イギリスでは、1994年4月1日に行われた鉄道改革で、ほぼ全国一元的な線路所有・運営会社であるレールトラック（Railtrack）社と25のフランチャイズの旅客輸送会社（Operating Company）と多数の貨物会社および車両リース会社などに、つまり「英国鉄が百余りの部品会社に解体」（Haylen & Butcher [2017], p. 27）されたのである。

　しかし、レールトラック社は、2001年に破産する。線路投資を十分に行わず、また旅客列車との連携が十分でなく、2000年前後の数度の鉄道事故、とくに2000年10月のHatfield列車脱線事故の影響もあって、業績が悪化したからである。破産を受けて、2002年10月1日に同社の業務は非営利の「保証有限会社」（a company limited by guarantee）であるネットワーク・レール有限会社（Network Rail Limited）に継承されたが、その後、EUの財務報告規則に対応するために2014年に中央政府組織（central governmental body）に転換され（DfT 2014, p. 8）、名実ともに再国有化されたのである（図4-3-3参照）。

　ネットワーク・レールの収入は、政府からの補助金と線路使用料によるが、大部分は政府からの補助金[注5]であり、民営化以後も政府補助金は増加し続け

注5　2013/14年のネットワーク・レール社の収入62億ポンドのうち、政府補助金37億ポンド、線路使用料24億ポンドであった（CMA, p. 48）。

図 4-3-3　イギリスの鉄道改革

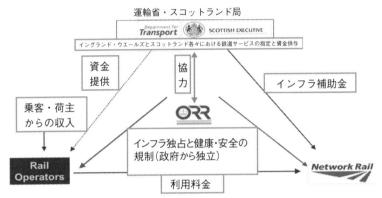

出所：Network Rail, Network Rail Limiyrd's Annual Report and Accountants 2017, p.53（一部補足）。

ている。

　フランチャイズ鉄道は、競争入札があまり行われず（CMA〔2016〕, p. 68）、利益が保証されている民間独占会社であるという批判が強い。運賃も上昇するだけでなく各社別に複雑になっていることや、混雑などのサービス低下が見られるようになっている。そうした結果、2020年3月1日から、北部における最大のフランチャイズ鉄道Northern Railwayが少なくとも2年間再国有化されることになった。同鉄道を運営してきたドイツ鉄道の子会社であるArriva社が、同鉄道の輸送障害などの理由からフランチャイズ権を英国運輸省に返還したからである。The Economist 2020年2月1日号の記事によれば、すでに、The East Coast Mainline も期限付きで再国有化されているし、Trans Pennine Express, Greater Anglia および South Western Railway も同様に再国有化される瀬戸際にあると伝えている（The Economist 2020）。このため、英国人の50%以上が、鉄道旅客輸送全体の再国有化を支持している。

　イギリスの鉄道投資は1995年の24億ユーロから2003年の75億ユーロまで増加し、その後、一時的に減少するが、2006年以降から2014年まで70億から80億ユーロを前後する。交通インフラ投資・維持経費に占める鉄道インフラ投資・維持経費の割合では、1995年から2004年で48%、2005年から2014年で、52%になった。

図 4-3-4　ドイツにおける鉄道システム

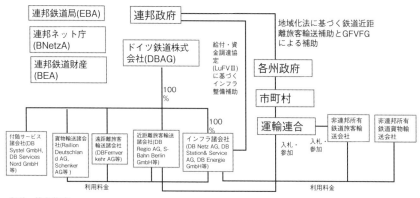

出所：筆者作成

　こうした鉄道投資額の増加にもかかわらず、すでに述べたよう、運賃上昇がみられ、ドイツほどではないが、路線の廃止もみられるのである（1995年1万7069キロから2014年1万6209キロ）。後述するように、イギリスの鉄道路線は、既に1960年代のビーチング計画で約5000キロ削減されている。

⑷　ドイツの特徴

　ドイツでは、鉄道改革は1994年1月1日に、東西ドイツの国鉄が合併し、株式会社化する形で行われた。当初はドイツ鉄道の中に、線路保有、遠距離旅客、近距離旅客および貨物輸送の各部門が併置されていたが、1999年にドイツ鉄道の持株会社化に伴い、各々子会社として独立した（図4-3-4参照）。

　線路保有会社は、「インフラ整備の国家責任」という考え方から、連邦政府の過半数所有が基本法で明記されている（桜井1996）。2008年に連邦議会でドイツ鉄道の民営化計画が決定されたが、しかし、インフラ会社だけでなく、貨物・遠距離・近距離輸送の会社では株式上場は今日まで実現されていない。

　ドイツの鉄道投資額はOECDのDatasetによれば、1995年の57億4700万ユーロから2002年と2003年には74億ユーロ、73億ユーロに増加するが、その後、2009年には34億1200万ユーロに減少し、2015年に47億5000万ユーロに増加する。

また、国内交通インフラ投資・維持経費に占める鉄道インフラ投資・維持経費の割合は、1995年から2004年で33%、24%にとどまっている。連邦政府による鉄道支出額の推移を見ても1995年の157億ユーロから漸次減少し、2001年には85億ユーロとなり、その後、一進一退を繰り返すが、2015年で103億ユーロである。全体として見れば、鉄道改革以後におけるドイツにおける鉄道投資は停滞している。ただし同時期、ドイツの高速鉄道網は447キロから1475キロに増加している。

3　旅客輸送からみた欧州3カ国の特徴

　欧州3カ国の鉄道が旅客輸送に占める比率は、人口および人口密度に対応して、絶対的にも相対的にも低い。ドイツの鉄道旅客輸送量（人キロ）は、わが国の約20%、イギリスは15.3%、スウェーデンでは1.4%である。鉄道旅客輸送密度でみても同様であるが、ドイツはJR北海道をわずかに上回る程度である。スウェーデンは3分の1である（表4-3-1）。
　鉄道の役割を正確に把握するには、日本と比べて逆に輸送分担率に占める割合が高い貨物輸送を含めて考える必要があるが、ここでは省略する。それでも、次のことが言える。欧州3カ国では、鉄道改革以後における旅客鉄道輸送量の伸び率が、わが国に比べて高いことである。わが国では鉄道輸送の

表4-3-1　欧州3カ国と日本・北海道の人口・面積、鉄道関係指標

	ドイツ	イギリス	スウェーデン	日本	北海道
人口（千人）　a	80,220	64,716	9,779	127,095	5,382
面積（k㎡）　　b	357,376	242,495	438,574	377,971	83,424
人口密度（人）　c=a/b	227	267	22	336	65
鉄道路線距離（km）d	38,836	16,209	10,881	27,761	2,458
鉄道貨物輸送量（百万トンキロ）e	113	22	21	21	—
鉄道旅客輸送量（10億人キロ）f	90	65	12	413	4
鉄道路線人口密度（千人）a/d	2,066	3,993	899	4,578	2,190
鉄道旅客輸送密度（千人）f/d/365	6	11	3	41	4

注）人口と面積は2015年。鉄道関係は2014年（日本と北海道は2014年度）計人口2015年
出所）総務省『世界の統計2017』、EU（2016），Transport in Figures，国土交通省『鉄道統計年報』
　　2014年から作成。

表 4-3-2　欧州３カ国と日本の鉄道旅客輸送量の推移

（単位：10億人キロ）

	1990年 (a)	1995年 (b)	2000年	2005年	2010年	2014年 (c)	伸び率 (c)/(a)	伸び率 (c)/(b)
ドイツ	61	71	75	77	84	90	147%	126%
うち近距離		35	39	43	50	55		157%
イギリス	33	30	38	45	56	65	194%	214%
うち長距離を除く		20	26	29	36	42		210%
スウェーデン	7	7	8	9	11	12	183%	178%
うち地域鉄道				4	5	6		150%
日本（民鉄とJR）	387	400	384	391	393	413	107%	103%
日本（JR）	238	249	241	246	245	260	109%	104%

注）欧州３カ国は暦年、日本は年度。スウェーデンの地域鉄道の伸び率は 2014 年 /2005 年。
出所）EU（2016）, Transport in Figures, Bundesministerim für Verkehr und digitale
　　　Infrastruktur（2017）, Verkehr in Zahlen 2017/18, Department for Transport（2017）,
　　　Rail Statistics：Passenger kilometres by sector - Table 12.3, Trafik analisys,
　　　Bantrafik 2009 年、2010 年、2016 年版から作成。国土交通省（2017）『鉄道統計年報』
　　　2014 年度版から作成。いずれもウエブサイトから。

社会的役割が大きくならないのに対して、欧州３カ国は、大きくなっている
と読むことができる。

　1990年を起点に鉄道旅客人キロを取ると、2014年の伸び率は、JRと民鉄
を合計した日本の値は107%、JRだけだと109%である。対して、ドイツは
147%、イギリスは194%、スウェーデンは187%と伸びている（表4-3-2）。ス
ウェーデンでは、環境保護活動家であるグレタ・トゥーンベリさんが2018年
に〝飛び恥〟（flyshame）を主張して以来、航空機よりは鉄道を利用する乗客
が増えている（Williams 2019）。

　しかも、注目されるのは、欧州３カ国の旅客鉄道輸送量の増加が、幹線な
いしは遠距離輸送だけでなく、むしろ地域輸送ないしは近距離輸送でみられ
ることである。もちろん、地域輸送ないしは近距離輸送には、日本でいう
ローカル線だけでなく都市内輸送も含まれるので、ここから直ちにローカル
線輸送量の増加があったとは主張できない。地域輸送ないしは近距離輸送に
おける鉄道の役割が高くなっていることは確認しておきたい。

　しかしながら、すでにみたように、各国で、とくにドイツとイギリスで路
線の廃止も進行したのである。

4　EUの公共サービス義務（PSO）と鉄道に対する公共補償

　EUの公共サービス義務（Public Service Obligation：PSO）は、1969年の規則に始まり数回の改定を経て、現在は、2007年の規則[注6]が基本的に適用されている。

　PSOは、同規則の定義によれば、「事業者が自己の営利的利益（commercial interest）を考慮すると、報酬がなければ一般的利益に合致する公共旅客輸送サービスと同一の程度と範囲で提供できないような場合、そうした一般的利益をもつ公共旅客輸送サービスを監督官庁が確保しようとする必要条件」をいう。一般的利益から必要とされる旅客輸送サービスを監督官庁が事業者に行わせる場合に、それに対して補償を行うというものである。

　一般的利益のサービスとは何か。ここに、鉄道事業の公共性を求めることができる。第一条の説明では「市場の力にゆだねていた場合には実現できない安全で、高い品質の、そして安い価格で提供されるサービス」と言われている。換言すれば、「不採算であっても、社会的に望ましい」（Holvad〔2017〕, p. 26）サービスである。

　さらに、交通における一般的利益には、アクセス確保、雇用確保、環境保護や地域発展における社会的役割も含まれている。鉄道旅客輸送は、この交通旅客輸送の中核と把握すれば、ここに、EUにおける鉄道の公共性と社会的役割の一般的概念を見いだすことができる。もちろん、しばしば、他の公共旅客輸送、とくに乗り合いバスとの効率性の問題が指摘される。不採算だが、社会的に望ましい一般的利益を公共旅客輸送は有することを確認しておきたい[注7]。

　PSOによる旅客輸送は鉄道輸送全体の中でどのくらいの比率を占めているのか。2014年の統計によれば、EU28カ国全体では4280億人キロのうち68.1％であるが、欧州3カ国では、スウェーデン49.8％、イギリス96.1％、ドイツ60.1％である[注8]。

注6　Regulation No.1370/2007 of the European Parliament and of the Council of 23 October 2007, on public passenger transport services by rail and by road and repealing Council Regulations（EEC）Nos 1191/69 and 1107/70）.

注7　後述するドイツにおける生存配慮に類似する概念であるが、国家責任を強調しない点で生存配慮とは異なるとされている（Linke〔2009〕, p. 34）。

注8　EC, Statistical Pocketbook 2016：EU Transport in figures, p. 53.

鉄道運営費にしめるPSO補償の割合は、2012年の調査では、EU平均は41%程度であるが、同様に、イギリス60%、スウェーデン25%、ドイツ69%である[注9]。

　EU全体の鉄道収入＝費用額は1121億2700万ユーロ（2010年価格）で、その内訳は、旅客収入464億2000万ユーロ、貨物収入200億1100万ユーロ、補助金350億1400万ユーロ、その他106億8200万ユーロとなり、補助金は31.2%を占める。この補助金にはインフラ投資補助や貨物輸送補助なども含まれており、公共輸送補償は200億ユーロと推定されている。

　EUの2007年の規則は、69年の規則に比べて、いくつかの変化がある。最大の変化は、公共補償に関する報告書の提出を義務付け、公共補償に透明性を確保しようとしたことと公共サービス契約は競争入札方式を原則としたことである。鉄道市場内での競争（competition in-the-market）ではなく、鉄道市場を目指す競争（competition for-the-market）の導入によってコストの低減を図ろうとするものである（Finger and Rosa 2012, p. 27）。ただし、一定の条件の下では、地方主務官庁が直接経営ないしは直接指名できるとした。

　この背景には、「鉄道への多額の補助金にかかわらず、EUの多くの鉄道事業は数年にわたり損失を出しており、納税者によって救済（bail out）されねばならなかった場合もかなりある」（EC2013, p. 2）ことや、「今日の政策決定者たちの注意は、（公共鉄道旅客）会社の過剰な資金補償を回避しようとして競争規則に集中している」（CER2011, p. 7）という理由がある。つまり、PSOを維持しつつ、公共補償を削減しようとするところに関心が向けられている。事実、さらに範囲を限定し、競争をベースとしたPSOの導入がなされつつあり（2016年12月の修正規則）、論点となっている。この中で、各国とも地域鉄道を維持しなければならないのである。

5　地域鉄道の維持における欧州3カ国の取り組み

(1)　スウェーデン

　スウェーデンは、地域旅客輸送は地域輸送庁と契約した鉄道輸送事業者が

注9　Steer Davies Gleave（2016）, p. 24.　数字は図から読み取っているので正確ではない。なお、スウェーデンの比率が低いのは、インフラへの政府補助を多くしているためであるという。

担っており、州（Landsting）や自治体（Kommun）から直接的に、全国輸送庁に支払う利用料金を通じて間接的に補助されている。地方輸送庁は車両も提供する（Trafik analys〔2014〕, p. 19）。

　鉄道を含む公共交通の補助額は収入全体の51.7%を占め、内訳は州45.5%、自治体5.7%、政府1.0%であり、鉄道単独の数値は不明であるが、鉄道の営業係数（費用÷収入）が49.8、バスが53.6であるので、ほぼ同数値であると推定できる。

　地方輸送庁と契約する前提として、競争入札制が採用されており、このことによって、補助額は10〜25%低下したと言われる（Alexanderson, Gunnar〔2016〕）。乗客数の少ない地方路線に参入があるかは不明であるが、競争入札を通じて、輸送費用を削減しようとしているのである。とはいえ、地方輸送庁が責任をもって不採算サービスを提供しようとしていることはわが国と異なる。スウェーデン交通分析庁も、スウェーデンから日本が学ぶべき点として、オープン・アクセスとともに、「不採算であるが社会経済上および地域発展上の理由によって輸送を維持すべき地方において適切に鉄道輸送を組織すること」であることを指摘している。「日本は輸送サービス供給が鉄道会社のビジネスに含まれている」ことを暗に批判している（Trafik analys〔2014〕, p. 67）。

　JR北海道とスウェーデン鉄道を比較した2018年の論文（Kurosaki & Alexanderson 2018）によれば、1988年を100とした2015年の数字は、営業距離ではJR北海道80に対してスウェーデン94、旅客輸送人数では130に対して289、旅客輸送量（人キロ）では76に対して189、旅客列車数では76に対して134、従業員数では54に対して58、人口では95に対して116、人口密度では95に対して117と、いずれの数値も、JR北海道の「衰退」とスウェーデン鉄道の「伸長」が対照的である。

　この背景には、上でみた制度的保障がある。とくに、スウェーデンにおける政府による鉄道投資の増加がある。

⑵　イギリス

　イギリスは、民営化後、それほど路線は廃止されていない。むしろ、1963年に当時の英国鉄総裁のビーチングが主導した計画（Beaching Plan）によって、

2300の駅と3500マイル（約5600キロ）の路線が廃止されたのである。

　地方線に関して注目されるのは、次の2点である。第一は、路線の再活性化が見られると言うことである（The Economist 2016）。第二に旅客輸送や駅の廃止を防ぐために、地方路線・駅をサポートするコミュニティ鉄道パートナーシップ（Community Rail Partnership：CRP）の存在である。

　前者では、すでに住民の要求に応える形で2006年頃から廃止されていた路線の一部が復活されていた（The Economist 2016）。

　注目すべきは、2020年にBrexitを掲げて再選されたジョンソン政権が、選挙前の公約に基づいて、5億ポンド（約700億円）の基金を設置して、廃止路線と駅の復活の調査をおこなうことを決定したことである。その一環として2020年1月28日、交通省は、ノースハンバーランド州のAshington-Blyth-Tyne 線（約19.2キロ）と Thornton-Cleveleys-Fleetwood線（約11.2キロ）の2路線の再開に着手した。事業開始に際して、交通大臣は「交通への投資は全国を横断する機会へのアクセスをレベルアップし、地域の結合をより強化し、コミュニティを反映させ、そして50年以上にわたる孤立をなくす上で、不可欠である」と地域経済の活性化に、鉄道の復活が貢献することの意義を述べている（Wright 2020）。この基金設定に関しては、「ビーチング時代の路線と駅の再開を目指して」とする割には金額が少なすぎるという批判がなされているが、廃止路線の復活に着手しだしたということは注目される。

　後者のCRPは、現在、イングランドとウエールズに限定して言えば、公式には39路線、1210マイル（約1936km）に達し（DfT 1995から算出）、スコットランドを除くイギリスのネットワークの路線1万4042マイル（2014/15）に対して8.6％に達している。

　CRPは、1991年、民間で独自に開始され、民営化に際して、地方路線の運営を受託するミニフランチャイズの獲得を目的にしていたが、政府がそれを拒否した（Association of Community Rail Partnerships：ACoRP, WebsiteのHistoryの項参照）。その後、パートナーシップとして各地に展開され、2004年にイギリス運輸省も Community Rail Development Strategy でCRPを地方路線運営の手段とするに至っている。同省は、利用者増加、コスト削減、自治体関与の強化、社会経済発展の支援という4つを、その目的にあげている（DfT 2017, pp. 10-11）。

CRP増加の背景として二つのことが指摘できる。一つは、地方線・駅の廃止を防止し、地域社会を活性化したいという市民・住民運動の反映と同時に、もう一つは、政府補助を削減したいという政府の意図である[注10]。

　わが国では地方鉄道の再生協議は第三セクター中心であるのに対して、イギリスのCRPが再生の対象とする路線は、わが国のJRに当たるフランチャイズ鉄道の運営路線であり、自治体の支援とともに、フランチャイズ鉄道からの寄付がCRPの最大の活動財源となっているのである。CRPが保証有限責任会社形態やパートナーシップ形態で運営されていることは、わが国の協議会方式では、自治体・事業者・住民の連携や市民内部の連携が十分でないと指摘（下村〔2011〕）されていることからも、CRPが示唆に富む方式であることを表わしている。

(3)　ドイツ

　ドイツでは鉄道改革に際して、「公共近距離旅客輸送は生存配慮の任務」であるとする地域化法によって、鉄道、路面電車、バスを含む公共近距離旅客輸送の地域化が行われた。連邦政府からの鉱油税を財源とする助成金＝地域化資金の交付を前提として、その輸送責任と財政責任が連邦政府から州政府および自治体に移管された。州政府・自治体、あるいは運輸連合が注文主となり、ドイツ鉄道または新規参入業者に輸送業務を委託することとなったのである。

　運輸連合（Verkehrsverbund）は、元々は大規模ないしは中規模の都市における運賃率やダイヤの調整を行っていたが、地域化の任務を果たすため、多くの地域に設立され、2018年現在では、ドイツ公共交通企業連盟所属だけでも約50の運輸連合が存在する（VDV 2019-b, p. 46）。

　この地域化は、一面では、地域交通の一元的経営・管理を可能にするものであり、地域化資金が以前よりも増加したこともあって、ドイツの鉄道近距離輸送量を増加させたという肯定的側面（Engartner 2008, p. 161）を有する。

注10　鉄道に対する政府補助金は、1994/95年の16億9700万ポンドから2006/07年に63億800万ポンドと頂点を迎え、以後、漸減し2014/15年は48億4600万ポンドとなる。ただし、2014/15には高速鉄道HS2の補助金3億6200万ポンドが含まれている（Department for Transport, Rail Statistics：Government support to the rail industry：annual from 1985/86 - Table RAI0302）。

しかし、他面では、地域化は地方への負担転嫁、ドイツ鉄道の輸送義務免除という側面を持っており、地域化資金の使途が鉄道に限定されていない事情や、また、地域化資金が増減する事情をも考慮したとき、とくに採算性の低い地方線の廃止が危惧されていたのである（桜井1996、pp. 266-274）。

　事実、路線認可の監督官庁である連邦鉄道庁（Eisenbahn Bundesamt：EBA）がウェブサイトで公開している統計によれば、1994年から2017年までの間に、499路線5141kmが廃止された。それは、1994年の営業距離4万355kmに対して12.7％に相当する。『鉄道改革20年』は、1976年に策定された「経営適正規模」で想定された路線距離よりもはるかに多くの路線が維持されていると、路線廃止を正当化しているが（DB2014, p. 114）[注11]、やはり廃止規模が大きいことは否定できない。

　しかしながら、注目すべきは、イギリスの場合と同様に、廃止された路線の復活が実施されつつあることである。ドイツでは、再活性化（Reaktivierung）と呼ばれる。

　公共交通の乗客の利益を代表する目的をもった連合体である乗客連合（Pro-Bahn）によれば、1994年以来、再活性化された鉄道路線（廃止路線だけでなく営業停止区間をも含む）は1133kmに達している（https://www.pro-bahn.de/fakten/reakt.htm）。その際に、市民団体のイニシャティブと、運輸連合が大きな役割を果たしていた。

　とりわけ、この再活性化は、温暖化防止の観点から連邦政府の重要な交通政策になっている。現連立政権は、移動性を高め、排出ガスの削減を進める戦略（Mobilitäts-und Kraftstoffstrategie）を設定し、その中心政策の一つが2030年までに鉄道旅客数を2倍にし、貨物輸送も鉄道貨物への移転を進めることである。

　廃止路線の復活については、連邦交通省から委託を受けたドイツ公共交通企業連盟が、2019年5月に186線、3110キロの廃止路線の復活を内容とする提言書を公表している（VDV, 2019-a）。

　再活性化を進めるために、2020年2月に、地域化法と市町村交通財政援助

注11　なお、DB（2014）では1994年から2012年までのドイツ鉄道の路線縮小は17％とされており、上記の12％と合わない。路線廃止でなく民間鉄道会社に移譲された部分も含められているのではないかと思われる。

法（GVFG）を改正する法案が成立し、2030年までに州や自治体への財政補助を増額することが決定された（BMVI 2020）。

　地域化法改正では、2019年現在の地域化資金86.5億ユーロに対して、2020年に予定されていた88億ユーロに1.5億ユーロ増額し、その後、毎年1.8%ずつ増額し、増額分は2020年〜2023年までは12.2億ユーロに、2020年〜2031年までは52.4億ユーロになるとされている。その使途は鉄道近距離旅客輸送サービスの改善とインフラ投資、地方鉄道車両整備などとなっている。

　また、後者のGVFG法は、公共近距離旅客輸送の設備投資に対する連邦政府の援助額を規定した法律であるが、改正法では、2019年現在の援助額3億3200万ユーロを2020年に2倍の6億6500万ユーロに増額すること、2021年から10億ユーロに引き上げ、さらに2025年からは温暖化防止計画プログラムの中で、20億ユーロとすることが規定された。

　これらの改正は、野党からはなお少額すぎるという批判もあり（Deutscher Bundestag 2020, p. 6）、また、再活性化に際しても、実際の路線復活までには紆余曲折も予想される。とはいえ、ドイツ連邦政府が地球温暖化防止の観点から、ローカル線の路線復活に舵を切ったことは確かである。

6　むすびにかえて——わが国の鉄道改革への示唆

　現在、わが国の鉄道事業の最大の課題は、経営格差および不採算路線の維持に関わる問題であった。スウェーデン、イギリスおよびドイツの経験からは、インフラの国家整備が行われていること、地域交通の公共サービスとしての位置が制度的に確定していることを述べた。同時に、鉄道投資額の推移に見られるように、政府の姿勢に相違があり、とくにドイツやイギリスでは路線廃止が見られた。しかしながら、近年、市民の力を背景にしつつ、路線復活が見られるのである。そして、それを可能にしたのが、制度的保障である。

　とりわけ、JR北海道の再生を図る上では、こうした制度的保障とともに、JR北海道よりも輸送密度が低いスウェーデンで、輸送量だけでなく輸送密度を高め、人口を増やしているという点は大いに参考にすべきである。

【参考文献】

Alexanderson, Gunnar (2016), Lessons Learnt from Railway Deregulation and Tendering in Sweden, Nordic Public Transport Conference, NLTM. (http://nordicpublictransport. com/wp-content/uploads/31_Gunnar-Alexandersson-2016-06-16_Alexandersson_Railway-deregulatio4_n.pdf).

Allianz pro Schiene (2015), Stadt, Land, Schiene: 15 Beispiele erfolgreicher Bahnen im Nahverkehr.

Bundesministerium für Verkehr und digitale Infrastrukutur (BMVI) (2016), *Bundesverkehrsswegeplan 2030*.

Bundesministerium für Verkehr und digitale Infrastrukutur (BMVI) (2020), Bundes-mittel für öffentlichen Nahverkehr werden massiv aufgestockt (https://www. bmvi.de/Shared Docs/DE/Artikel/K/bundesmittel-oepnv.html).

CER (2011), Public Service Rail Transport in the European Union: An Overview.

CMA (2016), Competition in Passenger Rail-services in Great Britain: A policy document.

Community Rail Lancashire (CRL) (2017), *Annual Report 2016/17*.

CREDO (2017), Ensuring a Sustainable Rail Industry: Options for Developing Franchised Passenger Services.

DB (2014), *20 Jahre Bahnreform und Deutsche Bahn AG – Erfolge und künftige Herausforderungen*, DVV Media Group.

Department for Transport (DfT) (2017), Community Rail Consultation: Moving Britain Ahead.

Department for Transport (DfT) (2015), Collection Community Rail Lines.

Department for Transport (DfT) (2014), Network Rail Framework Agreement.

EC (2013), Commission Staff Working Document Executive Summary of the Impact Assessment, *SWD* (2013) 11 final.

Engartner, Tim (2008), *Die Privatisierung der Deutschen Bahn: Über die Implementierung marktorientierter Verkehrspolitik*, Verlag der Sozialwissenschaften.

Finger, Matthias and Andrea Rosa (2012), Governance of Competition in the Swiss and European Railway Sector: Final Research Report to the SBB lab, University of St.Gallen, May 2012.

Haylen , Andrew & Louise Butcher (2017), Rail Structures, Ownership and Reform, *Briefing Paper*, Number CBP 7992, House of Commons Library.

House of Commons Library (2012), Railways: Rural and Community Lines.

Holvad, Torben (2017), Market Structure and State Involvement: Passenger Railway in Europe Maasimo Frolio (ed.), *The Reform of Network Industries: Evaluating Privatisation, Regulation and Liberalisation in the EU*, Edward Elgar Publishing.

Kurosaki, Fumio & Gunnar Alexanderson (2018), Managing Unprofitable Passenger Rail.

Operations in Japan – Lessons from the Experience in Sweden, *Research in Transportation Economics*, Vol. 69, pp. 460-469.

Linke, Benjamin (2009), *Die Gewährleistung des Daseinsvorsorgeauftrags im öffentlichen Personennennahverkeh*r, Nomos.

Network Rail Limited (2017), *Annual Report and Accounts 2017*.

Steer Davies Gleave (2016), Study on Economic and Financial Effects of the Implementation of Regulation 1370/2007 on Public Passenger Transport Services.

The Economist (2004), Railway：Off track, Nov.25th of 2004 (on line) .

The Economist (2015), The Gravy trains：Why Labour's plans to renationalize the railways are so popular, Oct. 3rd of 2015.

The Economist (2016), Re-coupling：Many railway lines in Britain that were closed in the 1960s are reopening, Apr. 14th of 2016 (on line) .

The Economist (2020), Britain's government renationalises Northern Railways, Feb. 1st of 2020 (on line) .

Transport Regeneration (2015), The Value of Community Rail Partnership and the Value of Community Rail Volunteering.

Trafik analys (2017), Bantrafik 2016.

Trafik analys (2014), Railway in Sweden and Japan–A Comparative Study, Brita Saxton.

VDV (2019-a), VDV, Auf der Agenda：Reaktivierung von Eisenbahnstrecken（なお、2020年4月 に同名の改訂版が公表されている [https://www.vdv.de/reaktivierung-von-eisenbahnstrecken-2020.pdfx]）.

VDV (2019-b), *2018 Statistik* .

Williams, Ingrid K. (2019), Dispatch from the land of flight shaming, or how I became a train boaster, *New York Times*, Dec.18th of 2019.

Wright, Mike (2020), Ministers announce £20m new station boost for Beeching, *The Telegraph*, Jan. 28th of 2020 (on line) .

葛西敬之 (2001)『未完の「国鉄改革」 巨大組織の崩壊と再生』東洋経済新報社。

黒崎文夫 (2013)「研究員の視点　日本の鉄道が果たすべき新たな役割」（http://www.itej.or.jp/assets/seika/shiten/shiten_150.pdf）。

桜井　徹 (1989)「西ドイツ、スイス、スウェーデンにおける国鉄改革について―区分経営を中心に―」『交通権』第8号。

桜井　徹 (1996)『ドイツ統一と公企業の民営化―国鉄改革の日独比較―』同文舘。

桜井　徹 (2008)「ドイツ鉄道改革と実質的民営化」『運輸と経済』第68巻第7号。。

下村仁士 (2011)「英国のコミュニティレールが与える地方鉄道活性化への示唆」『交通権』No.28。

住田正二 (1992)『鉄路に夢をのせて』東洋経済新報社。

追記

本稿は桜井　徹 (2018)「欧州における鉄道維持の取り組み　鉄道事業の公共性」『経済』No.270に 大幅修正を加えたものである。また、一部を除き、URLを省略している。

補足

　コロナ危機は、人々の移動制限、従って、旅客収入源を通じて、鉄道事業者にも大きな影響を及 ぼしている。ここでも、日本と欧州との鉄道維持政策の違いを、みてとることができる。とくに、 ドイツの場合、2020年6月3日に決定された「景気循環プログラム」の概要を決定した連立政権 の政策（Corona-Folgen bekämpfen, Wohlstand sichern, Zukunftsfähigkeit stärken Ergebnis Koalitionsausschuss 3. Juni 2020）において、①ドイツ鉄道への増資50億ユーロ、②地域化資 金の積み増しとして25億ユーロとともに、③公共近距離旅客輸送の収入源に対する補塡助成が 規定された。この補塡助成額は、EU委員会によって、60億ユーロが認定された（Europäische Kommission – Pressemitteilung, Staatliche Beihelfen：EU-Kommission genehmigt mit 6 Mrd. EUR ausgestattete deutsche Regelung für coronageschädigte Verkehrsunternehmen, Brüssel, 7.August 2020）。

第5章 持続可能な社会の形成と鉄道の再生の可能性

第1節　JRグループの再編

大塚良治

1　はじめに——国鉄改革と不採算路線問題

　1987年4月、日本国有鉄道（国鉄）の鉄道事業等を継承して、旅客鉄道株式会社および日本貨物鉄道株式会社（JR貨物）の「JRグループ」が発足した国鉄の「分割・民営化」から、30年を超える歳月が流れた。JR各社は、国鉄の「分割・民営化」に伴い、国鉄清算事業団の全額出資により1987年4月より営業を開始した。このうち、「本州三社」と称される東日本旅客鉄道（JR東日本）、東海旅客鉄道（JR東海）、および西日本旅客鉄道（JR西日本）と比べて、北海道旅客鉄道（JR北海道）、四国旅客鉄道（JR四国）、および九州旅客鉄道（JR九州）は「三島会社」と称され、当初から厳しい経営が予想されていた。そのため、三島会社については発足時に各社において「経営安定基金」（およびそれに対応する「経営安定基金資産」）が設定され、その運用益で営業損失を償うスキームが用意された。

　本州3社が順調に業績を伸ばして上場を果たしたうえで「完全民営化」を達成する一方、「三島会社」の鉄道事業は発足以来一貫して営業損失を計上し続けた。その中で、JR九州は不動産事業をはじめとする非鉄道事業を伸ばすことで収益基盤を確立したことが評価され、2016年10月に東京証券取引所第1部などへ上場し、同日政府機関である独立行政法人鉄道建設・運輸施設整備支援機構（鉄道機構）保有の全株式が売却されて「完全民営化」を果たした。

　一方、JR北海道、JR四国、およびJR貨物については現在に至るまで上場は実現していない。つまり、これら未上場JR3社については現在もなお、鉄道機構が全額出資する特殊法人のままである。

　国は運賃の据え置きやサービス改善、法人税を納めるようになったこと等をもって国鉄「分割・民営化」の成果を強調しているが[注1]、JR旅客全社にお

注1　国土交通省「国鉄改革について」『国土交通省ホームページ』、6-10頁。www.mlit.go.jp/tetudo/kaikaku/01.pdf

244

いて地方交通線を中心とする不採算路線および大都市近郊路線での運行本数減少や、JR旅客会社をまたぐ列車の減少が断行されるなど、弊害も見られるようになってきた。JR北海道は2019年10月に旅客運賃・料金の引き上げに踏み切った。また、JR旅客会社は、地域分割が基本とされたものの、新幹線については、路線ごとの分割となったために、JR東日本の管轄エリアである東京都、神奈川県、およびJR西日本の管轄エリアである滋賀県、京都府、大阪府、およびJR九州の管轄エリアである福岡県においては、新幹線と並行する在来線の運営会社が異なるねじれ現象が生じ、一部区間では新幹線と在来線の競争が発生する矛盾が生じることとなった。

　本節は国鉄の「分割・民営化」の弊害の緩和を導くための制度を提案することを目的として、JRグループの再編スキームおよび経営支援制度に関する政策提言を行うものである。なお、本論は大塚［2014］および大塚［2019b］をベースに、これら論稿の公表以後の情勢の変化や筆者の新たな考えを加えて再構成した論稿となることを予めお断りしておきたい。

　本節は次の順序で議論を進める。第2項で国鉄改革とJRグループの発足の経緯の確認から出発し、第3項で国鉄「分割・民営化」の弊害、第4項で未上場JR3社の経営課題を概観する。そして第5項は未上場JR3社の再編に向けた一試案として、持株会社「日本鉄道グループホールディングス（仮称）」創設の政策提言と財源確保について述べる。そして、第6項でJRグループの経営形態見直しに向けてまとめを行う。

2　国鉄改革とJRグループの発足

　国鉄は1960年代の高度成長期以降、モータリゼーションの進展や高速道路の整備、競合交通機関の発達などに伴い、旅客輸送および貨物輸送の両面で輸送分担率（シェア）を落とす。東海道新幹線開業の1964年には純損失に転落し、国鉄最終年度の1986年度までには毎年度およそ1兆円の純損失を計上し続けた。

　1985年7月26日、国鉄再建監理委員会は、巨額の累積債務や深刻な労使問題で経営難に陥っていた国鉄を民営化し、地域ごとに6分割する答申を当時の中曽根首相に提出した。これが、JR旅客6社とJR貨物発足へとつながっ

た[注2]。『国鉄再建監理委員会答申』は、「労働側も、国有鉄道であるがゆえの親方日の丸意識が払拭されきれていない上に、外部（政府－大塚注）からの介入によって経営が左右されることもあって、生産性向上意欲やコスト意識が乏しくなる傾向にある」と指摘し、公社形態からの脱却の必要性を強調した[注3]。

　1987年4月1日、国鉄は日本国有鉄道清算事業団に移行し（日本国有鉄道改革法第15条）、JR旅客6社とJR貨物のJR7社の株主となった。1987年の国鉄長期債務は25.4兆円、三島会社への経営安定基金1.3兆円等を含めた長期債務等の総額は37.1兆円に及び、そのうち国鉄清算事業団に継承されたのは25.5兆円、JRおよび本州3社の新幹線設備を保有する新幹線鉄道保有機構に引き継がれたのは計11.6兆円であった[注4]。

3　国鉄「分割・民営化」の弊害

　しかし、国鉄の「分割・民営化」の弊害はあらゆるところに表われている。例えば、先にも指摘した、新幹線と在来線で運営会社が分かれた区間で生じることとなったJR旅客会社同士の競争を挙げることができる。たとえば、東京～熱海間では東海道本線がJR東日本、東海道新幹線はJR東海が管轄し、普通乗車券および定期乗車券等では現在も選択乗車が可能である。しかし、フリーきっぷ等の企画乗車券については「分断」が行われた。国鉄時代から販売されていた「伊豆フリーＱきっぷ」は出発駅とフリーエリアの間の往復に東海道新幹線と東海道本線の選択乗車が可能で、かつJR東日本およびJR東海の駅で発売していたが、2013年10月31日をもって廃止された[注5]。

　新幹線と在来線の競争関係はこの他にも、米原～新大阪間のJR西日本・東海道本線とJR東海・東海道新幹線、および小倉～博多間のJR九州・鹿児

注2　「はかた新幹線30歳〈3〉小倉―博多間は『西日本』帰属～ 1985年7月26日」『読売新聞（福岡版）』2005年1月5日付朝刊。
注3　以下、本論の議論は、大塚［2014］および大塚［2019b］に依拠して展開する。なお、公企業の経営非効率性については、Herald=Steel［1986］も「公企業は本質的に民間企業よりも効率性が低い。なぜなら、資本市場および生産市場の規律から隔離されているからである」と述べている。
注4　建交労［2012］、123頁および本書第1章第1節参照。
注5　大塚［2016］。

島本線とJR西日本・山陽新幹線の間にもみられる。

　これらの区間でJR旅客会社同士が顧客獲得競争を繰り広げるのは、JR各社が、法人格上はそれぞれ別個の法人であり、近年の上場JR4社間の株式相互保有を除き資本関係が存在しないからである。国鉄の「分割・民営化」は、こうしたJR旅客会社同士の競争を一部で発生させた点で、一つの矛盾を抱えることになったと言える。

　国鉄の「分割・民営化」の弊害のもう一つの例証として、2011年3月12日、九州新幹線鹿児島ルート全通に伴い、山陽新幹線小倉駅・博多駅での新幹線と在来線の乗継割引制度が廃止されたことを挙げることができる。新幹線と在来線特急の乗継割引は、一定の条件を満たした場合に在来線特急料金を半額にする制度であるが、新幹線と在来線特急の運営会社が異なる場合、在来線特急の運営会社は通常の特急料金の半額しか手にすることができなくなると推定される。確かに、乗継割引制度の廃止はJR九州にとっては短期的には特急料金収入の増加につながるが、反面、山陽新幹線～九州各地域間のJR利用促進を妨げ、航空に対するシェア低下を招く危険性を孕んでいる[注6]。実際、大阪～九州間のJR対航空の輸送分担率について、乗継割引廃止前の2010年度と廃止後の最新データがある2017年度を比較すると、大阪～長崎間で8ポイントの減少となり、大阪～宮崎間に至ってはJRのシェアが半減している。乗継割引廃止で航空に対して料金面での競争力が損なわれたことも、JRのシェア低下の一因となっている可能性がある。図5-1-1をご覧頂きたい。

　また、博多で接続する東海道・山陽新幹線と九州新幹線は特急料金が別体系となり、両新幹線を直通する場合でも、博多で特急料金を合算することとなった。このことも、JR各社間に資本関係がないことにより生じた消費者の不利益の典型である。新幹線特急料金は国の認可事項であるが（鉄道事業法第16条第1項、鉄道事業法施行規則第32条第1項）、運輸審議会は2010年12月21日付文書で、九州新幹線特急料金上限認可申請事案について「軽微な事案」と認定した旨発表した。これは説明聴取事案（軽微認定事案）と言われる事案であり、同審議会への諮問を経ない認可案件であるとの判断であった。しかし、その後の北陸新幹線長野～金沢間および北海道新幹線新青森～新函

注6　大塚［2012］は、JR各社の利益優先がJR全体の利益削減につながることを明らかにしている。

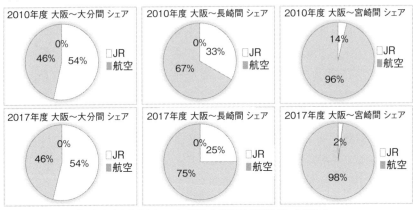

図5-1-1　JR九州九州乗継割引廃止前後の大阪～九州間のJR対航空のシェア

2010年度 大阪～大分間 シェア
0%　46%　54%　□JR　■航空

2010年度 大阪～長崎間 シェア
0%　33%　67%　□JR　■航空

2010年度 大阪～宮崎間 シェア
14%　96%　□JR　■航空

2017年度 大阪～大分間 シェア
0%　46%　54%　□JR　■航空

2017年度 大阪～長崎間 シェア
0%　25%　75%　□JR　■航空

2017年度 大阪～宮崎間 シェア
2%　98%　□JR　■航空

出典）国土交通省『旅客地域流動調査』2010年度版および2017年度版を基に大塚作成。

館北斗間の開業時には、旅客運賃・料金認可に当たって一般公述人から意見を聴取する公聴会が実施された。

　国鉄の「分割・民営化」でそれぞれが基本的に資本関係をもたない独立した会社となったJR各社にとって、JR他社との通算料金ではなく、それぞれ別個の料金とする方が鉄道事業者の収益確保上好都合である。分割が行われなければ、別料金体系にする余地は通常ほとんどない[注7]。こうした点も「分割・民営化」の弊害の一つと解釈することができる。なお、在来線特急料金については、国土交通大臣への届出のみで変更することができる（鉄道事業法第16条第4項）が、JR東日本において通勤利用が多い特急について、自由席を廃止して指定席へ一本化することや料金が割安な「ホームライナー」を特急へ変更することで事実上の料金値上げを断行する事例も相次いでいる[注8]。

　さらに国鉄の「分割・民営化」に伴う深刻な問題として、地方交通線の維持および整備新幹線の並行在来線の経営分離の問題もある。特に大半が不採算路線で構成され、高収益路線がほとんどないJR北海道およびJR四国にとって地方交通線の扱いは経営上深刻な問題となっている（本書第2章第1節参照）。

注7　ただし、東北新幹線と上越新幹線の大宮乗り継ぎの場合のように、別路線扱いとして別個の料金体系を採用することはあり得る。
注8　詳しくは大塚［2017］を参照されたい。

4　未上場JR3社の経営課題

　JR北海道およびJR四国については、会社発足以降鉄道事業の営業損益が
プラスになったことはない。2016年10月に株式市場への上場を実現したJR
九州においても、「運輸サービス」の営業損益が、「駅ビル・不動産」や「流
通・外食」などの非鉄道事業の営業損益を上回っている。

　三島会社は、大都市圏路線や新幹線に代表される高収益路線が本州3社と
比べると乏しく、発足時に設定された経営安定基金を高利で運用することに
よる運用益で営業損失を補って経常利益を確保するよう措置された。また、
JR北海道とJR四国については、固定資産税減免等の「三島特例」が継続さ
れている。

　経営安定基金は、国鉄再建監理委員会答申では三島会社合計で1兆円を想
定していたが[注9]、JR発足時には三島会社合計で1兆2781億円（JR北海道6822億
円、JR四国2082億円、JR九州3877億円）に増額された。経営安定基金は、黒字
構造を生み出すための「打出の小槌」の役割を意図されたものであった[注10]。

　JR北海道は、2011年5月27日の石勝線特急列車脱線火災事故以降、相次
ぐ事故や検査データの改ざんなどの不祥事が発覚し、ついに2014年1月24日
に旅客鉄道株式会社及び日本貨物鉄道株式会社に関する法律（昭和61年12月4
日法律第88号）（JR会社法）としては初めての監督命令を受ける事態に発展し
た。2016年11月28日には、「当社単独では維持することが困難な線区について」
を公表し、同社の営業キロ2568.7kmのうち、10路線13線区合計1237.2kmが
自社単独では維持困難であるとした。

　JR四国の経営も同様に厳しい状況にある。高速道路に対する競争力がぜ
い弱で、都市間競争で劣勢を強いられている[注11]。2010年4月には、四国経済
連合会が呼びかける形で、行政や経済界などの有識者による「四国における
鉄道ネットワークのあり方に関する懇談会」が設置され、四国の鉄道ネット

注9　国鉄再建監理委員会［1985］。
注10　山口［1989］、3頁。
注11　ただし、通学輸送では強みを発揮している。たとえば、JR四国予讃線特急では多くの通学利
　　　用がある。

ワークの維持についての議論が開始された。

　JR北海道とJR四国については、それぞれ2200億円と1400億円の経営安定基金の「積み増し」(会計処理上は、鉄道機構発行の特別債権引き受けのための借入金〔無利子〕付与)が実施され、この借入金を原資として鉄道機構特別債権を引き受け、当初10年間は年2.5％の利息(運用益)を受け取ることになった。

　また、JR貨物も厳しい経営環境に置かれている。JR貨物はJR旅客会社の線路を使用して、貨物列車を運行する第二種鉄道事業者であるが、JR旅客会社に支払う線路使用料は「アボイダブルコスト」に基づいて算定されている。アボイダブルコストとは「回避可能経費」のことで、貨物列車の走行により発生する経費のみをJR貨物がJR旅客会社に支払うルールのことである。並行在来線がJRから切り離されて第三セクター鉄道に移管された区間では、「アボイダブルコスト」の適用がなくなることによる線路使用料の増額の問題に直面しているものの、当面は増額分について鉄道機構より「貨物調整金」がJR貨物に交付されることとなり、この問題はひとまず回避された形となっている。

　このように、未上場JR3社は厳しい経営を強いられている。もはや、会計処理上の「技法」だけでは、未上場JR3社の経営改善を図ることは困難である。これらJR3社の経営改善を実現するためには、JRグループの再編に踏み切る必要があると筆者(大塚)は考えている。

5　未上場JR3社の再編に向けた一試案

持株会社「日本鉄道グループホールディングス(仮称)」創設

　国鉄の「分割・民営化」によってJR各社は基本的に資本関係を持たない別法人となり、それぞれ独自の経営方針の下で経営を進めてきたが、分割により各社は自社の利益向上を優先させるようになり、弊害が顕著となっている。こうした分割の弊害を緩和するためには、JR各社の株式を保有する持ち株会社「日本鉄道グループホールディングス(JRHD)(仮称)」を創設することが有効であると考えられる。JRHDが未上場JR3社の鉄道施設を保有した上で、上場JR4社からの配当収入を、その維持費用に充当するなどの経営支援が可能となるからである。

本節で提案する具体的な手順を表5-1-1に示す。

私案では、最終的には、JRHDは未上場JR3社の100%株主、ならびに上場JR4社の3分の1超株主となることとなる。効果としては、JRHDは株主として本州3社から配当総額の3分の1超を得ることができるため、その利益を未上場JR3社への支援に充当することが可能となる。

国鉄と同様に、公企業形態から株式会社へと転換して発足した日本電信電話、日本たばこ産業、日本郵政、高速道路会社はいずれも法律により一定割合以上の政府出資を義務付けることにより、政府が経営に関与する余地を残

表5-1-1　JRグループ再編の手順

（第1ステップ）JR会社法第1条第1項を改正し、「東日本旅客鉄道株式会社、東海旅客鉄道株式会社、西日本旅客鉄道株式会社、北海道旅客鉄道株式会社、四国旅客鉄道株式会社、九州旅客鉄道株式会社は、旅客鉄道事業及びこれに附帯する事業を経営することを目的とする株式会社とする」との文言に改正する。
（第2ステップ）「日本鉄道グループホールディングスは、東日本旅客鉄道株式会社、東海旅客鉄道株式会社、西日本旅客鉄道株式会社、北海道旅客鉄道株式会社、四国旅客鉄道株式会社、九州旅客鉄道株式会社、日本貨物鉄道株式会社（以下、事業会社）の株式を保有する事業をすることを目的とする株式会社とする」と規定するJR会社法第1条の2を新設する。この条文によって、JR各社は「日本鉄道グループホールディングス（仮称）」（以下、会社）傘下の事業会社となる。また、「日本鉄道グループホールディングスの設立に際して発行する株式の総数は、独立行政法人鉄道建設・運輸施設整備支援機構が全株式を引き受けるものとする」
（第3ステップ）附則第5条を廃止し、新たに「北海道旅客鉄道株式会社、四国旅客鉄道株式会社、日本貨物鉄道株式会社の設立に際して発行する株式の総数は、独立行政法人鉄道建設・運輸施設整備支援機構が全株式を引き受けるものとする」の附則第161条第1号を設ける。また、「事業会社の設立に際して発行する株式の総数は、独立行政法人鉄道建設・運輸施設整備支援機構が3分の1超を引き受けるものとする」の附則第161条第2号を設ける。
（第4ステップ）本州3社がJRHDを相手に、第三者割当増資を実施するとともに、JRHDも市場で本州3社の株式公開買い付けを実施し、JRHDの上場JR4社各社に対する出資比率を3分の1超にする。そのための資金は政府がJRHDに追加出資する形で注入する。
（第5ステップ）JR会社法第12条を「北海道旅客鉄道株式会社、四国旅客鉄道株式会社は、それぞれ、附則第七条第一項の規定により取得した債権の額に相当する金額を経営安定基金（以下「基金」という）として管理し、その運用により生ずる収益をその事業の運営に必要な費用に充てるものとする」の文言に改正する。

図 5-1-2　持株会社「日本鉄道グループホールディングス（仮称）」設立による未
　　　　上場 JR3 社の持続的運営実現の枠組み

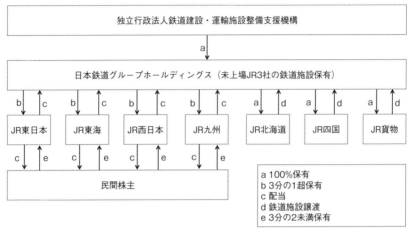

出所：出典：大塚［2014］、9 頁の図 2 を一部修正のうえ、引用。

している。JRについても政府の関与を残し、鉄道の維持につなげたい。本論
の再編案では鉄道機構の下にJRHDを設立することとしているが、これはJR
グループの経営戦略や経営管理を担うにはその業務に専念する持株会社の設
置がより有効と考えるからである。政府の経営関与がJRグループの経営形態
を一定程度担保できる仕組みへと抜本的に変更することが、JR三島会社問題
とJR貨物問題を解決することにつながる。本私案の概略を図5-1-2に示す。

財源確保

　それでは、（第3ステップ）JRHDによる本州3社株式3分の1の取得にどれ
くらいの資金が必要になるのだろうか。表5-1-2を見られたい。

　JRHDが上場JR4社の発行済株式の3分の1超を取得した場合、年間約481
億円の配当金を受け取ることができる。一方、上場JR4社の発行済株式の3
分の1超を取得するための必要資金額は2兆7655億円に上る。

　日本国有鉄道清算事業団の債務等の処理に関する法律等の一部を改正す
る法律（平成23年法律第66号）の施行に伴い、前述した通り、JR北海道とJR
四国については、それぞれ2200億円と1400億円の経営安定基金の積み増し、
そしてその他三島会社およびJR貨物に対する設備投資のための無利子貸付

表5-1-2 JRHDが上場JR4社株式の3分の1を取得する場合の必要資金額と
年間配当額

会社	時価総額	必要資金額	取得株数	年間配当額
JR東日本	3兆450億円	1兆150億円	1億2597万7467株	208億円
JR東海	3兆5143億円	1兆1714億円	6866万6667株	103億円
JR西日本	1兆2760億円	4253億円	6377万8167株	121億円
JR九州	4612億円	1537億円	5243万3867株	49億円
合計	8兆2965億円	2兆7655億円	—	481億円

（出典）2020年4月24日終値を基に大塚算定。年間配当額は会社予想を基に算定。四捨五入の
関係で合計は一致しない場合がある。

合計1795億円がそれぞれ実施され、合計で5395億円の無利子貸付が実施さ
れている。これらを回収して、JRHD株式の購入に充てればよい。

残り2兆2260億円については、たとえば、鉄道機構の利益剰余金1.2兆円、
および鉄道利用者からたとえば乗車1回につき数円を徴収する「ユニバーサ
ルサービス料」[注12]を導入することによる収入を裏付けとする国債発行等が
財源として考えられる（「ユニバーサルサービス料」については後述する）。また、
JR旅客会社への新幹線譲渡収入の一部や揮発油税を裏付けとした国債発行
などが考えられてもよいだろう。

また、JR東海の中央新幹線建設に対して、財政投融資特別会計から長期
固定・低利の3兆円の低利融資が鉄道機構を経由して実行された。JR東海『中
央新幹線ホームページ』に掲載されている「財政投融資を活用した長期借入
について」によると、2016年11月から5回にわたって合計3兆円の融資を受
けており、平均利率は約0.86%である[注13]。一方、JR東海の有利子負債利子率
は約3.37%[注14]である。両者の差額年間753億円（＝3兆円×（3.37%-0.86%））は
国からの事実上の補助金と言える。このように、財源を捻出できる余地が存

注12 阿部等氏は地方の公共交通の充実を図るために、大都市の鉄道利用者より「交通ユニバーサ
ル税」を徴収し充当する方法を提唱している。吉田燿子［2015］「【ローカル鉄道の再生②】成長
のためのキーワードは『顧客指向』と『イノベーション』」『LIFULL HOME'S PRESS』2015年
06月14日。http://u0u0.net/tY5w
注13 JR東海「財政投融資を活用した長期借入について」『中央新幹線ホームページ』。https://
linear-chuo-shinkansen.jr-central.co.jp/plan/kaigyoprocess/pdf/zaiseitoyushi.pdf
注14 3.37%＝支払利息452.59億円÷（短期借入金283.92億円＋1年内返済予定の長期借入金
1104.93億円＋1年内返済予定の株式給付信託長期借入金54億円＋社債7732.93億円＋長期借入金
4234.38億円）。

在する。JR各社株式購入を支援するために、JRHDに対して財政投融資を活用した低利融資を行うことも可能と思量する。

　鉄道ネットワークの維持は、地域の活力や物流網の維持のほか、観光振興上も重要な課題である。鉄道ネットワークを維持するためには、財源が必要である。鉄道利用者全体での負担の分かち合い（「ユニバーサルサービス料」の導入）とともに、JRグループの再編を行う必要がある。

　総務省ホームページによると、電話のユニバーサルサービスについて次のように説明されている。従前、当該サービスの提供義務を負うNTT東西（東日本電信電話・西日本電信電話）において、採算地域から不採算地域へ地域間の補塡を行うことにより、その提供が確保されてきた。しかし競争事業者の参入により、都市部等の採算地域を中心に競争が進展し、NTT東西の自助努力だけでは、ユニバーサルサービスの提供を維持することが困難になり、不採算地域においては、利用者の利便性を確保できないおそれが生じた。そのため、ユニバーサルサービスの提供の確保に必要なコストの一部（高コスト地域における提供コスト）を、NTT東西以外の事業者も負担する『ユニバーサルサービス制度』が2002年度に創設され、2006年度から稼動している。電話事業者は1回線につき数円の「ユニバーサルサービス料」をユニバーサル支援機関に対して拠出しているが、負担は回線利用者に転嫁されている。

　鉄道でも鉄道ネットワークの維持のため、同様の制度の導入を検討する余地がある。たとえば、1人1乗車当たり一定金額を「ユニバーサル利用料」として全国の鉄道運賃に上乗せする形で徴収する方法が考えられる。『鉄道輸送統計調査2017年度版』によると、2017年度の鉄道旅客人員は249.7億人で、仮に1人1乗車当たり3円を上乗せ徴収した場合、749.1億円の原資が生み出される。この原資を鉄道ネットワークの維持、および前述のJRHD（案）によるJR各社の株式購入に充当することを考えたい。

　以上、未上場JR3社の持続的運営に向けた制度的枠組みについての政策提言を試みた。なお、不採算路線の維持は未上場JR3社に限らず、全国すべての鉄道事業者に共通の課題である。不採算路線運営の上ではステークホルダー（利害関係者）の理解を促進することが重要であることを鑑み、ステークホルダーと路線の経営状況に対する理解を共有する手段としての会計ディスクロージャー（IR、情報の開示）についても工夫が必要である。この点につい

ては、大塚良治［2019b］で詳述しているので、参照されたい。

6　まとめ——JRグループの経営形態見直しに向けて

　本節では、第2項で国鉄改革とJRグループの発足の経緯の確認から出発し、第3項で国鉄「分割・民営化」の弊害、第4項で未上場JR3社の経営課題を概観した。そして第5項は未上場JR3社の再編に向けた一試案として、持株会社「日本鉄道グループホールディングス（仮称）」（JRHD）創設と財源確保に関する政策提言について述べた。

　本節ではJRHDの設立とそれに基づくJRグループ再編を提言したが、その実現の前に、まずは鉄道機構が保有するJR北海道、JR四国、JR貨物の3社株式の会計処理を適正化する必要があることを指摘したい。同機構は旧国鉄職員の年金等の支払などに充当する目的で、未上場のJR3社の株式を流動資産における「処分用有価証券」として計上している。2003年10月の同機構発足まで、前身の日本国有清算事業団および日本鉄道建設公団時代には、保有するJR株式は固定資産としての「関係会社株式」として計上されていた。本稿執筆時点で、未上場JR3社の中で上場が決定した会社は存在しない。会計上、未上場のJR3社の上場が決定した段階で「処分用有価証券」に振り替えることが妥当であり、上場が未決定の段階で流動資産における「処分用有価証券」として会計処理する現状は妥当性を欠くと言わざるを得ない。同機構の連結決算から除外することで、国と未上場JR3社の関係が希薄化する状況が懸念される。同機構の連結決算に組み込み、3社の経営を支援する体制を整えることが望まれる。

　最後に、鉄道ネットワークを維持することの重要性について触れたい。首都圏をはじめとする大都市圏に暮らす人々の生活は、地方で生産される農作物を含む商品によって支えられている。物資の輸送はトラックや船舶とともに、鉄道貨物が分担している。折しもトラックドライバーの不足や高齢化が問題となる中、1人の運転士で大量の貨物車両を牽引できる鉄道貨物への期待が高まっている。鉄道ネットワークの維持に支障が出るようなことがあれば、トラックや船舶への依存度を高めざるを得なくなる。しかし近年豪雨など自然災害により一時的に不通となった鉄道に代えてトラックなどの代替輸

送への切り替えを余儀なくされる事例が発生したが、そこでは鉄道の輸送量を補うことができなかった[注15]。幹線系統の輸送ルートでは、トラックや船舶では鉄道輸送の代わりにならないことがあることを今後の教訓として忘れないことが重要である。

　また、人口減少社会に突入した我が国の成長のために、インバウンド誘致が重要な政策となっているが、大都市圏に外国人観光客が集中する「観光公害」も顕著になりつつある。地域住民が鉄道やバスを利用できないなどの弊害が実際に発生しており、観光客を全国に分散させる取り組みが求められる。2020年4月時点では新型コロナウィルスの感染拡大に伴う緊急事態宣言によって、通勤・通学のみならず、観光目的の鉄道利用は大幅に激減しているが、感染収束後は政府による観光需要喚起策「Go Toキャンペーン」に約1.7兆円の補正予算案が閣議決定され、同年7月から「GO TO トラベル」事業が開始された。

　人口減少に直面する日本においては、観光振興による外国人観光客の獲得は依然として重要な政策である。この政策を推進する上で、鉄道ネットワークの維持は極めて重要である。観光客（特に外国人観光客）が目的地選択をする上では、鉄道アクセスの有無が大きな決定要因であると考えられるからである（鉄道がない地域よりも、鉄道がある地域を優先する）。鉄道は他の交通モードと比べて利用方法や乗り場等がわかりやすい利点を有する。訪日客を地方へ誘導するためには、大都市と地方を結び、かつ観光地域内の二次交通手段を充実させる必要がある。特定の地域の利用者は他地域の鉄道路線を直接利用しない場合であっても、鉄道ネットワークの維持による観光誘客を通じて、国民所得が増加するならば、鉄道ネットワーク維持のために鉄道利用者全体で負担することに合理性がある。鉄道ネットワークの維持を図ることは、我が国の成長に資する最善の方策のひとつであることを強調しておきたい。

　我が国の鉄道の多くを担っているのが、JRグループの鉄道ネットワークである。国民負担を可能な限り小さくしつつ、JR各社の不採算路線の持続的運営と未上場JR3社の経営改善を実現するためには、JRHDを設立し上場

注15 「【西日本豪雨】続く鉄道網の寸断　貨物列車も運休、代替輸送能力は被災前の13%…赤字路線『廃線になるのでは』と不安」『産経新聞（電子版）』2018年8月17日付。https://www.sankei.com/west/news/180817/wst1808170062-n1.html

JR4社株式を取得することで配当収入を得て、それを未上場JR3社の支援に充当すること、そして「ユニバーサルサービス料」の導入が必要である。

　国鉄「分割・民営化」から四半世紀を超えて、ステークホルダーの負担の分かち合いとJRグループの経営形態見直しが不可欠である。我々国民の意識改革と政府の英断が求められている。

【参考文献】

Herald.D. and D.Steel［1986］,"Privatising Public Enterprises : An Analysis of the Government's Case," in Kay et al［1986］, *Privatization and Regulation : The U.K.Experience,* Oxford University Press,1986.

Sakurai, Toru.［2013］,"Revitalisation of local railways and entrepreneurship : A characteristic of entrepreneurship in public-private mixed enterprises,"*ZoegUBeiheft,* No.43, 2013.

Smith., S.S.［2019］, *Analysis and Applications for Creating Value,* Routledge, 2019,.

運輸省［1997］『平成8年度運輸白書』運輸省、1997年1月。

大塚良治［2012］「鉄道事業者間の戦略的提携に基づく鉄道ネットワークの持続的運営への模索——中小私鉄の活性化を中心として」『湘北紀要』第33号、2012年。

大塚良治［2014］「JR三島会社・JR貨物の経営改善に向けた課題と展望」『湘北紀要』第35号。

大塚良治［2016］「『お得なきっぷ』にJR間の連携不足が表面化 民営化30年、グループの協力は縮小傾向？」『東洋経済オンライン』2016年9月22日。https://toyokeizai.net/articles/-/136826

大塚良治［2017］「地域活性化に向けたJR常磐線特急料金制度に関する試案」『湘北紀要』第38号、2017年3月。

大塚良治［2019a］「公共交通の意義と持続的運営実現の論理」『江戸川大学紀要』第29号、2019年3月。

大塚良治［2019b］「鉄道の持続的運営を導くIRと支援制度の整備」『自治総研』第487号、2019年5月。

香川正俊［2007］「2007年度以降のJR三島会社に対する政策提言」『熊本学園大学経済学部リーガルエコノミクス学科開設記念論文集』熊本学園大学、2007年3月。

葛西敬之［2007］『国鉄改革の真実「宮廷革命」と「啓蒙運動」』中央公論新社、2007年。

建交労全国鉄道本部［2012］「国鉄『分割・民営化』25年の検証　公共交通の再生　JRは公共鉄道の役割を果たしているか　国民生活と地域に何をもたらしたか」『建交労雑誌版・理論集』No.54、2012年秋号、2012年2月。

国土交通省［2010］『政策集2010』国土交通省、2010年6月。

日本国有鉄道再建監理委員会［1985］『国鉄改革に関する意見——鉄道の未来を拓くために——』日本国有鉄道再建監理委員会、1985年。

山口孝［1989］「JR初年度決算の分析——金融的・会計的術策の一典型として」『明大商學論叢』第71巻第3、4号、1989年3月。

＜コラム＞リニア新幹線と静岡県の対応

　現在、JR東海はリニア中央新幹線（東京〜名古屋間）を2027年開業を目指して工事を行っています。

　リニア中央新幹線は東海道新幹線が万が一の事態に陥った場合、日本の大動脈の代替輸送を行うことや東京から大阪までを1時間で結ぶことで巨大な都市圏が生まれ、経済や暮らしに大きな変化をもたらすものになるとして建設を進めています。これは「国土のグランドデザイン2050」（国土交通省）に『リニア中央新幹線が三大都市圏を結び、スーパー・メガリージョンを構築。その効果を他の地域にも広く波及させ、新たな価値を生み出す』としたものに基づいています。

　すでに多くの区間では工事が始まっていますが、静岡県が南アルプスを貫くトンネル工事を南アルプスの環境問題と大井川の水減少問題で着工を認めていないことで、静岡県内の工事のみが止まっています。2020年7月にJR東海と静岡県知事との会談が行われましたが、県側の考えに変更はありませんでした。

　環境問題では、南アルプスはユネスコのエコパークとして認定され、希少動植物の保護や生態系を変えることは許されないとしています。大井川の水問題はJR東海が工事後の河川流量の試算を行ったところ毎秒2.03トン減るという結果になり、静岡県や流域の10市町はすべての水を大井川に戻さなければ着工に応じられないとしています。大井川は下流の利水団体によってすべての水の権利が設定されており、過去には水力発電所の建設によって減少した水を元に戻させる運動が地域からおきています。毎秒2.03トンの減少は下流の63万人分の水利権量に匹敵するといわれており、周辺市町にとっては大きな影響があります。

　お茶で有名な牧之原台地には水源がなく、大井川の水はお茶の栽培には欠かせないものとなっており、水量の減少は死活問題につながると不安の声が上がっています。

静岡県知事そして大井川流域の首長や住民は「経済効率が高くなって
も命や生活が失われ、多くの生き物が命の危機にひんすることは許されな
い」「水が失われれば水道が止まり、農業、工業用水がなくなる。水力発
電もできない。とにもかくにも10市町の住民の不安が払拭できるかという
こと」だと述べています。

　また、静岡県だけではなく残土の問題やウラン鉱床問題をはじめとして
問題が各地から出ています。一度立ち止まり、国民的な議論が必要です。

　（国労東海本部委員長　上野力）

リニア新幹線反対デモ・飯田市（リニア市民ネット大阪提供）

第2節　北海道の鉄道の再生プラン

地脇聖孝・宮田和保・武田泉

1　鉄路再生にあたっての基本的な考え方

　新自由主義の思想が社会の隅々にまで行き渡り、これまで多くの公共的領域が破壊されてきた日本を、持続可能な社会に転換させるために、これまで思想としての新自由主義について詳細な分析・批判を行い、JR北海道を初めとするJRグループ各社の現状について検討を行ってきた。また地域から見た鉄道の社会的役割についても考察してきた。その結果、私たちが北海道の鉄路の再生を考えるにあたっては、新自由主義や採算性原則と決別することが持続可能な社会を構築するための最低限の欠かせない要件であることをしっかりと認識することである。

　すでに私たちは第2章第1節において次のことを指摘している。　JR北海道は鉄道の社会的・地域的な性格ないし役割と経営の私的形態とが抜きさしならぬ矛盾に直面しており、この矛盾の解決には次の二つの道がある、と。

　第一の道は、「JR会社法」に従い「完全民営化」路線に立って私的形態による経営（＝民間的経営手法）の立場から、JR会社の存続を優先させ、鉄道がもつ社会的・地域的性格を軽視ないしは無視して、廃線を進めていくものである。

　この廃線の結果は、「維持困難路線」を考慮すれば、総路線距離は現在の2500kmの半分である1200kmになることも否定できない。いわば民営化を優先させて鉄道運営を行う方法で、これがJR北海道および株主（＝所有者）である日本政府の選択している道である。

　第二の道は、鉄道がもつ本来の社会的・地域的性格に照応させてスキーム（制度）を変更することである。すなわち、国鉄の「分割・民営化」によって与えられたスキームを変更し、鉄道がもつ社会的・地域的な性格に照応した経営と運営のあり方を確立するということであり、これこそが北海道における産業と人々の生活を支える鉄路再生の道である。

すでに各界各層からは北海道の鉄路の再生プランについて様々な提言・提案が行われている。それらは根本的な発想の転換と呼ぶにふさわしいものから、新自由主義のわずかな焼き直しに過ぎないものなど多様なものを含んでいた。まずは私たちの原則的立場を踏まえ、すでに提案されているJR北海道の「経営再建案」と各界による北海道の鉄路の再生プランを検討してみたい。

2　JR北海道の「経営再建」案

　JR北海道が2018年6月に公表した「JR北海道グループの経営再生の見通し（案）」では、2030年度に予定されている北海道新幹線の札幌開業を機に「現在抑制されている新幹線の高速輸送機能を最大限発揮することにより経営的自立」を図ること、鉄道事業のほか「開発・関連事業」「各地の鉄道路線活性化と観光地域づくり」を経営再建の柱に据えるとしている。

　2019年4月に公表した「JR北海道グループ中期経営計画2023」はこれをより具体化したものである。鉄道事業部門では新幹線や空港アクセス鉄道の強化、インバウンドの収益拡大、観光列車の取り組みのほか、輸送サービスの改善を掲げている。一方、これらの施策を実行する上で運賃改定の必要性も訴えるものとなっている。関連事業ではホテル事業、不動産・小売事業を拡大するとしている。

　同時に公表された「JR北海道グループ長期経営ビジョン未来2031」は、新幹線札幌延伸後を見据え、長期的な経営計画として策定され、鉄道の活性化とまちづくりによって「住んでよし、訪れてよし、北海道」を実現する企業グループを目指すとのスローガンを掲げている。

実現可能な再建案なのか

　これらの経営再建案を概観すると、多くの問題点を指摘する以前に、そもそも実現可能な内容なのかという疑問を禁じえない。「経営再建の見通し（案）」では新幹線札幌開業により「収支均衡」を実現するとしているが、輸送密度200人未満の5線区については「地域の皆様とともに、鉄道よりも便利で効率的な交通手段に転換」とし、廃止を明確に打ち出している。これで

どうして「新幹線開業効果の道内全域への波及」が可能なのか。人体の隅々にまで酸素を行き渡らせる毛細血管がなければその活動が維持できないのと同じように、鉄道が地域経済にもたらす効果は毛細血管たる支線、ローカル線があってこそ、はじめて発揮されることを忘れてはならない。

新幹線・東京～札幌間のうち、JR北海道が受けもつ区間が最も乗客の少ない新青森以北だけという状況で収支均衡をどのようにして実現するのかも疑問である。2018年度における北海道新幹線の赤字は、函館開業までの時点で102億円になっており、それはJR北海道の経常損益における赤字額189億円の54％を占めるのである。2018年4月に財政制度等審議会が公表した社会資本整備のあり方に関する資料は「JR北海道の経営状況を一層悪化させ、地域交通網の維持に影響を及ぼす」おそれがあるとして北海道新幹線事業を批判している。同時に、維持困難路線における営業損失の解消をも要求している点も注目すべき指摘である。

JR北海道が経営再建策として示すインバウンドによる収益拡大や観光列車への取り組みについては、JR北海道の経営危機を抜本的に救うにはあまりにもスケールが小さすぎよう。中期経営計画にいたっては、開発・関連事業を第1番目に重要視しており、鉄道輸送サービスの改善は2番目で、もはや鉄道会社としては主客転倒といわざるをえないのである。

鉄道には生活支援、産業支援、観光支援など様々な役割が期待されているが、それにもかかわらず、産業支援となる貨物輸送への言及がないことは経営再建策にとって大きな問題点である。JR北海道に貨物輸送への視点が少しでもあるならば、石勝線の被災を口実に代替輸送の可能性を完全に閉ざしてしまう根室本線（富良野～新得）の廃止提案などはそもそもありえない。JR北海道が、貨物輸送に関しては自社の管轄外であるため言及する立場にないと考えているのであれば、旅客輸送と貨物輸送を別会社に分離した国鉄の「分割・民営化」の妥当性が改めて問われるべきである。

道民に不利益を強いる運賃値上げ

2019年10月、JR北海道は消費税率改定に合わせ平均11％、最大31.8％（増税2％分含む）にも上る運賃改定を行った。日本の鉄道史上、これほどの大幅な運賃改定は国鉄末期の1976年に実施した5割の値上げ以降、久しくなかっ

た異常事態である。狂乱物価が問題とされていた1976年における5割値上げと、デフレが問題とされている2019年における最大31.8%の値上げを比較した場合、道民生活への打撃という意味では今回のほうが深刻といえる。

　改訂後の運賃を見ると「幹線」の7～10km帯ではJR本州3社の200円に対し、JR北海道は290円で45%も高くなった。91～100km帯では本州3社1690円に対し北海道2100円で24%割高、また481～500km帯では本州3社8030円に対し北海道8800円で、9%割高である。

　乗車距離が長くなるほど1km当たり運賃（賃率）が低下する「遠距離逓減制」自体は旧国鉄からJR各社に継承されており、逓減率が同じならJR各社間の同じ距離帯を比較して差が出ることはあり得ないから、JR北海道では本州3社と比べ、乗車距離による賃率の格差が拡大したことを意味する。要するに、賃率が乗車距離の長い人ほど安く、短い人ほど高い運賃体系がいっそうひどくなったということである。道外からの出張者や旅行者には乗車距離が長い人が多く、通勤通学の北海道民には乗車距離の短い人が多いことを考慮すると、JR北海道にとって最も大切にすべき北海道民に最大の不利益を強いる運賃体系ということになる。「訪れてよし」はともかく、「住んでよし」を実現するとしたJR北海道の「中期経営計画」のスローガンは実態と大きくかけ離れているのである。

3　北海道の鉄路再生に向けた各界の様々な提案

北海道商工会議所連合会の提言

　北海道商工会議所連合会は、JR北海道による維持困難線区公表を受け、2017年2月に「JR北海道問題検討委員会」を設置し、内部での議論を重ねてきた。2017年5月に公表した「北海道の鉄路維持に関する提言・要望書」（以下「提言」）は一連の内部議論を踏まえたものである。

　提言はまず、維持困難13線区がJR北海道の営業キロ数の半分に該当することを踏まえ「廃止される線区が増えれば、JR北海道のコスト削減はできても、地域社会への負担増加や交通・物流機能の低下など、北海道経済全体へ及ぼす影響を考慮すると、マイナス効果が著しい」「暮らしや経済を支えている鉄道を廃止することは、人やモノの移動の選択肢を奪い、利便性を大き

く低下させるだけでなく、災害時等の代替性をも失わせる」ことを指摘するとともに、国土保全をも重要とする。また「JR北海道が経営赤字・復旧困難を理由に見直しや廃止の判断を、地域・利用者の意向を汲み取らないまま一方的に進めていくことは、将来の北海道に禍根を残す」として、地元との誠実な協議の実施や利用者の意向の反映をJR北海道に対して求めている。経済活動の分野における鉄道の重要性と、民主的な手続きの重要性を強調するきわめて常識的な指摘である。

提言は、北海道における鉄道の必要性として食料輸送と観光の2点を挙げている。このうち食料輸送に関しては、北海道が農産物の作付面積で全国の4分の1を占めるとともに、農業生産額が1.1兆円（全国の13.3%）、水産物漁獲額が約3100億円（全国の21.5%）を占めるとのデータを提示する。そして、トラックだけでは本州にも海外にも輸送が不可能な離島としての北海道の特性上、鉄道輸送が必要不可欠であるとしている[注1]。特に北海道から四国・九州への長距離輸送では、コスト面からみても鉄道が海運に対して優位にあることを指摘する。この面からも鉄道輸送が不可欠であることによって、鉄道のコスト面での優位性を維持するためにも、現在のアボイダブルコストルールを維持することを主張している。

観光輸送に関しては、鉄道が観光客の「単なる移動手段としてだけでなく、広域移動を伴う観光において新たな価値を創出」していると指摘する。観光客の移動手段については「長距離は鉄道と都市間バス、観光地内は路線バスとレンタカーのように、それぞれの長所を生かした交通のベストミックスが重要」とし、外国人観光客500万人を実現するための鉄道の維持を訴えている。

JR北海道に対しては「公共交通を担う責任と意識を強く持つべき」として現状に苦言を呈し、利用促進策や経営改革を求めるとともに、北海道庁に対しては、地域での話し合いへの積極的な関与を、また地域に対しては、経営判断のみによる一方的な決定を避けるとともに、まちづくりと一体化した対

注1　北海道経済連合会がとりまとめて公表した「ＪＲ北海道問題に対する当会のスタンスについて」によれば、道内と道外を結ぶ貨物輸送における鉄道のシェアは、タマネギの67.6%を筆頭に、豆類50.0%、野菜類47.6%、米類40.3%、馬鈴薯39.1%など極めて高くなっている。また道内でトラック5万台に対し、2015年3月時点において3500人の運転手が不足している、とする北海道トラック協会の調査結果を根拠として、トラックでの代替が不可能であることを示唆している。

応策や地元協議での論点整理、JRへの支援策の策定、鉄道活性化に向けた取り組み等を求めている。商工会議所としても勉強会の開催や利用促進、観光事業の推進などに取り組む姿勢を示している。

　国に対しては「当面の対策」と「中長期的対策」に分けて提言を行っている。当面の対策としては、JRの運転資金の確保、貸付金の返済猶予や減免、青函トンネルなど修繕スキームの見直し、安全対策や老朽化対策に対する支援を求めている。中長期的対策としては、「今回の見直し後、5年、10年後に、再び見直し・廃止の議論になっては全く意味がありません。20、30年先を見据えた持続可能な鉄道の維持を目指す上でも、JR北海道の経営そのものを抜本的に見直す他、各交通機関との協働や、北海道における1次・2次交通・サービス等のベストミックスによる総合交通体系の再構築を図る」ことが必要としている。そのうえで分割民営化、二島会社（北海道・四国）等に対するスキームの見直し・再構築、新たなスキームの検討、地方鉄道維持のためのユニバーサルサービス料金制度の創設、JR北海道の経営の抜本的な見直しを求めている（ユニバーサル料金とは、大規模な社会資本の全国ネットワークを維持するため、その利用者に一定の資金拠出を求めるものである。ＮＴＴが、自社の保有する固定電話回線網の維持のため、その利用者である携帯電話会社各社から徴収している回線使用料はユニバーサル料金の一例である）。

　「提言」全体としては、北海道全域を管轄する経済団体の立場から、現時点における多様な具体策を盛り込んでおり、JRグループ現体制の維持、あるいは再編となった場合でも、いずれにも適用できる貴重な提案であるといえよう。

抜本的解決の方向を示した「幻の運輸大臣私案」

　『北海道新聞』2016年12月30日付け記事によって初めて存在が明かされた「国鉄再建方策」（以下「方策」）は、JR北海道問題の抜本的解決につながる提案といえよう。それは国鉄を上下分離化し、いずれも新設する日本鉄道保有公団に鉄道施設の所有・管理（下）を、日本鉄道運営会社に列車運行（上）をそれぞれ担わせるというものである。赤字路線を自治体（主に沿線市町村）に押しつけるための口実として、国やJRが都合良く持ち出す現在のいわゆる「上下分離」とは、根本的な思想からしてまったく異なる枠組みといえよ

う。

　国が主体となり、全国一律の上下分離を目指したこの「方策」は、小坂徳三郎運輸相（当時）の私案として、1982年、密かに運輸省内で作成されたとされる。北海道新聞では、当時を知る鹿野道彦元衆院議員の証言まで添えたうえで、根回しが十分でなかったことから、自民党内で政争の具となり、ほとんど検討もされないまま歴史の闇に葬られたと伝えている。政策立案から実施までの全過程に責任を負う官僚組織、とりわけ所管官庁が、みずから実行不可能な政策を立案することはあり得ないから、当時の運輸官僚たちは、この案を実現可能と考えていたことになる。

　この案が実現可能なものであることは、現在、鉄道先進地である欧州諸国の多くがこれとほぼ同じ方式を採用していることからも明らかである。1991年、EU「共同体の鉄道の発展に関する閣僚理事会指令」の発出が契機[注2]となった。「下」を公有形態とする点では「方策」と同じだが、「上」を担う事業者を公募によって選定する点が異なっており、オープン・アクセス方式と呼ばれる。

　「方策」が示した政策の方向性は、採算性原則に支配された現在の日本では夢物語のように思えるが、分割・民営化から40年近くが経過した現在でもなお有効性を持っていると思われる。国と主権者である市民・住民がこれまでの日本の「常識」を本気で総点検し、問い直すならば導入は可能であろう。

石井幸孝JR九州初代社長の国鉄改革修正策と貨物新幹線構想

　石井幸孝（よしたか）JR九州初代社長の中曽根康弘元首相死去にあたっての『毎日新聞』のインタビュー等を見る限りでは、国鉄改革それ自体は「成功」との評価を依然として変えていない。一方では、国鉄改革が「旅客優先、本州優先のシナリオ」「三島JRにしわ寄せ」「北海道に厳しい結果となった」とし、その否定的側面にも目を向けている。国鉄改革から30年が経過した時代の変化が「基本認識のパラダイムシフト」を要求していると捉え、国鉄改革の

注2　「EUにおける鉄道政策とその成果」（小役丸幸子運輸調査局主任研究員）。なお、EU指令は法律と異なり加盟国に対する強制力は持たないが、加盟国に対し、政策の方向性を示す指針に位置づけられる。立法措置は加盟国の判断に委ねられる。

修正を主張している[注3]。赤字路線が廃止となる鉄道経営モデルは「世界でも日本だけ」として、その異常さも指摘している。

　石井氏は、経営安定基金運用益が低金利で目減りしたことに対しては、この目減りの分だけ設備投資が減少した結果、JR北海道の鉄道設備が劣化していると分析する。そして、その目減り分の補てんや青函トンネルの管理を国の責任で行うよう求めてもいる。また、人口減少時代を背景に、旅客中心から貨物中心へ鉄道の役割を変化させるとともに、北海道新幹線をはじめ、新幹線ネットワークを活用して、これまで行われていなかった貨物輸送を行うようにも提案している。加えて、貨物新幹線車両やターミナル、貨物の積替方法に至るまで具体的な提案をも行っている。

荒井聡衆院議員のJR北海道再分割－経営支援策

　荒井聡衆院議員は、JR北海道を3分割し、他のJR各社から経営支援を行わせること、そのための基金を設立することを提案している。3分割案は他に鉄道ジャーナリスト梅原淳氏からのものもあるが、JRグループ他社からの経営支援が盛り込まれている点が梅原案と異なっている。

　JR各社からの経営支援については、荒井議員は「原子力損害の賠償に関する法律」に基づく東京電力への支援策をモデルにしたと説明している。すなわち、国は現在、原子力損害賠償・廃炉等支援機構を通じて東京電力株の過半数を保有することによって事実上国有化しており、福島第1原子力発電所で事故を起こした東京電力を存続させたまま被害者への賠償業務に当たらせるため、東京電力以外の電力会社からも賠償支援を行わせているのである。このモデルをJR北海道への経営支援に「応用」する案が荒井議員の経営支援策といえよう。

その他

　宇都宮浄人関西大経済学部教授は、JR北海道と同規模の海外の鉄道事業者を比較し、JR北海道の経営再建は可能と評価している（第4第3節を参照）。

　上岡直見環境経済研究所代表は、首都圏のすし詰め満員電車とローカル線

注3　2019年7月23日、道内における講演資料より。

の赤字による廃線は、いずれも民営化で鉄道が採算性原理に直接さらされるようになり、設備投資が減少したことに起因すると分析している。鉄道を道路と同じような公共財とみなし、国が十分な設備投資が行えるように支える仕組みがなければ両方とも解決しないと主張する。全列車キロの3分の1を貨物列車が占める北海道では貨物輸送で多くの路線を維持できる。また、戦後の日本では自動車事故だけで太平洋戦争に匹敵する死者が出ているとし、自動車の社会的損失を指摘して道路から鉄路を中心とした公共交通への転換を訴える。「外国では民営化された鉄道の再国有化の例もあり、真に国民本位の交通政策を指向するのであればあらゆる選択肢がある」として、採算性原理からの決別を訴えている。

4　ドイツ・オーストリアの鉄道から再生を学ぶ

　これまで北海道の鉄路再生に向けての様々な提案を見てきたが、その内容は政策の抜本的な変更を求めるものや従来の「分割・民営化」路線を踏襲しながら経営合理化（廃線）を進めていくものなど多様であった。ここでは、若干の重複をいとわず、ヨーロッパにおける鉄道の位置づけから示唆をえて、北海道における鉄道の再生を考えてみたい。なお、ヨーロッパにおける鉄道の現状については、すでに第4章第3節において検討している。

　ヨーロッパにおける鉄道の多くは、PSO〔Public Service Obligation 公共的サービスの義務〕の精神に従って公共交通機関の役割を果たしている。この"Public Service Obligation"における「義務」(Obligation) とは、「国家」による「公共的サービス」の提供であるが、それは国家の単なる主観的な義務（duty）ではなく、契約として社会に対して履行する義務を負うことである。これは一種の立憲主義の思想である。中央政府が鉄道の維持・存続のために「義務」として提供された資金によって「下」（インフラ・基盤施設である線路など）の存続を保証したうえで、民間企業が「上」（鉄道の運営・運用）を経営する（図5-2-1）。だから、JR北海道が要求している「上下分離」——地方自治体が「下」の維持のために資金を提供し、JR北海道が「上」を運用する——とはまったく異なるのである。

　この「上下分離」は、道路・港湾・空港などのインフラだけでなく、整備

図5-2-1　ドイツにおける地域公共交通の枠組み

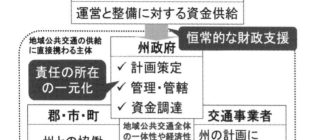

(注) 土方まりこ「第4回『ドイツにおける地域公共交通の維持に向けた枠組みと課題への対処』」（都市自治体もモビリティに関する研究会）報告資料による〕

新幹線でも取り入れられている。それは、政府の機関である独立行政法人鉄道建設・運輸施設整備支援機構（「鉄道運輸支援機構」）が建設・所有した整備新幹線をJR各社が使用料を支払って借り入れている[注4]。ところが、日本ではそれ以外の鉄道は歴史的に「上下一体」であったから、国民の多くは「上下分離」にたいして馴染みがない。本州JRおよび大手私鉄会社は大都市（東京・横浜・大阪など）を中心に展開しているので、鉄道施設を利用してデパート・不動産・ホテル等に進出し多角的に経営を行っている。このような経営は大都市という規模の経済があってはじめて可能になる。したがって、札幌周辺を除けば、北海道で多角経営を展開するには限界があり、これをもって経営再建の柱にするのには無理がある。

　さらに注目すべきことは、図5-2-1でも明らかなように、ドイツでは、①連邦政府が「補完性の原則」に基づいて、地域公共交通にたいして「恒常的な財政支援」として「資金提供」を行い、②州政府・郡・市・町そして交通事業者が「責任と権限」をもって計画策定・管理などを行い、③さまざまな交通事業者が垣根を超えて形成した「運輸連合（Verkehrsverband）」が計画に沿った事業運営を行うのである。これならば、地域の公共交通が社会的に

注4　ただし整備新幹線建設は、国が3分の2を負担し、地方が3分の1を負担する。地方の負担は、そのうち地方交付税が措置される部分もあるので、事実上は20%以下となる。

運営され、地域振興政策の一環を担いながら公平で効率的に交通権を保障できるのである。この「補完性の原則」による中央政府・地方政府そして交通業者との連携は、北海道における鉄道の再生にたいして示唆を与える。ただし、「補完性の原則」を無視しての「運輸連合」の模倣は鉄道再生の道ではない。

JR北海道・社長の地方鉄道に対する見方

　JR北海道の島田修社長は地方鉄道について次のように述べている。すなわち「地方路線は鉄道が一両運行で運転手もバスと変わらない。……鉄道では駅員や路線を保守する保線係員が必要だ、地方で鉄道は効率が悪い。……利用が極めて少ない路線ではバスも鉄道も残そうとすると公共交通は守れない。……鉄道だけではそもそも病院や高校、温泉といった目的にたどり着けないことも多い」[注5]と。島田氏の「地方で鉄道の効率が悪いからバス転換を行うべきだ」という主張は、氏の地方鉄道に対する見方がよく現われている。

　島田社長の発言は私的経営者の立場からは率直なものであろう。だからこそ、経営の私的形態の弊害が端的に現われている。バス・タクシー・自家用車・飛行機・船舶は「上下分離」だから、使用者が「下」（道路・空港・港湾）の維持・補修などの経費を直接に負担しない。ところが、整備新幹線を除いて、日本の鉄道会社は「上下一体」であるから、「下」の維持の経費を負担する。この「下」の経費負担が島田氏をして「鉄道では駅員や路線を保守する保線係員が必要だ、地方で鉄道は効率が悪い」と発言させたのである。だから、島田社長の発言は私的経営というミクロの立場からの限界を告白している。

社会的費用からみた鉄道

　しかし、マクロからみた「社会的費用」からすれば、鉄道は公正だけでなく、経済的にも効率がよい。社会的費用から計算すれば、鉄道がより優れている。「自動車の社会的費用とは、『自動車の利用によって利用者以外に生じる負担・コスト（外部不経済）』」があり、「環境汚染」＋混雑費用＋安全性の

注5　日本経済新聞　2020年1月7日。

合計で年間24兆円との試算がある」[注6]。自動車における「利用者以外に生じる負担・コスト（外部不経済）」は、ミクロの立場からはまったく無視されるが、社会全体＝マクロからみれば巨大な費用となり、自動車と鉄道の経済的評価は逆転する。だから、鉄道の存在意義を理解するためには、マクロ的な視点＝社会的有用性（＝公共性）からみた「社会的費用」を無視することは決してできない。ところが、新自由主義の立場であるミクロ（＝私的経営）に洗脳されるならば、社会的費用を含めた鉄道の社会的性格はまったく視野に入らない。したがって、ミクロを合計したものが全体（＝マクロ）だとし、私的経営における「非効率」の削除こそが社会全体での非効率性の削除だという「合成の誤謬」（ケインズ）に陥るのである。

　問題は最初に設定した事柄に帰着する。私的経営形態（＝ミクロ）に立脚して、「赤字」の削減だから廃線にするのか、それとも、マクロの立場に立脚して鉄道の「外部経済」を含めて社会的性格・役割を承認し、「補完性の原則」にもとづいて、「下」を政府などによる公的資金で担保し、「上」を民間企業などで運営する「上下分離」のもとで、社会的に公平な鉄道と地域の再生の道を進むのか、という選択である。

　土方まりこ氏（一般財団法人交通経済研究所主任研究員）は、日本とドイツとの鉄道政策の相違をつぎのように述べている。この相違はミクロの立場とマクロのそれとの把握の相違を明確に表現している。

　①日本では「地域公共交通は、独立採算での運営が可能」であることを前提しているのにたいして、ドイツでは「地域公共交通の運営は、もとより不採算なもの」であることを前提にしている。②日本では「地域公共交通は、交通事業者の提供を任せるべき産業」であるのにたいして、ドイツでは「地域公共交通の提供は、公的部門が関与して確保すべき任務」である。③日本では「地域公共交通は、政策的対処が必要な事柄にのみ行政が関与すべき領域」であるのにたいして、ドイツでは「地域公共交通は、行政が体系的に取り組むべき領域」である[注7]。鉄道の再生にとって、土方氏が指摘したドイツ

注6　宇都宮浄人『演題　地域公共交通の統合的政策を考えるヨーロッパの地域再生を踏まえて〜連合北海道「地域公共交通を考えるPT」第3回講座。兒山真也『持続可能な交通への経済的アプローチ』2014年、日本評論社。

注7　ドイツの鉄道については土方まりこ氏を参考にした。参考文献で示した氏の論文から多くの示唆をうけた。

の「地域交通政策」から学ぶものは極めて多いのである。

総合交通体系の必要性

　JR北海道の島田社長は、「利用が極めて少ない路線ではバスも鉄道も残そうとする公共交通は守れない。鉄道だけではそもそも病院や高校、温泉といった目的にたどり着けないことも多い」として、鉄道かバスかの二者転換を迫り、バスへの転換を勧めていたことは先述した。しかし、「鉄道だけではそもそも病院・高校・温泉などにたどり着けない」ことをもって鉄道の不要を説くのは余りにも稚拙な議論であるから、これは無視してもよいであろう。そこでの問題は、島田社長が、鉄道とバスおよび他の交通機関との協合（＝連携）をまったく視野に入れず、「あれかこれか」の二者択一に陥っていることであろう。

　すでに述べてきたように、ドイツ・オーストリアなどは二者択一的な発想を脱却しているが、その要因として「運輸連合〔Verkehrsverbund〕」の存在が大きかったので、この点について若干触れておこう。

　ドイツの「運輸連合」は、各地域によって特色をもっているが、図5-2-2のなかの説明から分かるように、各地の地域公共交通の運行計画、ダイヤ策定（フリクエントサービスを含む）、共通運賃制度、乗り継ぎの利便性の確保、収入配分などを遂行し、交通機関とその事業者の垣根を超えた提携を行い、一体的な地域公共交通を実現している。垣根を超えた連携である「運輸連合」にたいして行政機関（州政府、市町村）が大きく関与し、さらに連邦政府による財政支援があることによって計画が実現可能となるのである。

　ところが、JR北海道の場合は、総合交通体系を真剣に検討することなく、私的経営＝排他的なミクロの立場に固執する。一般的に民間バス会社は鉄道ダイヤに合わせてバスの始発着時間を調整している。それにもかかわらず、JR北海道はバス会社などに相談もなく、一方的に鉄道ダイヤを改正してきた。その結果、バス会社や地域住民からは「乗り継ぎが悪い」（網走）、「本数が限られ」「接続（乗り換え）時間が短く小走りでホームを移動しないと間に合わないほど大変」（留萌）、「むやみに接続（乗り換え）が多い」（旭川・倶知安）といった苦情がたくさん寄せられることになる。さらにはバス料金を上回る鉄道料金の高さに対する不満の声も多く寄せられている。JR北海道に関して

図 5-2-2　運輸連合について（ドイツの例）

＜運輸連合とは＞

運輸連合とは、地域内の事業者が連合体を組織し、
公共交通の運営を一元的に管理するもの。

共通運賃制度（ゾーン運賃）

ハンブルグ運輸連合の例

乗り継ぎの有無に関わらず、
区域別（色別）に運賃設定

＜主な特徴＞

公共交通の利便性向上に向け、以下のような取
組を実施

■ 共通運賃制度（ゾーン運賃）の運用
（各交通モードの運賃体系を一元化し
ゾーン内の共通運賃を導入）

■ ストレスの少ない乗り継ぎの実践
（乗車場所の近接やダイヤ調整に
よる乗り継ぎ環境の改善）

フランクフルト市郊外のケーニヒシュタイン駅

誰にとっても利用しやすい公共交通の実現
→　利便性向上により公共交通へのシフトを誘導

一般財団法人　交通経済研究所
調査研究センター　土方まりこ氏の
資料を基に交通企画課が作成

いえば、鉄路は「乗客の足になりきれていない」注8のである。

車との共生と鉄道の復権

　総合交通体系の必要性に触れたので、ここで自動車の普及が鉄道の衰退を
招いたとする見解について検討しておこう。石井元国交大臣は、政府による
支援があったにもかかわらず、JR北海道が経営危機を克服できなかった理
由の一つとして、「自動車の普及や高速道路の延伸などによる鉄道乗客の減
少」をあげ、国鉄の「分割・民営化」に起因するものではないと自己弁護し
ている。政府の「支援」問題については、すでに第2章第1節で論述したの
で再論はしない。ここでは、JR北海道における経営危機の原因を自動車の
普及に求める見解について述べておこう。
　まずはヨーロッパ諸国と日本との自動車普及の比較について見てみよう。
オーストリアにおける乗用車の普及は550台/千人、スイス534台/千人、ド

注8　『日本経済新聞』2019年12月23日。

イツ549台／千人、フランス479台／千人、日本483台／千人であり、北海道は506台／千人である。北海道における乗用車の普及率はヨーロッパ諸国との比較でもそれ程の相違はない。ここでは面積および都市構造が北海道と類似しているオーストリアをとりあげてみよう。

　オーストリアの鉄道は、オーストリア連邦鉄道（ÖBB）の持株会社傘下における会計上の分離にすぎない「上下分離」である。オーストリアにおける鉄道距離は4828km、輸送量は111億人／キロであるのにたいして、北海道の鉄道距離は2552km、輸送量は43億人／キロである。路線距離はオーストリアが北海道の約1.9倍、旅客輸送量はオーストリアが北海道の2.6倍である。そして、営業損益を比較すると、オーストリアの営業損益は－1170億円（1ユーロ＝130円換算）、経常損益134億円であるのにたいして、北海道の営業損益は－525億円、経常損益－200億円である（宇都宮浄人）。オーストリアでは営業損益を公的資金の援助で補填しているから経常損益は黒字である。したがって、自動車の普及によって地域公共交通の停滞ないしは衰退の時期があっても、政府の支援および「運輸連合」などによって、鉄道の距離数・乗客輸送量において北海道のそれを遥かに上回っているのである。このことからも分かるように、自動車の普及によって鉄道の経営の危機を根拠づけ、正当化することはできない。

　日本とオーストリアとの「地域公共交通」の捉え方・考え方の相違について、宇都宮浄人（関西大学経済学部教授）氏の指摘を引用しておこう。①オーストリアでは「地域の魅力を高めるための投資としての発想」であり、「日本のように鉄道単体で会計上の収支均衡を目標とするケースは皆無である」。②「環境に優しく、利用者にとって快適な鉄道は存続可能な社会における重要な交通手段である。快適な交通手段でなければ、自家用車からの転移は困難である」。③「収支均衡という目標値ではなく、各都市の持続可能なモビリティ計画、連邦のフレームワーク計画などの計画に基づき、数値目標を設定する。たとえば、モーダルシフトの数値目標である」。したがって、「会計上の収支で公共交通の『黒字』を求めるのは日本のみであり――公共財（道路など）は赤字とはいわない。ただし、地域や社会に最適な公共交通の形態

が何かという議論は必要」[注9]と述べている。

5　鉄道再生の方向性について

　私たちはこれまで、①経営の私的形態に固執しないで、外部経済を含めた鉄道がもつ社会的性格、その公共性を位置付けること、②EUの公共的交通にみられるように、「補完性の原則」にもとづいて中央政府が「下」を受けもち、「上」を民間鉄道業者だけでなく地方政府なども関与すること、③鉄道と他の交通機関を含めた総合的交通の必要性などをみてきた。以上から、北海道における鉄道再生のための方向性を示すことができる。

　第一に、PSOの「理念」による補完性の原則にもとづいて「上下分離」を実現することである。この「上下分離」は、JR北海道が主張するものとはまったく異なっていることはいうまでもない。今日、地方自治体は「下」の費用を負担するだけの財政状況にないことは衆目の一致するところである。たとえば、「留萌線を維持するために沿線自治体が毎年9億円を負担する必要があり、留萌市の負担範囲は6億円前後とみられる。2019年の一般会計予算が131億円強の同市には重い。鉄路に固執すればバス代替時のJR北海道からの支援にも影響を与えかねない」。そこで留萌市長は「留萌市立病院や老朽化した公共施設など、税金の使い道には優先順位」[注10]があり、廃線の選択を強いられている、と苦しい胸の内を語っている。

　私たちが要求する「上下分離」は、オーストリアやドイツにおけるように、中央政府が「下」（線路の維持）の経費を負担し、「上」（鉄道の経営・運営）に関してはJRだけではなく他の会社の入札・参入を認めるシステムである（図5-2-3）。この実現のためには、「完全民営化」を強制している「JR会社法」を修正しなければならない。また、上下分離といっても一つの形態に限定されるものではなく、いくつかの色合いの異なるものもありうる。「下」を受け持つ方策も、鉄道運輸支援機構であったり、それに北海道開発局が加わったり、さらには上場されてはいないが公開する株の一部分を自治体が購入

注9　宇都宮浄人『演題　地域公共交通の統合的政策を考えるヨーロッパの地域再生を踏まえて～連合北海道「地域公共交通を考えるPT」第3回講座。
注10　『日本経済新聞』2019年12月23日。

図 5-2-3　上下分離のあり方

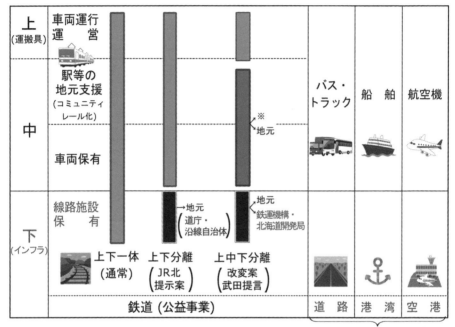

※北海道高速鉄道開発㈱　　北海道開発予算(公共事業)

し、その経営・運営に積極的に関与する、といったような様々な方式が考えられる。また、「上」における鉄道の運営はなにも民間企業だけの独占ではなく、自治体の関与を認めることも必要である。だが、ここでは大枠を示すだけで十分であろう。また、「上」の経営・運営においても、赤字がうまれたとしても「収支均衡を目標」とせず、また廃線の道を選択するものでもない。それはオーストリアのように、「収支均衡という目標値ではなく、各都市の持続可能なモビリティ計画、連邦のフレームワーク計画などの計画に基づき、数値目標を設定」[注11]し、「地域社会の持続可能な取り組み」でもって評価するということである。そうすれば、地域は活性化し、社会的費用は節約され、第三セクター化した鉄道の維持も可能となるのである。

注11　前掲　宇都宮浄人。

第二に、鉄道の運営をＪＲ（入札などで参入してきた他の業者を含めて）のみに任せるのではなく、観光・産業・人口・年齢構成など、地域の個性に合わせた独自の「交通（運輸）連合」を設立し、この運営に自治体および住民組織などの参加を保証する。地域もその発展のために担い手意識を持って知恵を出し、汗をかき、努力する必要が求められる。「交通連合」は、地域の持続可能な社会の構築（存続）を大目標にして、地域公共交通の運行計画やダイヤの策定、共通運賃制度や乗り継ぎの利便性の確保、収入の配分などを遂行し、その結果として一体的な地域公共交通を創出することにつながるのである。

　第三に、鉄道再生の財源はどのように確保すべきかということを考えてみよう。本来、このことは政府が予算の一部を組換えて決定すべき事柄であるが、ここでは財源確保の代表的なものを列挙するにとどめる。

○かつての国鉄は「内部補助」として大都市での利益を地方に回して地方ローカル線を維持してきた。しかし、国鉄の「分割・民営化」以降、内部補助制度がなくなり、ＪＲ会社間の格差が大きくなった。したがって、ＪＲ北海道・四国などは本州のＪＲ各社からの財政的な支援が必要となる。そこで、「預金保険機構」や「原子力賠償機構」などを参考にしてＪＲ会社の支援システムを作り、ＪＲ北海道・四国、その他の民間の地方鉄道や第三セクター鉄道へ支援していくことである。

○ＪＲ東日本・西日本・東海が支払う法人税（3000億円以上）の一部分を「特定財源」として、ＪＲ北海道・四国の存続のために活用するシステムを作る。

○第5章第1節でみたように、ＪＲホールディングス（持株会社）を作り、そこからの利益の一部分をＪＲ北海道・四国・貨物に再配分するシステムを構築する。

○北海道開発局が「下」の維持に関与する方式である。北海道開発局の2019年度開発（公共事業）予算は5600億円（2019年）余りであり、その内訳は道路整備に1990億円、港湾・空港・鉄道費に360億円（ただし鉄道費はゼロ措置）、治山治水995億円である。なぜ鉄道費がゼロ円かというと、民営化以前は企業特別会計や公社予算、「分割・民営化」後は民間会社予算で、公共的な役割が大にもかかわらず、独立採算制が前提の

扱いを受けてきたからである。そこで、道路・港湾・空港・鉄道・治水の予算を統合し、鉄道事業（もちろん自然災害復旧を含めて）を公共事業に含めて投資し、北海道の鉄道を再生・存続させるシステムを構築することが重要になってくる。

○JR北海道・四国は独立採算が厳しいので、ユニバーサル料金として旅客から一回の乗車に対して数円あたりを上乗せし、それをプールしてJR北海道・四国への支援財源にあてる。いわば、電話事業のようにユニバーサル料金（本書第5章第1節参照）を導入することで採算地域から不採算地域への地域間の補塡を行うことをつうじて、全国均一のサービス水準を維持するシステムを採用するということである。

○アボイダブルコストの問題は、JR旅客会社の路線を利用するJR貨物が支払う使用料を低く抑えて、JR貨物の経営の厳しさを回避するシステムである。JR貨物が本来支払うべき使用料は全国で53億円／年とする試算もある（梅原）が、このうち37億円がJR北海道の負担となっている。だがこれは、本来は政府が負担すべきものである。とはいえ、「上下分離」方式によって「下」を政府関係機関が責任を負うとすれば、この問題は一挙に解決する。

第四に、以上のシステムを実現するためには、道路と鉄道・港湾・空港などの一括的でしかも系統的に管理・運営する総合交通体系およびその組織の創設が求められる。戦前の内務省と鉄道省から戦後の「建設省」と「運輸省」の時代を経て、現在では国土交通省内部の「道路局」と「鉄道局」として縦割りの別組織が設置され、地方支局でも「整備局」と「運輸局」とが並立され、道路と鉄道が分離されている。これでは総合交通体系としての運営は不可能であり、予算も統一的に組むことができない。同じようなことは北海道開発局でも見られ、公共事業でありながら「港湾・空港・鉄道費」（360億円）の項目に鉄道費は存在するが予算措置はゼロである。鉄道と道路が同じインフラ（公共施設）として認知されているヨーロッパではこうした不合理な縦割り行政は存在しない。スウェーデンでは「公共輸送庁」が財源・組織的な権限をもち、道路と鉄道を地域で一体的に管理し、計画を立案しているのである（第4章第3節参照）。これを見習えば、北海道での鉄道の再生のためは、補完性の原則を前提にして、「北海道公共輸送」委員会（仮称）を立ち上げて総

合交通体系を作り上げることも必要になってくる。

【参考文献】

上岡直見『JRに未来はあるか』緑風出版、2017年。

土方まりこ『ドイツにおける地域故郷交通の維持に向けた枠組みと課題への対処』（2017年 第4回「都市自治体のモビリティに関する研究会」）。『ドイツの地域交通における運輸連合の展開とその意義』（『運輸と経済』第70巻 第8号）。『ドイツの地域交通 運輸連合 役割の変遷』（「交通新聞」掲載）。『ドイツの鉄道改革20年の成果と課題』（「交通新聞」掲載）。『ドイツ鉄道の都市内・地域内旅客輸送における国際戦略』（「交通新聞」掲載）。『欧州委とDBの対立』（「交通新聞」掲載）。『ドイツ鉄道 新社長が直面している課題』（「交通新聞」掲載2017年5月23日）。

＜コラム＞北海道における JR 貨物・その重要性

　北海道新幹線は札幌延伸に合わせて、高速化による札幌から東京までの所要時間や新幹線札幌駅予定地周辺の開発計画など「華」となる部分が焦点となりがちであるが、絶対に避けて通れないのが貨物輸送の問題である。

　毎年農産物の収穫期が始まる8月から翌年の4月まで、JR貨物の臨時列車としてタマネギ生産量日本一の北見市からは通称「タマネギ列車」と呼ばれる農産物を運ぶ列車や富良野市からは「ふらのベジタ号」の愛称で親しまれている列車などで北海道の豊富な農産物を全国各地へ送り出している。もちろん農産物の輸送に関しては貨物列車だけではなく、トラック輸送も行われているわけだが、輸送量に見合う輸送力、更にはトラックドライバーの要員不足や高齢化を考えると貨物列車の重要性は歴然としている。

　北海道新幹線の高速化で、青函トンネル54kmと合わせその前後にあたる区間、いわゆる共用走行区間の計82kmでの走行問題がクローズアップされているが、しかしそれ以前に道内の産地からその共用走行区間までの路線が確保していけるのかは、現在の段階では明確になっていない。

　現在貨物列車は、北海道内でJR北海道所有の線区以外を走行しているのは、北海道新幹線開業時にJR北海道の経営から切り離された「道南いさりび鉄道」の区間であるが、札幌までの延伸に伴い、JR函館線の函館〜小樽間も経営から切り離される。北海道では、北海道新幹線札幌延伸の開業に伴い、JR北海道から経営分離されるJR函館線について、沿線15市町で「北海道新幹線並行在来線対策協議会」が組織され、地域交通の確保に関する検討を行っているが、明確な結論を出すに至っていない。

　公共交通機関しか交通手段のない地域住民の足を守ることと合わせて、北海道の大切な資源を運ぶ物流についても守っていかなければならないが、そのためにも将来にわたって地域住民の生活や物流を確保していくことを前提に、国からのJR北海道やJR貨物への恒久的な支援、法的措置の確立を求めていかなければならない。

（国労北海道本部副委員長　島見佳法）

第3節　地域から見る持続可能な社会

小田清

1　SDGsと持続可能な社会づくり

　本節では、地域の現状から見る持続可能な社会（Sustainable Society）づくりについて論述するが、ここでは最近話題となっているSDGs（持続可能な開発目標）を社会発展との関連で検討し、次いでわが国における持続可能な地域づくりを阻む政策、最後に持続可能な地域社会づくりについての基本的な考え方をまとめてみたい。

　すでにわれわれは、第1章において共通理解としての「持続可能な社会」概念をまとめている。すなわち、「持続可能な社会」の実現を困難にさせているのは、地球温暖化現象や自然破壊、公害等による「自然と人間との物質代謝の攪乱」であり、所得格差や地域間諸格差の拡大に起因する「人間自身の生産・再生産の困難とそれによる社会・個人の分断や排除」である。前者のそれは、経済成長にともなう資源の浪費や自然破壊が地球的な規模での環境問題を招来せしめ、「持続可能な社会」発展の基底を危うくするものとして、1970年代以降、国連を中心にその解決策が議論されてきた。

　また、後者のそれは、1960年代以降、バランスある社会発展のためには経済成長（GNP））が不可欠で、その果実が全ての国民の豊かな生活や公共サービスを担保し、住民生活の向上を必然にするとして多くの資本主義国における政策目標とされてきた。しかし、経済成長至上主義は、経済と社会のバランスある発展を阻害しはじめ、国民や地域間、国際間に是正困難と思われる格差を作り出してきた。したがって、持続可能な社会づくりの今日的な状況把握は、これらの両側面を統一した視点から行わなければならず、それら「攪乱」や「分断」を加速化させている新自由主義的政策の本質から検討されなければならない。問題の根源は今日の資本主義の有り様の中に存在しているのである。

ローマ・クラブから国連SDへ

　「持続可能な発展（開発）」を「環境と経済成長」との統一的視点から最初に問題提起したのはローマ・クラブである。国際的な民間組織ローマ・クラブは1972年に発表した「人類の危機レポート〜『成長の限界』」で、急速に進む天然資源の枯渇、公害による環境汚染の進行、途上国における爆発的な人口増加、軍事技術の進歩による大規模な破壊力の脅威等々によって、人類破滅の危機が接近していることを警告した。そして、この危機を乗り切るためには「均衡＝ゼロ成長」がふさわしく、この確立こそが無限の成長（持続可能性）を約束すると結論づけている。

　このレポートは国際的に著名な賢者達による提起ということで話題となり、資源の浪費や枯渇、地球的規模での環境許容能力の飽和と経済成長との調和問題はこれ以降、国連を中心に議論されていくことになる。しかし、資本主義の「価値増殖」行動は環境保全問題や社会的課題の解決を後回しにしていくため、この「ゼロ成長論」はオイルショックによる世界同時不況からの脱出を最優先する先進資本主義国の成長論に押され、議論されることは少なかったのである。この結果、1980年代に入り、再び激しさを増した資源の浪費や枯渇問題、地球的規模での環境問題は途上国や中国・インド等の中進国を巻き込んでさらに深刻さを増し、まさにローマ・クラブが強調した「人類の危機」的な様相を見せることになったのである。

　1987年、国連・環境計画会議に設置されていた「環境と開発に関する世界委員会」が報告書「我ら共有の未来（Our Common Future）」をまとめた。その中で提起された「持続可能な開発（Sustainable Development＝SD）」が時代をリードするキーワードとして注目を集めたのである[注1]。この報告書では、持続可能な発展のためには、人口と食糧問題、エネルギー問題、南北問題、都市と農村問題、民族間や世代間の公平が必要であり、現世代と将来世代の要求を同時に満たすような開発を前提に、環境と開発（成長）問題は共存しうると捉えている。その後、この概念は経済成長と環境の調和問題、途上国

注1　「Sustainable Development 持続可能な開発（発展）」概念は、1980年に国際自然保護連合（IUCN）が地球環境保全と自然保護の指針を示すものとして初めて公表した。その後、国連等で経済問題を含めて幅広い環境問題に影響を及ぼし使用されている。

の貧困解消問題等について、国連の取り組み方向を定めるものとなり、国際的に広く普及し使用されていく。この概念の評価について宮本憲一は、当時としては地球的規模での多様な課題の存在を「環境か開発かというトレード・オフではなく、また一時的でなく、持続という時間の要素をいれた点で画期的な課題設定だが、技術や経済の弾力性に信頼をおいた経済成長を前提にする楽観主義」であり、地球という客体（収容力）を維持できる範囲を勘案しての経済や社会の発展政策ではなく、十分に科学的な検討を経たというよりは政治的妥協の産物の側面があり、未来への政策願望であると批判している[注2]。事実、環境問題の解決は発展途上国を含めた経済成長優先政策の前では、ほとんどかけ声倒れに終わっているのである。

国連MDGsからSDGsへ

その後、国連SDの政策願望は、世界の持続可能な発展にとって足かせとなる途上国の絶対的貧困の半減を目的とした「ミレニアム開発目標MDGs（Millennium Development Goals）」（2000年）の設定へと動いていく。その内容は、2015年を期限に途上国の貧困や飢餓の撲滅、初等教育の達成、乳幼児死亡率の削減等を達成するというものであったが、所得や就学率で若干の進展が見られたものの全体としては目標に遠く及ばず、先進国と途上国との貧富の差や途上国内での都市と農村との格差は依然として拡大したままであった。

これらの未解決課題は、MDGsの対象範囲をより一層拡大した「持続可能な開発目標SDGs（Sustainable Development Goals）」（2015年）へと引き継がれた。そこでは「誰一人取り残さない（No one will be left behind）」というスローガンの下、貧困問題、気候変動、生物多様性、エネルギーなど、環境、経済、社会の3側面を一体不可分として先進国や途上国が一致して取り組むべきものとして17項目・169ターゲットの解決目標を設定したのである。この目標は2030年までにグローバルスタンダード化することが謳われ、日本を含めた先進国ではSDGsの活動が政府や民間企業、自治体やNPOを巻き込んで進められている。

SDGsが掲げる目標は、先進国や途上国が直面しているさまざまな課題を

注2　宮本憲一『日本社会の可能性』岩波書店、2000年、13 〜 14ページ。

総花的に網羅しており、その項目・ターゲット自体は正しい方向性を示しているといえよう。また、その目標を達成するための活動は政府・企業・NPO等々さまざまな分野に広がりを見せていることも賞賛に値しよう。しかし、SDGsには項目・ターゲット設定の前提となる「なぜ世界が持続不可能になったのか」、「なぜ地球的規模で危機なのか」の根本要因については何も述べられていない。あまりにも表面的な目標で、これらの活動によって持続可能な社会が達成されるとは思われない。具体的な対策は問題発生の根本要因を明らかにすることから生み出される。おそらく、国連がSDGsをまとめるにあたっては、大国の意思を忖度しながら加盟国の大多数が賛成しうる最大公約数的な政策目標を列挙したものであろう。

たとえば、目標16「平和と公正の促進」では、違法な資金や武器取引の減少、暴力やテロリズムの防止等をあげているが、人類を破滅に追い込む最大の暴力である「核廃棄問題」については何も触れられていない。平和の危機を訴えるのであれば、核廃絶が最初の目標として置かれなければならないものであろう。わが国のSDGs活動も、国民を挙げて「核抑止力の廃止」に向かわなければならないであろう。核の傘の下にある「沖縄の米軍基地問題」は、わが国で最大のSDGs問題であると同時に地域の自治・自立が問われる、いわば持続可能な地域づくり問題でもあるのである。

また、目標1「あらゆる貧困の終焉」に関しても、途上国における極度の貧困の解消は言うまでもないが、わが国においても新自由主義的な経済政策の結果、正規と非正規労働者の賃金格差、福祉・医療・教育・子育ての地域間格差が拡大し、生活困窮者（生活保護世帯）が増大している。これなども大都市を含めての地域発展に大きな影響を与えているのである。これらの「持続不可能性」は、これまでの新自由主義政策によってもたらされものであるが、これらに関しての言及は何もない。この政策の背後に隠された本質を明らかにしなければ有用な対策は何も立てられないのである。

SDGsとESG投資

最近、わが国では多くの企業がCSR（Corporate Social Responsibility ／ 企業の社会的責任）にSDGsの考え方を組み込み、企業収益をあげるのと同時に社会や地球環境の改善に貢献するようなビジネスモデルが盛んに喧伝されてい

る。また、グローバル企業を中心にSDGsに関連させて、環境（Environment）と社会（Social）、企業統治（Governance）に配慮したESG投資も唱道されてきている。この背景には資本主義的な活動がESG投資を名目に「公的なサービス分野」を取り込まなければ成り立たないまでに行き詰まりを見せていることが考えられる。一連の公益事業「民営化」の動きはそのあらわれであろう。宮本憲一は、目標6「安全な水と下水・衛生施設」にフランスの企業が参入していることを「一種のSDGsの『民営化』です。地球環境を守るという世論と運動の圧力に企業が従わざるを得なくなっていることと、リサイクリングや再生エネルギーのように環境産業が発展したこともあり、企業がSDGsに参加することは望ましいけれど、果たしてそれが公共性を持っているかどうかについて、審査する機関があってもよいのでは」[注3]と注文をつけている。

　今やSDGsはESG投資と関連して社会貢献のエースに成長してきているが、その半面では国際NGO・オックスファム（Oxfam）による2019年レポート「公共の利益か、個人の富か（Public Good or Private Wealth）」では、世界の大富豪トップ26人が、世界人口のうち経済的貧困に当たる半数、約38億人の総資産と同額の富を所有しているとし、国際的に貧富の差が拡大してきているのである。わが国でも多国籍大企業の利益は増大し、内部留保は史上最高を更新している。また、正規雇用者と比較しての非正規雇用者比率は過去最高になり、その影響で労働分配率は大きく低下し、社会の持続可能性が危ぶまれる状況になってきている現実にもっと関心を払うべきであろう。

2　持続可能な地域発展を阻むもの

　国連のSDGsは経済のグローバル化によって、その解決に困難さを増してきているが、わが国の場合はどうであろうか。地域づくりにとって必要なことは、われわれが住んでいる地域の経済や生活、自然環境等から生み出される様々な問題に対し、その地域が将来にわたって持続的に発展が可能かどうか、その本質を正しく見据えることである。その意味ではSDGsの本質的な理解と非常に似かよっているといえよう。ここでは、小泉「構造改革」以降

注3　「新春インタビュー・宮本憲一先生に聞く～地球環境の危機とSDGs」、『住民と自治』2020年
　　1月号、7～14頁。

の持続可能な発展を阻む地域政策について述べてみよう。

小泉構造改革と地域の再編成

　2001年4月に発足した小泉内閣は、バブル経済崩壊によって長期的不振に陥っていた日本経済を立て直すため、いわゆる「構造改革」を推し進めた。その結果、正規労働者の減少と非正規労働者の増大を生み出し、大量のワーキング・プア層を出現させたのである。また、これまで最低限の国民生活を守るために張り巡らされていたセーフティネットは、財政的な制約を理由に、次々に縮小され、低所得者層は自助努力や自己責任によって生活維持を余儀なくされていった。この改革は、それが進むにつれて社会的諸格差を急拡大

表5-3-1　1人当たり県民所得格差（指数）　　　　　　　（全国平均＝100）

	2000	2005	2010	2012	2015
万円	310	304	288	298	319
（増減率）	99	102	103	102	111
北海道	92	85	85	83	81
青森県	81	72	82	81	77
宮城県	89	86	85	92	94
茨城県	97	93	104	105	97
東京都	141	157	150	150	169
山梨県	93	90	97	95	87
富山県	95	102	101	102	106
岐阜県	93	92	91	90	86
愛知県	113	116	105	116	115
大阪府	106	100	91	99	98
奈良県	93	87	86	81	78
島根県	82	81	80	79	71
岡山県	85	87	90	90	86
香川県	90	86	92	95	92
高知県	77	71	76	78	79
福岡県	86	87	96	94	85
鹿児島県	75	75	83	79	75
沖縄県	68	66	70	68	69
地域開差	66	86	74	75	98

注1）1人当たり＝県民所得（企業・自営・雇用・財産）÷総人口。
注2）地域開差は、最高＿と最低…（表示の県）との指数格差で沖縄県を除く。
注3）『県民経済計算年報』各年により作成。

させ、これまでに経験のない「格差社会」をつくり出したのである。

　この改革は地域開発の側面でも効率化や民営化を要求した。それ以前の地域政策では、中央集権的な問題を抱えつつも、地方交付税交付金制度や国庫支出金制度等の税源再配分政策によって、曲がりなりにも住民生活にとって最低限のセーフティネットが担保されていた。その結果、名目的にではあるが国土の均衡ある発展が謳われていたのである。しかし、小泉改革では、税配分の「選択と集中」による効率的な国土づくりの推進ということで、これまでの国土総合開発法に替えて「国土形成計画法」（2005年）を成立させたのである。その内容は3大都市圏（東京・大阪・名古屋）を日本社会の牽引力に据え、それ以外の自治体は市町村合併の推進と幾つかの県を集約した道州制の導入によって自治体域を再編成しようというものである。すなわち、構造改革の地域政策版である。

　このような規制緩和によるセーフティネットの見直しや廃止、大都市圏を中心とした効率的で競争的な地域づくりは、大都市圏以外の地域経済を停滞させ、共同体機能の弱体化とも相まって住民生活を困難にさせていく。それは1人当たり所得の地域間格差が拡大していることからも見てとれる（表5-3-1）。そして、仕事の場はもちろん、教育や医療、福祉等の地域や個人の再生産に関わる諸施設を縮小させ、これら地域から大都市圏へ人口流出を加速化させることになる。その結果、地域間格差の拡大傾向はますます助長され、リージョナル・プアーとでもいえるような事態が出現してくる。しかし、そのような動向は同時に大都市圏での持続可能性をも徐々に低下させていく。地域経済社会の衰退が進展すれば大都市圏へのヒト・モノ・カネの流入力は弱まり、少子・高齢化が急速に進んでいく。すでに地域別の人口増減ではその傾向が進みつつある（表5-3-2）。JR北海道が鉄路存廃の根拠にした過疎化による人口減少・乗客減は、地域の停滞に責任があるわけではなく、国土政策の誤りにあるといえよう。地域間格差の拡大は国土全体の持続可能な発展を弱体化させ、地域住民（国民）の生存権をも危うくするのである。

アベノミクスと持続可能性の危機

　小泉内閣の「構造改革」は、格差拡大に対する国民批判の高まりによって頓挫したかに見えたが、2012年に発足した第2次安倍内閣の「アベノミクス

表 5-3-2　地域人口の推移（国勢調査）

	人口（千人）				増減率%		
	2000	2005	2010	2015	00～05	05～10	10～15
全国総人口	126,925	127,768	128,057	127,110	0.7	0.2	-0.7
北海道	5,683	5,628	5,506	5,384	-1.0	-2.2	-2.2
札幌市	1,822	1,881	1,914	1,954	3.2	1.8	2.1
東北	9,818	9,635	9,336	8,983	-1.9	-3.1	-3.8
宮城県	2,365	2,360	2,348	2,334	-0.2	-0.5	-0.6
東京都市圏	33,418	34,479	35,619	36,126	3.2	3.3	1.4
埼玉県	6,938	7,054	7,195	7,261	1.7	2.0	0.9
千葉県	5,926	6,056	6,216	6,224	2.2	2.6	0.1
東京都	12,064	12,577	13,159	13,514	4.3	4.6	2.7
神奈川県	8,490	8,792	9,048	9,127	3.6	2.9	0.9
北信越	7,822	7,735	7,596	7,413	-1.1	-1.8	-2.4
中京都市圏	11,008	11,229	11,346	11,333	2.0	1.0	-0.1
愛知県	7,043	7,255	7,411	7,484	3.0	2.2	1.0
近畿都市圏	20,856	20,893	20,903	20,728	0.2	0.0	-0.8
京都府	2,644	2,648	2,636	2,610	0.2	-0.4	-1.0
大阪府	8,805	8,817	8,865	8,839	0.1	0.5	-0.3
兵庫県	5,551	5,591	5,588	5,537	0.7	-0.0	-0.9
中国	7,732	7,676	7,563	7,440	-0.7	-1.5	-1.6
広島県	2,879	2,877	2,861	2,845	-0.1	-0.6	-0.6
四国	4,154	4,086	3,977	3,847	-2.6	-2.7	-3.3
九州	14,764	14,715	14,597	14,455	-0.3	-0.8	-1.0
福岡県	5,016	5,050	5,072	5,103	0.7	0.4	0.6
沖縄県	1,318	1,361	1,393	1,434	3.3	2.3	3.0

注）北信越は新潟・富山・石川・福井・長野。中京は岐阜・愛知・三重。
　　近畿は滋賀・京都・大阪・兵庫・奈良・和歌山。

政策」によって加速化された。アベノミクス政策は、金融緩和による国債買い上げや公共事業による景気刺激、規制緩和や特区構想によって「円安・株高」を演出し、輸出企業の利益がやがては全国民に分配され、それによって国民生活が潤うとするトリクルダウン効果を狙ったものである。これはかつて高度経済成長後期に展開された「輸出産業主導型」の成長戦略に類似している。しかし、アベノミクス政策の内実は規制緩和によるセーフティネットの取り外しと巨大都市圏以外の地域の衰退を加速化させるのみならず、人類の生存を危機に陥れる福島事故の反省なき原発輸出や人命を顧みない防衛装備（武器）の輸出、ギャンブル依存症を生み出すカジノ中心のIR統合政策の

推進という無節操で何でもありの政策という点では全く異なっている。人間の尊厳を否定し、他人の犠牲の上に成り立つ「アベノミクス成長戦略」は持続可能な社会づくりとは全く無縁のものなのである。

　小泉構造改革による格差拡大はアベノミクス政策によってさらに拡がり、新たな問題を引き起こすことになる。表5-3-1で示したように、2015年の1人当たり平均所得額は増加しているが地域間の開きはこれまでになく大きくなっている。特に東京都の指数の高さに比べ他地域の低さが特徴的である。いわばアベノミクスによって東京都の1人勝ちがさらに顕著となり、それ以外の地域は持続可能性に黄信号が点ったということである。表5-3-2で全国の人口増減を見ても同じことがいえる。小泉構造改革によって日本社会の牽引力として位置づけられた3大都市圏のうち、中京都市圏と近畿都市圏の人口は、アベノミクス期間の2010年から15年にかけて、それまでの増加傾向から一転して減少に転じている。

　その要因としては、これまで大都市圏で吸引してきた大量の地方人口数は地域経済力の低下によって減少し、中京圏と近畿圏に回らなくなったということである。今や傾向的に増加を示しているのは東京都市圏のみで、アベノミクス政策の果実は東京大都市圏地域などの狭い範囲に集中していることを裏づけているともいえる。

　全国が疲弊すればするほど東京大都市圏へのヒト・モノ・カネの集中力も低下する。その傾向はすでにあらわれてきている。東京都市圏の人口増減率を見ると、かなり鈍化してきているのがわかる。加えて問題なのは、東京都の人口再生産力がかなり低いということである。人口再生産力の強弱は合計特殊出生率で示すことができる。表5-3-3は成人女子が一生のうちに何人の子どもを産めば地域人口が定常状態になるかということを示したものである。一般的に人口の維持可能な特殊出生率は2.07人といわれている。東京都の場合は全国最低で、全国から人を吸引しては域内で減らし続けているのである。

　早晩、東京都も全国からの人口押し出し力の低下によって人口減少地域に転化するであろう。今や大都市は「見せかけの豊かさ」の中にあり、地域の持続可能な発展は危機的な状況に置かれているのである。この結果、「アベノミクス」政策の恩恵は大都市を含めて全国津々浦々に行き渡っているとは言い難く、完全に空回りしているといえよう。

表 5-3-3　合計特殊出生率の推移

	1990	2000	2010	2015	2017
北海道	1.43	1.23	1.26	1.31	1.29
札幌市	**1.31**	**1.05**	**1.09**	**1.18**	**1.16**
青森県	1.56	1.47	1.38	1.43	1.43
宮城県	1.57	1.39	1.30	1.36	1.31
茨城県	1.64	1.47	1.44	1.49	1.48
東京都	**1.23**	**1.07**	**1.12**	**1.24**	**1.21**
山梨県	1.62	1.51	1.46	1.51	1.50
富山県	1.56	1.45	1.42	1.51	1.55
岐阜県	1.57	1.47	1.48	1.56	1.51
愛知県	1.57	1.44	1.52	1.57	1.54
大阪府	1.46	1.31	1.33	1.39	1.35
奈良県	1.49	1.30	1.29	1.39	1.33
島根県	1.85	1.65	1.68	1.79	1.72
岡山県	1.66	1.51	1.50	1.54	1.54
香川県	1.60	1.53	1.57	1.63	1.65
高知県	1.54	1.45	1.42	1.51	1.56
福岡県	1.52	1.36	1.44	1.52	1.51
鹿児島県	1.73	1.58	1.62	1.70	1.69
沖縄県	1.95	1.82	1.87	1.96	1.94

注）厚労省『人口動態統計月報年計』各年。

わが国のSDGs対応

　政府においてもアベノミクス政策の行き詰まりを打開するため、SDGsを「地方創生戦略」の一環として取り込んでいる。すなわち、新しい価値を生み出すポテンシャルの高い地域を「SDGs未来都市」と位置づけ、その中でも、都市・地域の自律的好循環が見込める事業を実施している自治体を「SDGsモデル事業」として選定し、補助金を交付するというものである。設定の目的としては日本全体が持続的な経済社会の推進を図っており、その優れた取り組みを世界中に発信したいということに置かれている。しかし、政府の政策はSDGs本来の概念や目標とは関係なく、単に新しい価値を生み出すポテンシャルの高い地域に対して予算配分を優先的に行うということである。いわば、SDGsに関連させて地域の「選択と集中」を行うということである。

　現在、全国で60地域が「SDGs未来都市」に、その内の20自治体が「SDGs

モデル事業」に選定されている。北海道では北海道庁・札幌市・ニセコ町・下川町の4自治体が未来都市に、ニセコ町・下川町がSDGsモデル事業に選定されているが、「誰一人取り残さない」という世界〝共通行動〟としてのSDGs政策とはかなりかけ離れているといえよう。

　最近、企業活動においてもSDGs　に貢献することを強調したソフト戦略が目立ってきている。しかし、これらのケースはSDGsを経営戦略のツール、いわば新たなビジネスチャンスとして、あるいは企業の生き残り戦略としてSDGs賛同を標榜しているに過ぎない場合が多いのである。そこからは途上国に向けての貧困や飢餓解消への抜本的な対応策は読み取れない。SDGsを唱導すれば持続可能な発展が達成されるほど現実は甘くなく、その用語は万能薬ではないのである。

　かつて国際的な非政府機関が製品やサービス、組織の品質活動や環境活動を国際的に統一するためにISO（国際標準化機構）規格を設定した。わが国でも、多くの企業や自治体がその認証を受けて活動してきたが、「ステータスシンボル」的な役割を果すのみで、地球的な規模での環境問題に顕著な変化は見られず、逆に悪化しているのが現実である。特に子どもの貧困・低所得者・生活保護者等の増大により、国民間の格差はこれまでになく拡大してきている。SDGsはこれらの課題を解決するような具体策を持っているのかどうかは慎重に見極めなければならない。

3　持続可能な社会・地域づくり～その可能性を求めて

　国鉄の「分割・民営化」前後から今日に至るまで、過疎化の進展による乗客数の減少が路線維持を困難にしているとして、全国の赤字ローカル線を廃止し続けてきたのが新自由主義思想であることはすでに見てきた。同時に、多くの国民は他の交通手段との比較でも、鉄道の優位性（大量・長距離、高速・安心感、CO_2排出量の少なさと環境への優しさ、北海道から九州までの連結性、インバウンドと観光、都市と農村との人口交流等）を認識し、その利用を通して地域発展を成し遂げてきたことも実感している。いわば、持続可能な地域社会づくりを担ってきた中心的な存在として位置づけているのである。しかし、残念ながら所得格差は拡大し、地域の均衡ある発展は崩れ、大都市圏ですら

持続可能性は危うくなってきている。

　そのような中で地域の持続可能性をどのように考えたらよいのであろうか。

基本的人権・生存権・生活権を基軸に

　私たちは「地域」や「地域社会」という言葉から何を想起するであろうか。それと関係しての「持続可能な社会」あるいは「持続可能な地域」という言葉から何を連想するであろうか。おそらく、国民国家の一部分としての都道府県や市区町村、町内会や集落等の行政区域や地理的な広がりとしての平野部や山間部、内海や河川流域等々の中で培われてきた農林水産業、工業、商業、住宅、文化、歴史、伝統等々を対象に、自然環境や経済活動、生活や共同社会が半永久的に続くことをイメージするであろう。いわば、多様で複雑な広がりの中で、自然環境を保全し、経済活動や社会生活を営みながら個人や家族を再生産させ、地域社会を持続させるということである。そして、自然・地理的条件や歴史、社会的な仕組みの違いこそあれ、その地表面で全ての人々が平等の条件下で自分自身を成長・発達・進歩させ、全人格的に一段と高いところを目指すという目標を持って地域社会が持続していくことを願うことになろう。

　一般的に、個人の資質を高めるためには、生存権・基本的人権の尊重が重要で、これを基本に国や自治体は責任を持って安心した暮らしを保障することが必要である。ともすれば、これらの権利はステルス的に切り捨ての危機に瀕しているといえよう。また、地域社会を持続させるためには、地域上で発現する様々な「地域問題」を克服し、「人間が人間らしく生きる諸条件を地域上で整備・確立する政策」が必要となる。それは単に「経済開発＝経済成長」のみを追求するのではなく、その諸条件を取り巻く自然環境の循環原理を前提としながら、「社会開発＝生活・文化・芸術・伝統等の充実・進歩」を含めた「バランス」ある総合的な地域発展（開発）」を目指すことが重要となる。特に交通問題に関していえば、人と人との交流を保障し移動の自由を確保することは個人や集団、地域間の交流を活発化し、地域社会に活力を与える。このような交通権[注4]の保障が大都市圏とそれ以外の地域との間で不平

注4　交通権とは憲法13条の「幸福追求権・人格権」、14条の「平等権」、22条の「移動の自由・職業選択の自由」、25条の「生存権」を統合した「生活権」を保障する概念である。

等さを増してきているのである。あらためて現代生活権の一つとしての「交通権」「生活権」の保障が重要になってくる。

市町村合併に抗した独創的な地域づくり

　これまで見てきたように、持続可能な社会や地域づくりの障害になってきたのは、新自由主義的な大企業優先の産業政策や大都市中心の国土政策である。これが地域間格差を拡大させ、地方の衰退を引き起こしてきたのである。しかし、地域の全てがこのような政策を受け入れて地域づくりを行っているわけではない。国土再編成のために政府が強行する市町村合併に抗しながら、住民の意思を尊重し、自治体連携による地域づくりで合併以上の成果を上げている地域が多数存在する。

　持続可能な地域社会を創造するため、小さな市町村が独創的な地域づくりの経験を持ち寄って交流する「全国小さくても輝く自治体フォーラムの会」もその一つである。小泉構造改革の一環として、国によって強制的に進められていた市町村合併政策に異議を申し立てるとともに、中山間地域の国土や農林業資源を住民とともに守っている小規模自治体の存在意義を、広く大都市住民にも知らせていくことを目的に、逢坂誠二（北海道ニセコ元町長）ほか、全国7町村長が発起人となって2003年2月に設立されている。今日まで24回の全国集会が開催され、地域経済社会の内発的循環を目標に特徴的な地域づくりを実施している[注5]。北海道に即していえば、国際環境リゾート地を目指すニセコ町や写真甲子園の東川町、幼保一体化教育の先駆である訓子府町、農林漁業とバイオガスによる町づくりの西興部村などがそれである。

　また、北海道美瑛町の浜田哲町長が、フランスの素朴な美しい村を厳選し紹介する「フランスの最も美しい村」運動に触発され、2005年に設立を呼びかけた「世界で最も美しい村連合会」の日本版である「日本で最も美しい村」連合[注6]も特徴的である。地域の特色ある歴史的遺産などを観光資源として付加価値を高め、小規模な農村を保護するネットワーク運動として設立したこ

注5　全国小さくても輝く自治体フォーラムの会・自治体問題研究所編『小さい自治体　輝く自治』
　　2014年、自治体研究者、あとがきを参照。現在67町村が加盟。
注6　「日本で最も美しい村」連合は、2005年に7町村からスタートし、現在では60以上の自治体が
　　参加し、自立した「オンリーワンの美しい故郷づくり」活動を行っている。

の連合も、今日では小さくても素晴らしい地域資源や美しい景観を持つ村の存続が難しくなってきた平成の大合併時期に、失ったら二度と取り戻せない日本の農山漁村の景観・文化を守りつつ、最も美しい村としての自立を目指す運動として、全国的な広がりを持って活動を行ってきている。

地域内経済循環の構築

　このような地域づくりの根底にあるものは、これまでのGDPを前提とした経済成長政策とそれを牽引してきた東京一極集中型の国土政策に対する不信感であり、自治体や地域企業、協同組合や住民が中心となって構築する地域内経済循環を重視した持続可能な地域づくりの仕組み作りである。一国が自立的かつ持続的に発展していく最低の必要条件は、食料やエネルギーの確保であり、教育や医療・福祉等公共サービスの充実である。しかし、新自由主義による経済のグローバル化の推進は食料自給率を低下させ、農業機械の大型化や輸入肥料・飼料の増加は農家収入を低下させる。またエネルギー生産に関しても海外からの化石燃料輸入や原発依存にそれほど変化はなく、再生可能エネルギーの推進に関しても地域外大手企業の進出によって地域への経済効果は低い。公共サービス面でも大都市偏在が強まり、それ以外の地域での住民生活を困難にさせ、大都市への人口流出を促進させている。SDGs本来の主旨からするならば、これらの自給率を高め、全国津々浦々に公共サービスを公平に行き渡らせることこそが国内政策として重要となり、その結果として国際貢献につながるのである。

　持続可能な地域づくりの第一歩は、食料生産から生み出される所得をいかに地域内にとどめ循環させるかである。また、再生可能エネルギーに関しても、運営主体をいかに地域内で準備し、化石燃料費の域外流出を低下させるとともに、生み出した果実を域内で循環させるかである。このような動きは全国的に広まっている。地域産業の6次産業化や地産地消などがそれである。この結果、就労の場が増大し、人口減少の停滞とともに公共サービスの担い手も域内で準備できるということであり、徐々にではあるが地域での持続可能性が拡大しつつある。

　今や、東京を含めた大都市圏の持続可能性は合計特殊出生率の低さを見るまでもなく黄信号が点っているのに対し、逆に、人口減少下にありながらも

多様な特徴を持ち、それでいて小回りのきく中小自治体のほうが持続可能な地域づくりでは元気である。したがって、これら地域づくりの中心を担ってきた公共交通としての鉄路を廃止することは、再生しつつある地域を消滅させかねない。このことは回り回って大都市圏の持続可能性に影響を与え、最終的には国土全体の再生に危険信号を点すことになるのである。

鉄路を軸に持続可能な地域発展を

　すでに見てきたJR北海道の「路線存廃問題」にかかわる政策提言の多くは、基本的人権や生存権・生活権を保障する鉄道の公共性やそれを前提とした地域社会の持続可能性についての視点はほとんど見られず、経営優先策が軸となっていた。

　2015年6月にまとめられた「JR北海道再生推進会議」の提言書[注7]は、破綻した北海道拓殖銀行の二の舞にならないためには「総花的」な鉄道事業経営ではなく、限られた経営資源を安全対策に配分するために、鉄道特性を発揮できない線区についての廃止や見直しを含め、聖域なき「選択と集中」を行う必要があると結論づけている。

　北海道庁「鉄道ネットワークWT」が2017年2月にまとめた報告書[注8]でも、急速に進む人口減少を乗り越えて地域の維持・発展を図るために、持続可能な鉄道網の維持は重大な問題で、北海道は総力で取り組んでいかなければならないとの基本認識を示しながらも、その内容は札幌圏と地方中核都市を結ぶ幹線の維持と新幹線中心の提言である。利用者が大幅に減少し、収支が極めて厳しい廃止もしくはバス転換対象の路線については他の交通機関との連携、補完、代替なども含めた最適な地域交通のあり方をJR北海道をはじめとする交通事業者や国、道の参画のもと、地域においての検討が必要であるとしている。いわば、バス転換や廃線を示唆していると読み取れ、この報告書は10路線13線区内での「選択と集中＝選別」の先導役を担ったといえなくもない。

注7　JR北海道再生推進会議『JR北海道再生のための提言書』2015年6月26日。
注8　地域公共交通検討会議・鉄道ネットワークWT『将来を見据えた北海道の鉄道網のあり方について～地域創生を支える持続可能な北海道型鉄道ネットワークの確立に向けて』、2017年2月7日。

これまで北海道知事はJR北海道の維持困難路線問題に関しては「1民間企業の経営問題」として支援への動きが鈍かった。また、JR北海道もこれまで政府への支援要請には消極的であった。この結果、17年12月には再生推進会議の有志がJR北海道や市町村、道に対し「時間の浪費は許されない、路線見直しについて1年以内に結論を出すように」との緊急声明を出すに至り、知事やJR北海道は政府に対し財政支援要請を行い、協議を急ぐことにしたのである。18年7月、国交相はJR北海道に対し2年間に限定しての財政支援を表明した。ただし、JR北海道が単独では維持困難とした10路線13区間のうち、輸送密度が低い5線区については原則としてバス転換等を求めるとした。そして、21年度以降の支援については、8線区を含めたJR北海道の経営改善状況を踏まえて継続を判断するとしている。いわば、比較的輸送密度の高い8線区を人質に、輸送密度の低い5線区が切り捨てられたということである。2年後には生き延びた8線区も正念場を迎えることになる。この結果、道庁は5線区の敗戦処理に向けて積極的に動き始め、JR北海道と沿線自治体との協議進展については黒子的な役割を果たすことになるのである。

　JR北海道の全路線（14路線）は赤字である。すでに述べてきたように「分割・民営化」後に赤字になったのではなく、最初から黒字企業として成立していなかった。したがって、人口減少による輸送密度の高低だけで線区の存廃を判断するのは誤りで、他の交通手段と比較しての鉄路の優位性を考えた場合、赤字だからといって路線廃止を続けていけば、やがて北海道や本州からローカル線は消えてしまい、大都市偏重が加速されることになる。環境に優しく安全で持続的な交通手段としての鉄路、地域住民の通勤・通学・通院の足としての鉄路、道内外への大量の農産物や生活物資輸送を担う鉄路、インバウンドを含めての観光客の足としての鉄路等が維持されてきたのは鉄道が公共性を持っていたからであり、経済発展や国民生活、地域発展に欠かせない存在だったからである。その性質はいまでも変わりないことを再認識すべきである。

【参考文献・資料】

大来佐武郎監訳『ローマ・クラブ「人類危機の危機」レポート・成長の限界』ダイヤモンド社、1972年5月。

E.Fシュマッハー・斎藤志郎訳『新訂　人間復興の経済 Small is Beautiful』佑学社、1977年9月。

外務省国際連合局・環境庁地球環境具編『国連環境開発会議資料集』1993年5月。

宮本憲一『公共政策のすすめ〜現代的公共性とは何か』有斐閣、1998年6月。

小田清『地域開発政策と持続的発展』日本経済評論社、2000年6月。

岡田知弘他『増補版　中小企業振興条例で地域をつくる』自治体研究社、2013年3月。

増田寛也編著『地方消滅』中公新書、2014年8月。

岡田知弘『「自治体消滅」論を超えて』自治体研究社、2014年12月。

国連『ミレニアム開発目標報告書2015 〜 MDGs達成に対する最終評価』2015.07.06（http://www.un.org/millenniumgoals/2015 MDG）。

国連「持続可能な開発のための2030アジェンダ〜 SDGs」2015年9月25日、外務省（仮訳）。

国際NGO・オックスファム（Oxfam）『世界の経済格差問題に関する2019年レポート　Public Good or Private Wealth：公共の利益か、個人の富か』2019年1月23日（https://www.trendswatcher.net/211118/geopolitics/）。

土居靖範・可児紀夫・丹間康仁編著『増補改訂 地域交通政策づくり入門』自治体研究社、2017年7月。

事業構想研究所・白田範史編著『SDGsの基礎』事業構想大学院出版部、2018年9月。

村上芽・渡辺珠子『SDGs入門』日経文庫、2019年6月。

全労連・労働総研編『2020年 国民春闘白書』学習の友社、2019年12月。

<コラム>新幹線札幌延伸工事・トンネル採掘によるヒ素を含む残土処理問題

　北海道新幹線は、2030年の全線開通を目指し、急ピッチで延伸工事を進めているが、新函館北斗駅から先の札幌駅までの路線延長211.5kmの約8割（169km）はトンネル部分である。今、このトンネル掘削にともなう「危険な残土」の処分地をめぐって、反対運動が起こっているのである。

　それは、鉄道・運輸機構が小樽〜札幌間の26.2kmにおよぶトンネル掘削の残土から約190万立方㍍のヒ素・鉛・カドミウムなど人体に有害な重金属を含む「要対策土」が排出されると発表したからである。掘り出されたヒ素は空気・水に触れると猛毒の亜ヒ酸になり、河川汚染そして生態系の破壊を招くことになる。要対策土100万立方㍍が発生する札幌市では、その危険な残土の置き場所として3カ所を選定したが、住民はその危険性や安全面から不安だとして反対運動が起きているのである。

　1カ所は札幌市厚別区の住宅街である山本地区である。この地域は過去に地下鉄の採掘残土が捨てられたことがあるが、泥炭による軟弱地盤地域であり、今も地盤沈下が続いている。また、残土置き場の周辺には住宅地や幼稚園・小中高学校、介護施設等があり、大型トラックの残土輸送によって交通渋滞や交通事故の危険性が増す。それだけではなく、酸化したヒ素＝亜ヒ酸の粉塵を子供たちや住民が吸い込む危険性もある。このため、町内会あげての反対に対して短期間で7172人の署名が集まった。

　トンネル採掘現場近くに手稲区金山地区と山口地区があり、特に前者は自然が豊かで、周辺には浄水場や小中学校、高齢者福祉施設があり、住宅街が続いている。地域では浄水場への猛毒の流入や住民の健康被害を恐れ、「有害掘削土から手稲の水と安全・健康を守る会」を結成した。これまで専門家を含めて「残土」学習会を開催し、鉄道・運輸機構や市への批判を強め、2019年末までに1万539名の反対署名を集め、市へ提出している。

　秋元札幌市長は、「大量に長年飲み続けることでなければ健康被害はない」と述べているが、その判断根拠は何も示していない。　　　　　（武田　泉）

はじめに——問題の所在

　JR北海道は「持続可能性」を盾に、「維持困難な路線」を廃止しようと
し、一部は現実となっている。私たちは、「持続可能な社会」の概念を構築
し、その一環として、北海道および日本における鉄道の再生が持続可能な社
会の形成に不可欠であることを論じ、それを証明し得たのではないかと考え
ている。

　しかし同時に、持続可能性に関しては、2015年9月25日の国連総会におい
て全会一致で採択されたSDGs（Sustainable Development Goals:持続可能な開発
目標）[注1]をどのように考えるのかという疑問が当然ながら生じる。

　政府や経済団体、大企業だけでなく、地方自治体や協同組合もSDGsを推
進する活動を行っている。

　他方では、地域経済・環境問題の第一人者である宮本憲一氏は、「今の
SDGs、とくに日本のSDGs政策には批判的だけれども、SDGsを支持して動
いている人たちの危機感は大切にしなければいけないと思います。SDGsの
中の原則を利用し、具体的に進めていくことは重要なことだと思います」（宮
本2020, p. 12）と、批判的な立場を堅持しつつ、個別課題でSDGsの原則を利
用することの重要性も指摘している。

　この補論では、SDGsの肯定的側面と否定的側面を分析し、可能であれば、
SDGsが鉄道再生にどのような意義を持つかについても論じたい。

注1　sustainable developmentは一般的には「持続可能な開発」と訳され、本稿もそれに従ってい
　　る。しかし、sustainableは「持続可能」ではなく「維持可能」と、developmentは「開発」で
　　はなく「発展」と訳すべきだという見解がある。前者は宮本（2020）、後者は、大森（2005, pp.
　　321-322）および河口（2006, p. 34）を参照。訳語として「持続可能」や「発展」を主張する背景
　　には、後述するように、環境保全と経済開発ないしは成長との関係において、前者を優先すべき
　　であるという考え方がある。

1　SDGs成立の背景と内容

背景

　2015年9月の国連総会で「我々の世界を変革する：持続可能な開発のための2030アジェンダ」（UN 2015）と題する決議が全会一致で採択され、2030年までに17の持続可能な開発目標（Sustainable Development Goals：SDGs）と169のターゲットを達成することが提起された。

　SDGsが作成された背景は二つあるといわれる。一つは、国連の開発と環境に関する一連の会議である。直接的には、1992年にブラジルのリオデジャネイロで開催されたリオ会議においてSDGsの作成が決定されたのである。その源流を遡れば、1987年に『我らの共有の未来』を公表した「環境と開発に関する世界委員会」（通称、ブルントランド委員会報告WCED1987）、1980年の世界保全戦略（IUCN　1980）や1972年のストックホルム会議および同年に出版されたローマクラブの『成長の限界』に行き当たる。もう一つは、開発途上国における貧困の撲滅を主要議題として2000年に設定されたミレニアム開発目標（MDGs）である。目標年度が2015年であった。MDGsは開発途上国を対象にするものであったが、SDGsは先進国を含む全世界を対象にした開発目標である。

　深井慈子氏によれば、持続可能性は、世代間公平と世代内公平をめざすものと把握される。

　世代間公平とは、「将来世代が人間らしい生活ができるように、生態系を破壊せず、地球の収容能力の範囲内に生産・消費・廃棄を収めることのできる発展」であり、世代内公平とは「現世代内でもすべての人が人間らしい生活ができるように貧困問題、南北格差問題を解決できる発展」（深井2006, p. 19）である。

　この言い方を借りれば、世代間公平の問題としての、「人間の条件である」[注2]地球「環境」保全という課題と、世代内公平の問題としての貧困や経

注2　哲学者のハンナ・アレントは、「地球は人間の条件の本体そのものであり、人間が努力もせず、
　　人工的装置もなしに動き、呼吸のできる住家であるという点で、宇宙でただひとつのものであろ
　　う（ハンナ・アレント、志水速雄訳『人間の条件』筑摩書房、1994年、p. 11）と述べている。

済格差、人権侵害を含む「社会」公正の課題の双方を、先進国を含む全地球規模で解決しなければならないという必要性と緊急性が、SDGsを生み出した背景である。

内容

2030アジェンダの中で設定された17の持続可能な開発目標（SDGs）は、以下のようである。①貧困（7）と②飢餓（8）の終結、③健康・福祉（13）と④教育の提供（10）、⑤ジェンダー平等の達成（9）、⑥水・衛生資源の確保（8）、⑦持続可能なエネルギーへのアクセス（5）、⑧経済成長と完全雇用とディーセント・ワークの促進（12）、⑨インフラ構築と産業化およびイノベーションの促進（8）、⑩国内・国際間の不平等の是正（10）、⑪強靱で持続可能な都市と居住の実現（10）、⑫持続可能な消費と生産形態の確保（11）、⑬気候変動への取り組み（5）、⑭海洋資源の保全と持続可能な開発（10）、⑮陸上生態系の保護、森林管理および土地劣化・生物多様性損失の阻止（12）をおこなうとともに、その実行方法・手段として⑯平和実現などの法の支配（12）と⑰グローバル・パートナーシップ（19、内訳：資金5、技術3、能力構築1、貿易3、体制問題7［政策・制度的整合性3、マルティススークホルダー・パートナーシップ2、データ、モニタリング、説明責任2]）の活性化を掲げている[注3]。なお、（　）内の数は、ターゲット数である。

特徴

2030アジェンダは、SDGsに込められた決意を5つのPで表わしている。People（人々）、Planet（地球）、Prosperity（繁栄）、Peace（平和）、Partnership（パートナーシップ:協力）である。

この17の開発目標は、大きく二つの部分に分かれる。一つは、達成すべき内容上の課題を述べた①から⑮までの部分で、それらは持続可能な開発に関わる「社会」「経済」「環境」の三側面に、People（人々）、Planet（地球）、Prosperity（繁栄）に対応したものである。しかしながら、単に三側面を並

注3　各項目は環境省（2019）に記載の表1-1を参考にした。

表 5- 補 -1　SDGs17 項目の分類

	モニターデロイト (2018)	sdgs-japan net	環境省 2019	AlphaBeta2017
社会	①②③④⑤⑥	People ①②③④⑤⑥	①②③④⑤⑪	②③④⑤⑥
経済	⑦⑧⑨⑩⑪⑫	Prosperity ⑦⑧⑨⑩⑪	⑧⑨	①⑧⑨⑩
環境	⑬⑭⑮	Planet ⑫⑬⑭⑮	⑥⑦⑫⑬⑭⑮	⑦⑪⑫⑬⑭⑮
ガバナンス	⑯⑰	Peace ⑯ Partnership ⑰	⑩⑯⑰	⑯⑰

出所）モニターデロイト編 (2018)『SDGs が問いかける経営の未来』日本経済新聞出版社 , sdgs-japan.net(SDGs 市民社会ネットワーク), 環境省 (2019)『環境・循環型社会・生物多様性白書』(2018/2019) および AlphaBeta (2017), Valuing the SDG Prize: Unlocking Business Opportunities to Accelerate Sustainable and Inclusive Growth (http://s3.amazonaws.com/aws-bsdc/Valuing-the-SDG-Prize.pdf) から筆者作成。

べているのではない。2030 アジェンダの前文で、次のようにこの三側面は統合・不可分のものであり、三側面はバランスをとる必要があると述べている。「これらの目標及びターゲットは、統合され不可分のものであり、持続可能な開発の三側面、すなわち経済、社会及び環境の三側面をバランスさせるものである」(UN2015)[注4]。

　2030 アジェンダのどこにも、どの項目が三側面のどれに対応するかは述べられておらず、我が国でも統一した見解はない。戦略マーケティングサービスを提供するコンサルタント会社であるモニターデロイトは①から⑥までが「社会」、⑦から⑫までが「経済」、⑫から⑮までを「環境」としている。sdgs-japan (SDGs 市民社会ネットワーク) の分類がこれに近いが、環境省 (2019) は異なる分類を行っており、これ以外にも、異なる分類が採用されている（表5-補-1参照）。

　もう一つは、⑯と⑰で、5Pの残りの2つ Peace や Partnership に対応しており、三側面を達成する方法と手段に関わる項目である。

　これらの項目は、モニターデロイト (2018) では「達成のための前提条件」と総括しているが、環境省 (2019) の分類と同様に、ガバナンス（統治）と考

注4　なお、UN(2015) の和訳は外務省の「仮訳」に基づいているが、独自に訳している場合もある。

えたい。とくに⑰が重要である。そこでは、「全ての国、全てのステークホルダー及び全ての人の参加」というグローバル・パートナーシップが強調されるところである。

　以上の記述から、SDGsの特徴は次の二つの点にあるということができる。

　第一に、持続可能な開発目標は「社会」・「経済」・「環境」の三側面のバランスの上に成り立っているということである。

　第二に、達成する手段ないしはガバナンスとして、法の支配とともに各国政府だけでなく、企業や市民団体および国際機関のPartnershipが提起されているということである。

　第一が目標としての公共性とすれば、第二は、それを実行する方法・手段としてのガバナンスである。この2つの特徴は、同時に、論点をも形成しているのである。

2　SDGsの論点（1）：「社会」・「経済」・「環境」の統合・バランス論

目標とターゲットの総花性・孤立性

　SDGsはすでに述べたように、「経済」・「環境」・「社会」を統合しバランスをとることを強調しているが、この問題点は3つある。

　第一の問題は、国際科学会議（International Council of Science：ICSU）が批判しているように、17の目標が「バラバラの要素として、ほとんどの場合、お互いに孤立しているものとして記述されていること」（ICSU 2015, p. 9）である。ICSUは、これを「サイロ・アプローチ」（silo approach）と呼んでいる。同様な批判は、萩田2015[注5]やSwain2018[注6]でもなされている。

　ICSU（2015）は、次のように述べている。

　「しかしながら、システム科学の見地から明らかなことは、目標諸領域が重複すること、多くのターゲットはいくつかの目標に貢献することがありうること、そして対立する目標が存在するということである」。引用したよう

注5　「それがあまりに包括的・膨大・詳細な目標群であるため、その達成に向けた取り組みを触発する〝象徴性〟が薄いのではないか」と述べている。

注6　Swain（2018）は、「SDGsは百科事典的である。というのはすべてが最高の優先順位にあるから、何も優先されないからである」（p. 348）とするEasterly（2015）の議論を紹介している。

に、SDGsは統合とバランスを強調しているが、実際にはそうなっていないのである。

目標間に存在する対立的関係

第二の問題は、SDGsおよびターゲットの間に、相互に促進する関係だけでなく、相互に対立する関係があるということである。

ICSU（2015）は、相互に促進する関係をシナジー（synergy）、対立ないしは妥協する関係をトレード・オーフ（trade-off）と呼んで、各目標、ターゲット間の関係を指摘している。

その中で注目すべきは、SDG 8についての記述である。

SDG 8は「包摂的かつ持続可能な経済成長及びすべての人々の完全かつ生産的な雇用と働きがいのある人間らしい雇用（ディーセント・ワーク）を促進する」という内容である。

ICSU（2015）は、経済成長と雇用および環境の関係について次のように述べている。

「成長と雇用の間には重要なシナジーがある。問題は経済と環境ターゲットを達成する上での予想されるトレード・オーフである。成長はエネルギーや物資（化石燃料、鉱物、生物資源、水など）によって遂行され、経済を環境から分離することは実質的な構造転換や資源効率のためのイノベーションおよび消費者選好の転換を必要とするようになる。これらの分野の転換がなければ成長は環境を保護し、温暖化目標を達成するという目標を脅かすことになろう」（p. 42）。

経済成長と環境保全が対立的であることに警告を発している点では、ICSUの指摘は高く評価できる。この対立は、Spaiser et al（2017）でも数量化されているところである。

しかしながら、成長と雇用とはシナジー関係であるとみなすのは疑問である。とくにSDG 8で述べられている雇用は、ブラック企業での雇用ではなく、ディーセント・ワーク[注7]という意味の雇用なのである。成長と雇用の間にシナジー効果があると主張する背景には、経済が成長すれば、その恩恵は労働

注7　ディーセント・ワークは、ILO駐日事務所の説明では「働きがいのある人間らしい仕事」と訳されている（https://www.ilo.org/tokyo/about-ilo/decent-work/lang--ja/index.htm）。

者にも配分されるという、いわゆる「パイの理論」がある。また、ICSUは、経済成長は経済的不平等を解消するとも指摘しているが、分配関係については何も語らないのである。したがって、経済成長（「経済」）と雇用（「社会」）の間にも対立関係があるとすべきである。

ICSUは、さらに2017年に公表した「SDGs相互作用へのガイド:科学から実行へ」（ICSU2017）と題する報告書で、相互関係を詳しく評価している。

肯定的関係では、「不可分」（indivisible）関係は＋3点、「補強」（reinforcing）関係は＋2点、「可能」（enabling）関係は＋1点とし、否定的（トレード・オフ）関係では、「無効」（cancelling）関係は－3点、「反作用」（counteracting）関係は－2点、「抑制」（constraining）関係は－1点、そして、肯定的でも否定的でもない関係は0点としている。

SDG 2、SDG 3、SDG 7、SDG 14を対象に、それら相互間およびそれらと他の目標との相互間の関係を評価した結果によれば、関係するターゲット314のうち、238が肯定的、66が否定的、12が中立的であったという（ICSU2017, p. 8）。

とはいえ、SDGsが三側面のバランスを強調しているが故に、重要なのは、否定的関係ないしは対立的関係である。

ICSU（2017）が最も否定的相互関係（－3点の「無効」）の例示としてあげているのは、9.1と15.1の関係である。9.1は、「公平なアクセスに重点を置いた経済発展と人間の福祉を支援するためのインフラ開発」というターゲットであり、15.1は「2020年までに、国際協定の下での義務に則って、森林、湿地、山地及び乾燥地をはじめとする陸域生態系と内陸淡水生態系及びそれらのサービスの保全、回復及び持続可能な利用を確保する」というターゲットである。ICSUの記述によれば、「インフラの開発は陸上のエコシステムにおける自然生息地の悪化を防止することを台無しにしてしまう」とし、その具体例として、発展途上国において道路、ダム、発電所の建設が優先されるが、そのことは、「生息地の断片化を不可避ならしめ、自然エコシステムの統合を傷つけ、生物多様性のリスクだけでなく社会的リスクにもつながる」（p. 23）のである。

道路、ダム、発電所などのインフラ建設が自然を破壊するだけでなく、ICSUの言う社会的リスクにつながるかは不明であるが、周辺住民の基本的

図 5- 補 -1 「弱い持続可能性」と「強い持続可能性」

出所：Giddings, Bob et al (2012), Environment, Economy and Society: Fitting Them Together into Sustainable Development, *Sustainable Development*, 10, pp.189, 192

人権を侵害するということは、開発途上国だけに起こっている問題ではない。日本でも、高度経済成長期だけでなく、現在、着工中であるリニア中央新幹線建設においても発生しつつある問題（桜井2019b）である。

「社会」・「経済」・「環境」の優先順位

第三の問題は、第一の問題で指摘したようにバラバラであり、そして第二の問題のように否定的ないし対立的相互関連が明らかになった場合に、何を優先すべきかが不明ということである。

ICSU（2015）は暗示している。「グローバルな次元でも地域レベルでも、開発が資源の持続可能なレベルの中で行われることをSDGsの枠組みが保証していない以上、枠組み全体が内部的に整合的でなくなり、結果として持続可能にならない可能性がある」（p. 9）。

この点こそが、SDGs以前からブルントランド委員会以降の持続可能な開発論にたいして投げかけられてきた疑問なのである。すなわち、「弱い持続可能性」（weak sustainability）論 vs.「強い持続可能性」（strong sustainability）論である。前者は、図5-補-1のように、「社会」・「経済」・「環境」の3つのバランスで持続可能性を把握しようとする考え方であり、後者は「社会」・「経

済」・「環境」を重層的に、正確には「環境」の中に「社会」があり、「社会」
の中に「経済」があるという考え方である。

「弱い持続可能性」と「強い持続可能性」の区別（長島2014, p. 86, Pearce et
al 1989, p. 34, 邦訳 p. 39）[注8]は、元々、経済と環境の関係を意識して論じられ
たものであり、両者の中間に置かれる社会の位置づけは明確ではなかった。
「弱い持続可能性」論では、社会における人々の福利は自然資本や生態系に
依存すると同時に、経済成長にも依存すると考える[注9]。それに対して、「強い
持続可能性」論では、経済成長は自然資本の枠内にとどめるべきであり（定
常状態）、したがって、社会とそこに住む人々の生活様式や考え方も大きく変
化する必要があるという（Daly1996）。「強い持続可能性」では、環境保護と
社会正義には共通の利害があると考えられている（Cheever 2018, p. 34）。した
がって、「強い持続可能性」論では、国民国家を媒介としたグローバリゼー
ションではなく、経済単位としての地域ないしはコミュニティーが重視され
る（深井2006, 広井2019、馬奈木ほか2019）。

3　SDGsの論点（2）：ガバナンスの主体

第二の論点であるガバナンスについて述べる。SDG17は、グローバル・
パートナーシップの必要を指摘しているが、とくに指摘したいのは、自発性
が強調されていることである。これに関わって二つの問題がある。

注8　両者の差異は、自然資本と人工資本が代替的であるのか（技術革新によって自然の限界を代替
　　できるのか）否かである。図5-補-1左が弱い持続可能性を表わした図であり、経済、社会、環境
　　の三つが相互に独立している関係にあり、この三つの輪がバランスし、調和するところに持続可
　　能性を求めるという考え方である。同図右は、強い持続可能性を表わしたもので、環境の中に社
　　会があり、社会の中に経済がある、言い換えれば、経済よりも社会、社会よりも環境があるとい
　　う考え方であり、三つの輪が重層的に置かれたものである（Giddings et al 2002）。環境の枠内で
　　しか、社会は活動できないし、経済は、社会と環境の枠内でしか活動しえないというものである。
　　この代表はDaly（1996）である。この区別は、持続可能性に関する深井氏の体制内改革論と体制
　　改革論の区分とも対応している（深井2006、馬奈木2019, pp. 124-134）。
注9　ブルントラント委員会報告書は、持続的開発の二つのキー概念として、貧しい人々にとっての
　　不可欠な「必要物」の概念と「技術・社会的組織のあり方によって規定される、現在および将来
　　の世代の要求を満たせるだけの環境の能力の限界についての概念」をあげた上で、「人間の基本的
　　な要求」は「社会がその生産能力を高めつつ、同時にすべての人々に対する均等な機会を確保す
　　ることによって」満たされるようにすることが、持続的開発だと述べている（WCED1987、邦訳
　　pp. 66-67）。

各国政府の責任

　第一の問題は、2030アジェンダが、MDGsと同様に、参加国間の自発的
（voluntary）な協定であって、義務的（binding）な条約（Treaty）ではなく
（Pogge & Sengupta 2016, p. 1）、SDGsに対する各国の責任は自発的なものにと
どまるということである。

　Easterly（2015）も次のように批判する。すなわち、2030アジェンダにし
ばしば登場する「私たち（we）」とは、国連総会に出席した193カ国の首脳
のことを指すが、SDGsは、違反した場合に罰則があるというような拘束的
（binding）なものでもない。例えばターゲット17.15で「貧困撲滅と持続可能
な開発のための政策の確立・実施にあたっては、各国の政策空間及びリー
ダーシップを尊重する」と述べられているように、このターゲット以外の
「168のターゲットについて彼ら（各国の政府や指導者：桜井）が欲することは
すべておこなうこと」（Easterly2015, p. 323）ができる。逆にいえば、各国政府
が行いたくないことを行わせる制度的保障がないということである。

　もちろん、自発的な意味は、目標達成をすべての国とステークホルダーの
願望（aspiration）に依存しており、それは、目標達成に肯定的に働く側面が
ないと言うわけではないが、「各国の政策とリーダーシップ」が尊重される
のである。SDGsのどの部分を優先的に取り上げるかは各国の判断に委ねら
れるのである。

　SDGsのフォローアップの一環として国連は各国に「自発的国家レビュー」
（VNR）を提出させている。日本政府が国連に提出した同報告（Japan 2017）
では、イノベーション中心の記述が目立ち、環境問題ではCO_2を排出する石
炭火力の問題についての記述もないし、ディーセント・ワークという言葉す
ら登場しないのである。ジェンダー問題からは、「日本のVNRは、労働市場
への女性の動員に焦点が置かれており、決定参画やジェンダーに基づく暴力
への取り組みは示されておらず、ジェンダー平等の実現やジェンダー視点の
主流化は、単に書かれていることにとどまっており、ジェンダー平等の推進
に関しては非常に消極的である」（織田2019, p. 19）。

ビジネス・チャンスとしてのSDGs

第二の問題は、SDGsに対する企業の貢献と責任も自発的にとどまるということに関連して、SDGsが企業にとって営利の対象になるということである。換言すれば、企業は営利の対象になる範囲でしか、SDGsに取り組まないのではないかという問題である。

　まず、SDGsが企業にたいして生み出される市場規模が大きいことを指摘したい。

　デロイトトーマツはSDGs関連の市場規模を、SDG 1からSDG 16までの各目標の解決のために必要とされる事業がどれだけ発生するかを積み上げて試算している。その結果、市場規模は2017年約70～800兆円（質の高い教育をみんなにというSDG 4は71兆円、エネルギーをみんなにそしてクリーンにというSDG 7は803兆円）と試算している。2017年の主要製品の市場規模が自動車約510兆円、鉄鋼90兆円などと比較するとSDGs関連の市場規模が大きいという（デロイトトーマツ2018）。ただ、この試算では、各目標間の重複は全く考慮されていないので、SDGs全体が生み出す市場規模は明確ではない。

　SDGsが生み出す市場規模を限定的ながら全体を明らかにしたのが、2017年1月、ダボス会議で、「ビジネスと持続可能開発委員会」が公表した報告書『ビジネスが良くなれば世界が良くなる』（Business & Sustainable Development Commission 2017）である。同報告書は、AlphaBeta（2017）の試算に基づき、①食料・農業、②都市、③エネルギー・資材および④健康・生活の質という四つの産業部門、60の市場において、「SDGsの達成は民間部門に対して2030年までに少なくとも年間12兆ドル（約1300兆円）の」市場を開放することになると推計している。この12兆ドルという金額は、2030年の世界のGDPの10％に相当する。

　さらに、上記の4つの分野以外でも情報通信技術、教育と消費者財を含む他の産業分野でも控えめに行った数字として年間8兆ドルを見積もっていること、さらに外部費用の内部化による年間1兆ドルがあると述べている。従って、おおよそ、年間21兆ドルの市場がSDGsによって生まれるといえる。

企業によるSDGs達成の限界：公共性と営利性

　たしかに、「ビジネスと持続可能開発委員会」報告書が企業に対してSDGsに関与することを推奨するのは、旧来の株価至上経営に対する反省からであ

る。次の文章にそれは表現されている。

　「長期的な投資にコミットするのではなく、多くの企業の業績が足踏みしていて、現金を手元に置き、株式を買戻し、高い配当を支払っています。エデルマンが発表した企業信頼に関する最新のグローバルレポートによると、世界の80％の国においてCEOへの信頼度が2桁の低下を見せています」。グローバリゼーションによる経済格差の進行が念頭にあることは言うまでもない。こうした状況から脱出するために、SDGsを推進し、「企業が他社と同じように透明性をもって納税をし、地元地域社会に積極的に貢献する」ことが推奨されるのである。

　しかし、それは、企業が営利性を無視することではなく、営利性と公共性とを調和させようとする試みだといえよう。「第一に、ビジネスは実際にはグローバル目標が必要であり、各企業、ビジネス全般、および世界経済にとって魅力的な成長戦略が不可欠です。二番目に、グローバル目標には実際のビジネスが必要です。民間企業がグローバル目標を実現してくれる市場機会を獲得しないかぎり、提示される豊かさは実現しません」と述べ、SDGsの達成には企業活動が必要であり、企業にとっては新しい事業戦略としてSDGsが必要であることを主張している。「これらの機会を十分に捉えるには、市場シェアと株主価値を熱心に追求するのと同様に、企業は社会的および環境的持続可能性を追求する必要があります」と述べているのである。

　これが果たしてうまくいくのかどうか。SDGsの各事業目標は営利の対象として行われるということである。それは、公共的な事業を民間企業が行う場合、営利の対象になるようにするか、もしくは、営利の対象にならなければ、事業を行わないことがあるということを意味している。後者の問題は、政府のところでも述べたように、自発性の問題である。

　このことは、国連事務総長の「ビジネスと人権」に関する特別代表を務めた政治学者ラギー氏によるSDGsにたいする批判に明らかである（Ruggie 2016および桜井2019b）。

　第一は、SDGsには企業が人権、労働基準などの法令を遵守することについて簡単にしか述べられていないので、「SDGsにビジネスを取り組ませることの方が重要である」と誤解されること。

　第二は、「SDGsに貢献するビジネス戦略の多くは‥‥マイケル・ポーター

教授が有名にした共有価値の創造（CSV）に依拠」しており、その前提は「共有価値の創造は法律と倫理基準の遵守、およびビジネスによって引き起こされる危害を軽減すること」にあるが、「ビジネスと人権の課題はまさにこの前提があまりに多くの状況において成り立たない」ということ、換言すれば、企業が経済価値を追求する結果、社会的価値を毀損する場合があることを考えるべきだというのである。

　第三は、「自社が行い得る17項目のSDGs全てに対してどのような貢献ができるかを考量しようとしているのではなく……『いいとこ取り』をしようとしている」ことが批判されている。

　第四は、コンサルタント会社が、それに関連してビジネス・チャンスというアドバイスが行われることも指摘されている。

　全体としてみれば、経済、社会、環境の調和といいながら、企業のビジネス・チャンスに合致する限りにおいて、SDGsが利用される可能性が批判されているのである[注10]。

4　むすびにかえて―SDGsの限界と可能性

　以上、述べたように、SDGsが今日抱えている環境問題と社会問題を解決しようとして登場したことは評価できるが、次の限界を指摘できる。第一は、「環境」と「社会」と「経済」とのバランス論の上に開発目標が作成されており、「環境」と「社会」が優先されていないという点である。第二は、ガバナンスの面では、各国政府の責任が明確にされず、また企業は、ビジネス・チャンスとしか捉えず、公共性としての「環境」と「社会」の開発目標と営利性としての「経済」の対立が存在するということである。

　逆に言えば、「環境」と「社会」が「経済」よりも優先され、各国政府が責任をもち、企業が公共性を果たせるようにすることができるならば、SDGsを通じて「持続可能な社会」の実現を期待しうるのではないだろうか。

注10　Soederberg（2017）は、低所得者層を含むすべての人々に住宅を提供するという目標に関して、住宅を人間の基本的需要と見なさずに、住宅を商品とみなし、多国籍企業の収益の対象とすることによって、結局は、すべての人々に住宅が提供されず、住宅困窮者の解消は困難になる危険性があることを指摘している。

このことは、本書のテーマとの関連でいえば、「環境」に優しい鉄道が政府と自治体の責任の下で、地域社会の活性化に寄与しうるということを意味するのである。

【参考文献】

Adelman, Sam (2017) The Sustainable Development Goals, Anthropocentrism and Neoliberalism, French, Duncan and Kotzé, Louis, (eds.) *Sustainable Development Goals: Law, Theory and Implementation.* Edward Elgar, pp. 15-40.

AlphaBeta (2017), Valuing the SDG Prize: Unlocking Business Opportunities to Accelerate Sustainable and Inclusive Growth (http://s3.amazonaws.com/aws-bsdc/Valuing-the-SDG-Prize.pdf).

Business & Sustainable Development Commission (2017), Better Business Better World (http://report.businesscommission.org/uploads/BetterBiz-BetterWorld_170215_ 012417.pdf).

Daly, Herman E. (1996), *Beyond Growth : The Economics of Sustainable Development*, Beacon Press (邦訳 ハーマン・E・デイリー『持続可能な発展の経済学』みすず書房、2005年).

Easterly, William (2015), The Trouble with the Sustainable Development Goals, *Current History*, Vol.114, Issue 775, pp. 322-324.

Giddings, Bob et al (2002), Environment, Economy and Society: Fitting Them Together into Sustainable Development, *Sustainable Development*, 10, pp. 187-196.

ICSU/ ISSC (2015), Review of Targets for the Sustainable Development Goals: The Science Perspective.

ICSU (2017), A Guide to SDG Interactions: From Science to Implication.

IUCN (1980), *World Conservation Strategy: Living Resource Conservation for Sustainable Development*, (世界保全戦略).

Japan (2017) Japan's Voluntary National Review: report on the implementation of the Sustainable Development Goals.

Pearce, David W.et al (1989), *Blueprint for a Green Economy*, Earthscan Publications (邦訳『新しい環境経済学　持続可能な発展の理論』ダイヤモンド社、1994年).

Ruggie, John (2013) (Justice Business: Multinational Corporations and Human Rights (邦訳『正しいビジネス……世界が取り組む「多国籍企業と人権」の課題——』岩波書店、2014年)。

Ruggie, John (2016), Keynote Address United Nations Forum on Business & Human Rights, 14 November 2016, (邦訳「第5回国連ビジネスと人権フォーラム基調講演」).

Pogge, Thomas W. and Sengupta, M. (2016), Assessing the Sustainable Development Goals from a Human Rights Perspective. *Journal of International and Comparative Social Policy*, Vol. 32, Issue 2, pp. 83-97.

Spaiser, Viktoria et al (2017), The Sustainable Development Oxymoron: Quantifying and Modelling the Incompatibility of Sustainable Development Goals, *International Journal of Sustainable Development & World Ecology*, Vol.24, No. 6, pp. 457-470.

Swain, Ranjula Bali (2018), A Critical Analysis of the Sustainable Development Goals, Walter Leal Filho (ed.), *Handbook of Sustainability Science and Research*, Springer International Publishing, pp. 341-355.

United Nations (2015), Resolution adopted by the General Assembly on 25 September 2015,

70/(1)　Transforming over World：the 2030 Agenda for Sustainable Development（外務省仮訳「我々の世界を変革する：持続可能な開発のための2030アジェンダ」https://www.mofa.go.jp/mofaj/files/000101402.pdf）.

World Commission on Environment and Development（WCED1987）, *Our Common Future*（邦訳『地球の未来を守るために　環境と開発に関する世界委員会』福武書店、1987年）。

大森正之（2005）「解説　H・デイリー『持続可能な発展の経済学』の背景と可能性」ハーマン・E・デイリー『持続可能な発展の経済学』みすず書房。

荻田竜史（2015）「持続可能な開発目標（SDGs）の〝功罪〟」『みずほ情報総研コラム』（https://www.mizuho-ir.co.jp/publication/column/2015/1020.html）。

織田由紀子（2019）「持続可能な開発目標（SDGs）におけるジェンダー視点の主流化に関する研究：日本と諸外国の自発的国家レビューの比較」『KFAW調査研究報告書』Vol.2018-3, pp. 1-46.

河口真理子（2006）,「持続可能性『Sustainability サステナビリティ』とは何か」『経営戦略研究』Vol.9.

環境省（2019）『環境・循環型社会・生物多様性白書』（2018/2019）。

桜井　徹（2019a）「リニア中央新幹線と企業の社会的責任」『北海学園大学経済論集』66巻4号, pp. 1-25.

桜井　徹（2019b）「多国籍企業研究の視点について」夏目啓二、小栗高資編『多国籍企業・グローバル企業と日本経済』新日本出版社。

デロイトトーマツ（2018）「Press Information SDGs（Sustainable Deve lopment Goals）関連ビジネスの世界市場規模を目標ごとに約70 ～ 800 兆円と試算」（https:// www2.deloitte.com/jp/ja/pages/about-deloitte/articles/news-releases/ 20180423.html）。

長島美織（2014）「社会のリスク化と持続可能性：不可逆性を軸として」『メディア・コミュニケーション研究』67巻, pp. 79-94.

広井良典（2019）『人口減少社会のデザイン』東洋経済新報社。

深井慈子（2006）『持続可能な世界論』ナカニシヤ出版。

馬奈木俊介ほか（2019）『持続可能なまちづくり　データで見る豊かさ』中央経済社。

モニターデロイト編（2018）『SDGsが問いかける経営の未来』日本経済新聞出版社。

宮崎正浩（2016）『持続可能性経営─ESGと企業価値との関係を考える─』現代図書。

宮本憲一（2020）「新春インタビュー　地球環境の危機とSDGs」『住民と自治』681号, pp. 7-14.

追記
　コロナ危機によって、グローバリゼーションの反省とあいまって、SDGsの重要性が強調されるようになっているが、しかし、同時に本論で述べたSDGsをめぐる論点を解決しなければ、「誰一人も取り残さない」という理念は実現されない。なお、PDFファイルは、一部を除いて、URLを省略した。

あとがき

安藤陽

　本書は、JR北海道研究会を中心に、東京その他の研究者も加えて、JR北海道（北海道旅客鉄道株式会社）の経営危機の真因と再生の方法を検討した研究の成果である。

　3年ほど前に、国鉄労働組合の委託を受けて、JR30年検証委員会は報告書を作成したが、その折に、JR北海道問題を担当した宮田和保が、そこでの研究成果をもとにして書籍を刊行することを提起し、JR30年検証委員会に参加していた桜井徹と安藤陽がこの提案に賛同したことからこの企画が立ち上がった。

　この一方、宮田は国鉄労働会館の委託研究も受けながらJR北海道研究会を立ち上げ、多くの研究者、すなわち経済理論、地域経済論、労働経済論、公益事業論、交通・鉄道経営論など幅広い分野の研究者を組織し、研究を精力的に進めた。東京からも桜井と安藤が、何回かこの研究会に参加、報告し、議論を積み上げてきた。

　JR北海道は、1987年の国鉄「分割・民営化」以降、競争的交通市場のなかに位置づけられ、北海道という経済的、地理的条件のもとで構造的に厳しい経営状況に置かれていたが、2011年5月の石勝線列車脱線火災事故や2013年9月の函館線大沼駅構内貨物列車脱線事故などにより危機的な状況に陥った。

　国土交通省による数度にわたる特別保安監査や事業改善命令を受けて、JR北海道は「JR北海道再生推進会議」を立ち上げ（2014年6月）、同会議は「JR北海道再生のための提言書」（2015年6月）を発表した。そして、JR北海道は「JR北海道　安全の再生」（安全の基本方針）、「安全計画2023」、「JR北海道グループ中期経営計画2023」を実施するとともに、北海道庁、道内市町村、道民に対して「当社単独では維持することが困難な線区」を公表し（2016年11月）、「持続可能な交通体系の構築」に向けた問題提起をおこなった。

　JR北海道研究会は、JR北海道再生推進会議の提言、JR北海道の路線廃

止・自治体への負担転嫁、それに対する北海道庁の対応に疑問・異議をもち、国鉄「分割・民営化」とJR体制への移行という構造的な出発点や「持続可能」概念の再検討・再構成も含めて、理論的な観点から研究の深化を図った。

　JR北海道が直面している危機は、鉄道事業者として最も基本的な問題である安全輸送の確保という課題の解決なしには克服できないものであるが、JR北海道が提起している方策は、企業としての経営改善の域を出ないものであり、道内の幹線・地方路線の廃止ないしは沿線自治体への負担転嫁によってそれを実現しようとするものである。北海道庁自体もそうした方策に対抗する具体的な政策を見いだせずにいる。沿線自治体の多くは鉄道路線の維持・存続を望んでいるにしても、財政的な負担を考えると、独自あるいは共同での鉄道運営への関与は困難という立場である。その結果、現状では、札幌圏を除く鉄道路線の維持・存続は困難という暗い見通ししか出されていない。そして、そのことが北海道という地域経済や地域社会の維持・活性化にもマイナスの影響を与え続けている。

　本書では、そうしたJR北海道の経営危機と鉄道路線廃止の方策をもたらした根本的な原因が、国鉄の「分割・民営化」という構造的な問題、「分割・民営化」の思想にあると認識し、それを克服するなかで北海道における鉄道の存続と、地域経済・社会の真の再生を見出そうとしている。

　この「分割・民営化」の思想の根底にあるのは新自由主義であり、それは市場競争中心主義のもとで収益主義的、株価至上主義的な経営を追求し、経済の活性化を図ろうとするものである。それはグローバリゼーションを通じて多国籍企業＝巨大企業の利潤の極大化をもたらし、東京へのさらなる一極集中を進めるとともに、雇用制度の改変と非正規雇用の増加、不安定労働と貧困・格差の拡大、そして地域経済・社会の崩壊を招来させている。

　JR北海道の危機的状況は、この「分割・民営化」の思想と新自由主義的政策の結果であることを改めて指摘することができる。JR北海道の構造的な問題は、すでに国鉄の「分割・民営化」が提起された時点で指摘されていたが、発足から30年を経て、多くの道民・国民は「分割・民営化」の思想や新自由主義的政策にたいして、日常生活のなかでその問題点や限界を認識し始めている。

　本書では、JR北海道の危機的状況にたいして、従来の「分割・民営化」の

思想の根底にある新自由主義に対抗する考え方として「持続可能な社会」を基本に据えて問題提起を行いながら、JR北海道の再生＝鉄道路線の存続・再生、ひいては北海道の地域経済・社会の再生の道を探求した。そして、JR北海道の現状を経営・地方自治体・労働問題の視点から明らかにした。JR北海道の経営危機はJR体制に内在する構造的な問題であることに鑑み、同様な問題を抱える他の地域の不採算路線も取り上げることにより、それがJR北海道だけの問題ではないことを明らかにした。また、地域社会における鉄道の役割、社会的価値について、北海道の事例を取り上げつつ、また海外の事例にも触れながら、地域活性化の視点から論じた。

　本書が提起している「持続可能な社会」は二重の意味を含んでいる。すなわち、自然・環境破壊に象徴される自然と人間の物質代謝の攪乱をいかにして制御するかという問題と社会とそこに住む人間の生産・再生産がいかにして可能かという問題である。自然・環境破壊によって地球と人間を含むすべての生命が存続の危機に瀕しており、その克服の筋道を追求するというのが前者の含意であるとすれば、この危機を引き起こしている社会・人間自身のあり方そのものが危機的であり、そこからの脱却と新しい人間社会のあり方の構築ということが後者の含意である。従来、巷に流布している「持続可能な開発」は、ともすると前者の意味合いで語られることがもっぱらであるが、本書では、あえて後者の意味を強調し、かつ両者の統一的把握に進むことの必要性を論じた。

　本書の「持続可能な社会」概念と近年国連において提唱されているSDGs（持続可能な開発目標）との関連をどのように考えるかについては、補論で触れている。

　本書は、JR北海道の経営危機にたいして、研究者の視点から理論的な検討を加えているが、JR北海道の鉄道路線の維持・存続、北海道の地域経済・社会の再生、全国各地で鉄道路線の維持・存続と地域経済・社会の再生を願い活動する多くの人々、市民・市民団体、労働者・労働組合、地方企業家・団体にとって有益な視点を提供するものであることを確信している。

　本書をまとめるにあたり、研究者の良心のゆえに、意見の集約と論稿の完成に思わぬ時間がかかってしまったが、辛抱強く待ってくださった緑風出版に感謝いたします。

〈著者略歴〉

安藤　陽（あんどう　あきら）

東京生まれ。東京・新宿東口駅前に生まれ、旧駅舎横から国電や電気機関車が通るのを眺めて育った。立教大学大学院経済学研究科（博士課程単位取得退学）。

所属　埼玉大学名誉教授、専門　公企業論・鉄道経営論

著書『JR グループ－「民営化」に活路を求めた基幹鉄道－』（共著　大月書店 1990 年）

論文「第三セクター鉄道の成立・展開・課題－三陸鉄道、30 年の軌跡を踏まえて－」（『社会科学論集』埼玉大学経済学会、第 142 号、2014 年）など

浅川雅己（あさがわ　まさみ）

埼玉県生まれ。法政大学大学院社会科学研究科経済学専攻（博士課程単位取得退学）

所属　札幌学院大学経済学部准教授、専門　社会経済学（マルクス経済学）

著書『21 世紀とマルクス』（共著、桜井書店 2007 年）

　　　『21 世紀に生きる資本論』（共著、ナカニシヤ出版 2020 年）など

宮田和保（みやた　かずやす）

熊本（2016 年熊本地震の震源地である益城町）生まれ、豊肥線を走る蒸気機関車の警笛を遠くから聴きながら育つ。北海道大学大学院経済学研究科（博士課程単位取得退学）

所属　北海道教育大学名誉教授、専門書　社会経済学（マルクス経済学）・言語論

著書『意識と言語』（桜井書店 2002 年）

　　　『21 世紀に生きる資本論』（共著、ナカニシヤ出版 2020 年）など

唐渡興宣（からと　おきのり）

香川県生まれ。一橋大学大学院経済学研究科（博士課程単位取得退学）

所属　北海道大学名誉教授、専門　経済理論

著書『世界市場恐慌論』（新評論社 1979 年）

　　　『資本の力と国家の理論』（青木書店 1980 年）など

地脇聖孝（ちわき　まさたか）

福岡県生まれ。鉄道沿線で幼少期を過ごし、福島県西郷村居住当時に福島第 1 原発事故を経験したことから、関心分野は鉄道を中心とした公共交通と原子力問題

「原発を止める 55 の方法―闘う相手を明らかにしいのちを問う」（共著　宝島社 2012 年）、「福島原発告訴団の思い」（週刊金曜日 2012 年及び 2019 年）など

美馬孝人（みま　たかと）

北海道生まれ。北海道大学大学院経済学研究科（博士課程単位取得退学）

所属　北海学園大学名誉教授、専門　社会政策・社会保障

著書『社会政策Ｉ』（共著　有斐閣 1979 年）

　　　『イギリス社会政策の展開』（日本経済評論社 2000 年）

下村仁士（しもむら　ひとし）

福岡県飯塚市生まれ。数多くのローカル線や炭鉱鉄道跡に囲まれて育つ。熊本学園大学大学院商学研究科（博士後期課程修了　商学博士）

所属　株式会社キューヘン勤務、交通権学会事務局長、専門　交通論、公益事業論

論文「『人新世』における地域鉄道の意義―コロナ危機と災害を通じて考える―」『地域交通を考える』（第 12 号、2020 年 11 月、（一社）交通環境整備ネットワーク刊）

「費用便益分析にもとづく地域鉄道の存続可否判断にかんする問題」（『交通権』第 34 号、2017 年 5 月、交通権学会刊）など

桜井 徹 (さくらい とおる)

大阪府生まれ。日本大学大学院商学研究科（博士後期課程満期退学）博士（商学）

所属 国士舘大学経営学部教授・日本大学名誉教授、専門 ヨーロッパおよび日本の鉄道

著書『ドイツ統一と鉄道民営化 - 国鉄改革の日独比較』（同文舘 1996 年）など

奥田 仁 (おくだ ひろし)

北海道浜中町生まれ。2 歳で東京へ転居。その汽車のなかで、隣の乗客のおにぎりを欲しがって泣き母を困らせたというが、もちろん覚えていない。

東京都立大学経済学部卒・農学博士

所属 北海学園大学名誉教授、専門 地域経済論

著書『地域経済発展と労働市場』（日本経済評論社 2001 年）

論文「フィンランドの農村地域発展」（北海学園大学『開発論集』第 75 号 2005 年）など

小坂 直人 (こさか なおと)

北海道利尻富士町生まれ。60 年前、稚内駅から東京へと汽車で旅立った。上野まではひたすら遠かった記憶しかない。東北大学大学院経済学研究科（博士課程単位取得退学）

所属 北海学園大学名誉教授、専門 公益事業論

著書『公益と公共性』（日本経済評論社 2005 年）

『経済学にとって公共性とはなにか』（日本経済評論社 2013 年）など

大塚 良治 (おおつか りょうじ)

埼玉県生まれ

横浜国立大学大学院国際社会科学研究科（博士課程後期修了 経営学博士）

江戸川大学社会学部現代社会学科准教授、明治大学商学部兼任講師（現職）、専門 観光学

著書『「通勤ライナー」はなぜ乗客にも鉄道会社にも得なのか』（東京堂出版 2013 年）

論文「プロ野球球団と自治体の戦略的提携の効果と課題」『HOSPITALITY』第 29 号など

武田 泉 (たけだ いずみ)

東京都生まれ 東京学芸大学大学院（修士課程）修了

所属 北海道教育大学札幌校准教授、専門 人文地理学・地域交通政策論。

論文 リゾート開発論議と合意形成「観光開発と地域振興」所収、古今書院 1996 年

The Privatization of the Japan National Railways The Myth of Neo-liberalist Reform and Spatial Configurations of the Rail Network in Japan―A View from Critical Geography. "Making Urban Transport Sustainable" 所収

PALGRAVE Macmillan 2003 など

小田 清 (こだ きよし)

北海道生まれ、1987 年 2 月に廃線となった「愛の国から幸福へ」で全国に知られた広尾線の SL で高校通学。北海道大学大学院農学研究科（博士課程単位取得退学）農学博士

所属 北海学園大学名誉教授、専門 地域開発政策論

著書『地域開発政策と持続的発展』（日本経済評論社 2000）

『地域問題をどう解決するのか』（日本経済評論社 2013）など

地域における鉄道の復権
──持続可能な社会への展望

2021 年 3 月 10 日　初版第 1 刷発行	定価 3200 円＋税

編著者　宮田和保・桜井徹・武田泉 ©
編　集　Ｒ企画
発行者　高須次郎
発行所　緑風出版
　　　　〒 113-0033　東京都文京区本郷 2-17-5　ツイン壱岐坂
　　　　［電話］03-3812-9420　［FAX］03-3812-7262［郵便振替］00100-9-30776
　　　　［E-mail］info@ryokufu.com［URL］http://www.ryokufu.com/

装　幀　斎藤あかね
制　作　Ｒ企画　　　　印　刷　中央精版印刷・巣鴨美術印刷
製　本　中央精版印刷　用　紙　中央精版印刷・巣鴨美術印刷　　　　E1500

●緑風出版の本

危ないリニア新幹線

リニア・市民ネット編著

四六判上製
二八二頁
2400円

リニア新幹線計画が動き出した。しかし、建設費だけで五兆円を超え、電磁波の健康影響、トンネル貫通の危険性、地震の安全対策、自然破壊など問題が山積している。本書は、それぞれの専門家が問題点を多角的に検証する。

失なわれた日本の景観

「まほろばの国」の終焉

浅見和彦、川村晃生著

四六判上製
二三四頁
2200円

古来、日本の国土は「まほろばの国」と呼ばれ、美しい景観に包まれていた。しかし、高度経済成長期以降、いつのまにかコンクリートによって国土は固められ、美から醜へと変わっていった。日本の景観破壊はいつまで続くのか。

鉄道は誰のものか

上岡直見著

四六判上製
二三八頁
2500円

日本の鉄道の混雑は異常である。混雑解消に必要なことは、鉄道事業者の姿勢の問い直しと交通制作、政治の転換である。混雑の原因の指摘と、存在価値を再確認すると共に、リニア新幹線の負の側面にも言及している。

自動運転の幻想

上岡直見著

四六判上製
二三二頁
2500円

自動運転は自動車や交通に関わる諸問題を解決できると期待が高まっている。自動車メーカーの開発も急ピッチだ。本当にそうなのか？　本書は自動運転の技術問題と交通問題を多角的な視点から分析、限界と幻想を指摘。

JRに未来はあるか

上岡直見著

四六判上製
二六四頁
2500円

民営化から三十年。JRは赤字を解消して安全で地域格差のない「利用者本位の鉄道」「利用者のニーズを反映する鉄道」に生まれ変わったか？　鉄道交通問題研究の第一人者が、分割民営化後を総括、問題点を洗い、未来に警鐘！